성경 퍼즐 시리즈 1

읊조리며 묵상하는
성경 퍼즐

박선호 지음

쿰란출판사

읊조리며 묵상하는
성경 퍼즐

추천의 글

하나님께서 우리 인간에게 주신 최고의 선물은 성경입니다. 성경은 우리에게 영원한 생명의 길을 알려주고, 또한 천국의 풍성한 삶을 가르쳐주기 때문입니다. 그러므로 성경을 가까이해야 합니다. 하지만 안타깝게도 성경을 가까이하는 그리스도인들이 많지 않습니다. 그런 점에서 목회자의 임무는 교인들이 성경을 가까이하도록 하는 일입니다. 그런데 목회자 못지않게 성경을 가까이하게 하며, 그것도 재미있는 퍼즐로 만든 분이 있습니다. 박선호 장로님입니다. 장로님은 깊은 신앙 가운데서 창의력을 바탕으로 이런 귀한 책을 출판하게 되었습니다. 축하드립니다.

이 책은 어린이로부터 노년에 이르기까지 함께 할 수 있는 책이며 기독교 놀이문화를 제공해 줌으로써 개인은 물론이요 공동체에도 큰 유익을 줄 것입니다.

제 아내는 성경과 필사성경노트와 스도쿠책을 곁에 두고 있습니다. 성경을 읽고 쓰다가 이따금 스도쿠를 합니다. 이제 스도쿠책 자리에 박 장로님의 성경 퍼즐이 있게 될 것 같습니다. 한국 교회 놀이문화에 한 획을 그은 이 책이 가정과 교회, 여러 곳곳에 전해지길 바라며 일독을 권합니다.

미암교회 원로목사

정우

이 책의 특별함은 퍼즐이라는 렌즈를 통해 성경을 만나게 된다는 사실입니다. 소개되는 퍼즐을 풀다 보면 마치 밭에 감춰진 보화를 발견하는 기쁨을 맛보게 될 것입니다.

세 권의 책을 통해 저자가 얼마나 성경을 사랑하는지, 또한 독자들에게 하나님의 말씀을 찾아가는 기쁨을 전하기 위해 얼마나 애써 왔는지를 발견하게 됩니다. 바라기는 한국교회의 교회학교로부터 노년층에 이르기까지 다양한 세대에 걸쳐 이 책이 유용하게 활용될 수 있기를 소망합니다.

미암교회 담임목사

김철웅

퍼즐을 통한 인지 자극 활동은 기억력, 주의력, 문제 해결력 등 다양한 인지 기능을 유지하고 향상시키는 데 도움이 될 수 있습니다. 이 책은 성경의 말씀과 퍼즐을 결합하여, 마음의 평안과 두뇌의 활력을 함께 길러주는 의미 있는 시도로 생각됩니다.

이 책이 독자들의 신앙과 두뇌 건강 모두에 긍정적인 도움이 되기를 기대합니다.

재활의학과 전문의

이선명

성경은 세계에서 제일 많이 읽히는 책임에도 불구하고 너무도 광범위한 역사적인 기술과 딱딱해 보이는 교리내용, 수많은 생소한 인명과 지명들로 인해

일반인들이 쉽게 접근하지 못하는 면이 있습니다. 그런 가운데 신실한 믿음의 일꾼 박선호 장로님이 30년이 넘는 글로벌 기업에서 쌓아온 예리한 분석력과 사고력을 가지고 기존 신자들은 물론 초신자들도 성경을 쉽고 재미있게 읽고 그 뜻을 이해하고 기억하는 데 도움이 될 수 있도록 성경 퍼즐책 세 권을 동시에 출간하게 됨을 축하합니다.

이 책들은 자라나는 아이들에게는 호기심과 창의력을 길러주며 청장년들에게는 성경의 핵심을 깨닫고 이해하는 데 큰 도움이 되고 또한 시니어분들에게는 두뇌 훈련을 통하여 기억력 향상과 치매예방에도 큰 도움이 되리라 믿어 의심치 않습니다.

특히 재미있게 퍼즐을 풀어가며 느끼는 성취감과 기쁨은 단순 독서로 얻는 이해도와 기억력을 훨씬 능가한다는 학계의 연구 결과를 인용하지 않더라도 모든 독자분들에게 큰 만족감을 선사할 것이라고 확신합니다. 지혜와 지식의 하나님께서 이 과정에 참여하시는 모든 독자분들께 크신 은혜로 함께해 주실 줄 믿습니다.

한국경제인협회 중소기업 경영자문단 고문, 원일교회 원로장로
이원순

어려운 문제를 해결하기 위한 마지막 단서를 찾고는 "마지막 퍼즐 조각을 찾았다!"라고들 합니다. 이런 퍼즐을 난이도를 조절하고 나름의 의미를 부여하게 되면 어린이들에게는 지능발달, 성인들에게는 두뇌유희, 그리고 나이 들어 노후의 두뇌건강을 생각하는 노인들에게는 두뇌훈련의 매우 좋은 도구가

될 수 있습니다.

한국창의사고력협회는 전신 한국창의퍼즐협회에서 퍼즐이 사고력 증진에 지대한 영향을 미친다는 것을 확인하고 '퍼즐'이라는 단어 대신 '사고력'을 공식 명칭으로 사용하게 되었고 어린이 위주의 활동에서 시니어를 위한 활동에 비중을 두기 시작했습니다. 이런 시니어를 위한 활동 프로그램 기획과 개발을 위해 시니어위원회가 발족되었고 초대 위원장으로 박선호 위원이 임명되었습니다.

종교인으로서 성경 말씀 전달을 새로운 방식으로 시도한 박 위원의 퍼즐에 대한 노력과 그 결과물을 출시하게 된 것에 대해 경외감과 함께 축하와 감사의 말씀을 전합니다. 최근 한류 열풍으로 한글을 배우는 세계인이 늘어가고 있어 해외에서 활동하는 많은 선교사분들도 잘 활용할 수 있을 것이라고 생각하며 다시 한번 찬사를 보냅니다.

한국창의사고력협회 회장

박흥철

성경 퍼즐을 발행하면서

성경 퍼즐 책 세 권을 함께 출판하게 되었습니다.
1권, 읊조리며 묵상하는 성경 퍼즐
2권, 인기 있는 5가지 퍼즐과 성경의 콜라보
3권, 창의 퍼즐로 즐기는 성경

세 권 모두 퍼즐을 즐기는 동안 성경 말씀에 접목하려는 생각을 하면서 응용하고 창작했던 것들입니다.

퍼즐(Puzzle)이란 숫자와 기호가 가진 논리적인 연관성을 찾아내는 일종의 암호 풀기 놀이며, 문제를 여러 각도에서 생각해 보면서 풀어 가는 놀이라고 정의할 수 있습니다. 스도쿠(Sudoku)를 접하고 그 재미를 느끼기 시작하면서 퍼즐에 관심을 갖게 되었고, 이후 멘사 퍼즐 시리즈(수리, 아이큐, 사고력, 추리력 등) 내용의 다양한 퍼즐 종류를 즐기면서 취미로 발전했습니다. 퍼즐을 남은 인생 동안 지속적으로 즐기는 취미로 해야겠다는 생각을 하다 보니 시중에서 구입할 수 있는 대부분의 퍼즐 책을 수집하여 즐기고, 분석하고, 정리하기에 이르렀습니다.

퍼즐은 취미 활동을 하면서 인지 능력을 확장할 수 있는 수리적 추론과 언어 능력, 공간 지각 능력, 집중력, 인내력 등을 자극함으로써 두뇌 트레이닝에 도움을 준다는 확신이 생겼습니다.

퍼즐과 비슷한 것이 퀴즈인데 퀴즈와 퍼즐은 사고법이 다릅니다. 퀴즈는 자기의 기지나 지식을 질문의 힌트를 통해 빠르게 해답 찾기를 요구한다면, 퍼즐은 시간에 약간의 여유가 주어져 생각하며 답을 찾는 묘미가 있습니다.

퍼즐의 종류도 무척이나 다양한데, 그동안 퍼즐을 즐기면서 재미있다고 생각되는 것들을 응용함으로써 성경(Bible)과 연계하여 문제를 낸다면 특히 기독교 신앙인들에게는 인지 능력 향상(또는 두뇌 트레이닝)에 대한 동기 부여와 함께 또다른 재미를 나눌 수 있다는 생각을 하게 되었습니다.

성경(Bible) 퍼즐의 특징은, 퍼즐 문제를 풀면서 성경의 주요한 말씀 구절이나 단어, 성경 문구 등을 읊조리게 되고 그러면서 성경이 주는 유익을 함께 누리게 된다는 것입니다.

이 성경 퍼즐은 우선은 액티브 기독 시니어들의 재미있는 인지 능력 향상 놀이책으로 활용되었으면 하고, 재미있는 여가 활동이 되며, 노년층에게는 치매를 방지하는 지적인 건강을 지키는 역할을 기대합니다.

그리고 창의력 공부로 무장된 청소년들이 즐기는 데도 더할 나위 없이 좋습니다. 또한 장기간 홀로 시간을 보내야 하는 외항선원, 재소자, 장기 출장자 같은 이들이 성경을 가까이하고 인지 능력을 유지하기에도 좋다고 생각하여 적극 추천합니다.

이 책이 출판되기까지 수고해 주신 모든 분들께 감사드리며 이 모든 영광이 온전히 우리 주님께 돌려지길 소망합니다.

2025년 11월 4일
박선호

목차 Contents

제 1 부

초성이 있는 성경 말씀 퍼즐

'초성'이란 예를 들어 "예수님 찬양"이란 낱말에서 각 글자의 첫 자음, 곧 초성을 모아서 "ㅇㅅㄴㅊㅇ"과 같은 모양으로 된 것을 말합니다.
초성 퍼즐(퀴즈)에는 다음과 같은 유익이 있습니다.

1. 인지 기능 강화

단어를 떠올리고 맞추는 과정에서 기억력과 사고력을 자극하여
인지 기능을 유지하고 향상시킬 수 있습니다.
당연히 치매 예방에 도움이 될 수 있습니다.

2. 두뇌에 긍적적 자극 주기

초성 앞뒤의 문맥을 연결해 보면서 초성 단어와의 관련성을 추측하게 되는데,
정보를 처리하고 기억하는 과정을 통해 두뇌에 긍정적인 자극을 줍니다.
뇌세포가 활발하게 활동하여 뇌의 기능을 촉진시킴으로서
뇌기능 강화에도 도움이 됩니다.

3. 언어 능력 유지

어휘를 계속해서 떠올리고 사용하는 과정에서
언어 능력을 유지하고 발전시킬수 있습니다.

4. 자신감 향상

정답을 맞추는 과정을 통해 성취감을 느끼게 되고 자신감 향상에 긍정적인 영향을 줍니다.

초성이 나타내는 단어를 앞뒤의 문맥이 연결되도록하여 맞추어 보고, 모두 맞추었다고 생각되면 전체 문장을 읽어보세요.

갈라디아서

1. 그리스도께서 ㅎㄴㄴ 곧 우리 아버지의 뜻을 따라 이 악한 세대에서 우리를 건지시려고 우리 죄를 ㄷㅅ하기 위하여 ㅈㄱ ㅁ을 주셨으니 영광이 그에게 세세토록 있을지어다 아멘 (1:4,5)

2. 사람이 ㅇㄹㄱ 되는 것은 율법의 행위로 말미암음이 아니요 오직 ㅇㅅ ㄱㄹㅅㄷ를 믿음으로 말미암는 줄 알므로 우리도 그리스도 예수를 믿나니 이는 우리가 ㅇㅂ의 행위로써가 아니고 그리스도를 믿음으로써 의롭다 함을 얻으려 함이라 율법의 행위로써는 의롭다 함을 얻을 ㅇㅊ가 없느니라 (2:16)

3. 내가 그리스도와 함께 ㅅㅈㄱ에 못 박혔나니 그런즉 이제는 내가 사는 것이 아니요 오직 내 안에 ㄱㄹㅅㄷ께서 사시는 것이라 이제 내가 육체 가운데 사는 것은 나를 사랑하사 나를 위하여 ㅈㄱ ㅈㅅ을 버리신 하나님의 아들을 믿는 ㅁㅇ 안에서 사는 것이라 (2:20)

4. 너희가 다 ㅁㅇ으로 말미암아 그리스도 예수 안에서 하나님의 ㅇㄷ이 되었으니 누구든지 그리스도와 합하기 위하여 ㅅㄹ를 받은 자는 ㄱㄹㅅㄷ로 옷 입었느니라 (3:26,27)

5. 그리스도께서 우리를 자유롭게 하려고 ㅈㅇ를 주셨으니 그러므로 굳건하게 서서 다시는 ㅈㅇ ㅁㅇ를 메지 말라 (5:1)

6. 그리스도 예수 안에서는 할례나 무할례나 효력이 없으되 ㅅㄹ으로써 역사하는 ㅁㅇ뿐이니라 (5:6)

7. 형제들아 너희가 ㅈㅇ를 위하여 부르심을 입었으나 그러나 그 자유로 ㅇㅊ의 기회를 삼지 말고 오직 사랑으로 서로 ㅈㄴㄹ하라 온 율법은 네 ㅇㅇ ㅅㄹ하기를 네 자신같이 하라 하신 한 말씀에서 이루어졌나니 (5:13,14)

8. 내가 이르노니 너희는 ㅅㄹ을 따라 행하라 그리하면 육체의 ㅇㅅ을 이루지 아니하리라 육체의 소욕은 성령을 거스르고 성령은 육체를 거스르나니 이 둘이 서로 대적함으로 너희가 원하는 것을 하지 못하게 하려 함이니라 (5:16,17)

9. 육체의 일은 분명하니 곧 ㅇㅎ과 더러운 것과 호색과 우상 숭배와 주술과 원수 맺는 것과 ㅂㅈ과 시기와 ㅂㄴ과 당 짓는 것과 분열함과 이단과 투기와 술 취함과 방탕함과 또 그와 같은 것들이라 전에 너희에게 경계한 것같이 경계하노니 이런 일을 하는 자들은 하나님의 나라를 ㅇㅇ으로 받지 못할 것이요 (5:19~21)

10. 오직 성령의 열매는 사랑과 희락과 화평과 ㅇㄹ ㅊㅇ과 자비와 양선과 충성과 ㅇㅇ와 절제니 이 같은 것을 금지할 법이 없느니라 그리스도 예수의 사람들은 ㅇㅊ와 함께 그 정욕과 ㅌㅅ을 십자가에 못 박았느니라 (5:22~24)

11. 스스로 ㅅㅇㅈ 말라 하나님은 업신여김을 받지 아니하시나니 ㅅㄹㅇ 무엇으로 심든지 그대로 거두리라 (6:7)

12. 우리가 선을 행하되 ㄴㅅ하지 말지니 ㅍㄱ하지 아니하면 때가 이르매 거두리라 (6:9)

초성이 나타내는 단어를 앞뒤의 문맥이 연결되도록하여 맞추어 보고, 모두 맞추었다고 생각되면 전체 문장을 읽어보세요.

빌립보서

1. 오직 너희는 그리스도의 **ㅂㅇ**에 합당하게 생활하라 이는 내가 너희에게 가 보나 떠나 있으나 너희가 한마음으로 서서 한뜻으로 복음의 신앙을 위하여 협력하는 것과 무슨 일에든지 대적하는 자들 때문에 두려워하지 아니하는 이 일을 듣고자 함이라 이것이 그들에게는 **ㅁㅁ**의 증거요 너희에게는 **ㄱㅇ**의 증거니 이는 하나님께로부터 난 것이라 그리스도를 위하여 너희에게 **ㅇㅎ**를 주신 것은 다만 그를 믿을 뿐 아니라 또한 그를 위하여 **ㄱㄴ**도 받게 하려 하심이라 (1:27~29)

2. 그러므로 그리스도 안에 무슨 권면이나 사랑의 무슨 위로나 성령의 무슨 교제나 긍휼이나 자비가 있거든 마음을 같이하여 같은 사랑을 가지고 뜻을 합하며 **ㅎ ㅁㅇ**을 품어 아무 일에든지 다툼이나 허영으로 하지 말고 오직 **ㄱㅅㅎ ㅁㅇ**으로 각각 자기보다 남을 낫게 여기고 각각 자기 일을 돌볼뿐더러 또한 각각 다른 사람들의 일을 돌보아 나의 기쁨을 충만하게 하라 (2:1~4)

3. 너희 안에 이 마음을 품으라 곧 그리스도 예수의 마음이니 그는 근본 하나님의 **ㅂㅊ**시나 하나님과 동등됨을 취할 것으로 여기지 아니하시고 오히려 자기를 비워 종의 형체를 가지사 사람들과 같이 되셨고 사람의 모양으로 나타나사 자기를 낮추시고 죽기까지 복종하셨으니 곧 **ㅅㅈㄱ**에 죽으심이라 (2:5~8)

4. 그러므로 나의 사랑하는 자들아 너희가 나 있을 때뿐 아니라 더욱 지금 나 없을 때에도 항상 복종하여 두렵고 떨림으로 너희 **ㄱㅇ**을 이루라 너희 안에서 행하시는 이는 **ㅎㄴㄴ**이시니 자기의 기쁘신 뜻을 위하여 너희에게 소원을 두고 행하게 하시나니 모든 일을 원망과 시비가 없이 하라 (2:12~14)

5. 그러나 무엇이든지 내게 유익하던 것을 내가 그리스도를 위하여 다 해로 여길뿐 더러 또한 모든 것을 해로 여김은 내 주 그리스도 예수를 아는 지식이 가장 고상하기 때문이라 내가 그를 위하여 모든 것을 잃어버리고 ㅂㅅㅁ로 여김은 그리스도를 얻고 그 안에서 발견되려 함이니 내가 가진 의는 율법에서 난 것이 아니요 오직 그리스도를 믿음으로 말미암은 것이니 곧 ㅁㅇ으로 하나님께로부터 난 의라 (3:7~9)

6. 내가 이미 얻었다 함도 아니요 온전히 이루었다 함도 아니라 오직 내가 그리스도 예수께 잡힌 바 된 그것을 잡으려고 달려가노라 형제들아 나는 아직 내가 잡은 줄로 여기지 아니하고 오직 한 일 즉 뒤에 있는 것은 잊어버리고 앞에 있는 것을 잡으려고 ㅍㄷ를 향하여 그리스도 예수 안에서 하나님이 위에서 부르신 ㅂㄹㅇㅅ을 위하여 달려가노라 (3:12~14)

7. 주 안에서 항상 기뻐하라 내가 다시 말하노니 기뻐하라 너희 ㄱㅇ을 모든 사람에게 알게 하라 주께서 가까우시니라 아무것도 염려하지 말고 다만 모든 일에 ㄱㄷ와 간구로, 너희 구할 것을 ㄱㅅ함으로 하나님께 아뢰라 그리하면 모든 지각에 뛰어난 ㅎㄴㄴ의 평강이 그리스도 예수 안에서 너희 마음과 생각을 지키시리라 (4:4~7)

8. 내가 주 안에서 크게 기뻐함은 너희가 나를 생각하던 것이 이제 다시 싹이 남이니 너희가 또한 이를 위하여 생각은 하였으나 기회가 없었느니라 내가 궁핍하므로 말하는 것이 아니니라 어떠한 형편에든지 나는 ㅈㅈ하기를 배웠노니 나는 비천에 처할 줄도 알고 풍부에 처할 줄도 알아 모든 일 곧 배부름과 배고픔과 풍부와 궁핍에도 처할 줄 아는 일체의 ㅂㄱ을 배웠노라 내게 능력 주시는 자 안에서 내가 모든 것을 할 수 있느니라 (4:10~13)

초성이 나타내는 단어를 앞뒤의 문맥이 연결되도록하여 맞추어 보고, 모두 맞추었다고 생각되면 전체 문장을 읽어보세요.

에베소서

1. 그는 허물과 죄로 죽었던 너희를 살리셨도다…허물로 죽은 우리를 ㄱㄹㅅㄷ와 함께 살리셨고 너희는 ㅇㅎ로 구원을 받은 것이라 (2:1,5)

2. 너희는 그 은혜에 의하여 ㅁㅇ으로 말미암아 구원을 받았으니 이것은 너희에게서 난 것이 아니요 하나님의 ㅅㅁ이라 ㅎㅇ에서 난 것이 아니니 이는 누구든지 자랑하지 못하게 함이라 (2:8,9)

3. 너희는 사도들과 선지자들의 터 위에 세우심을 입은 자라 그리스도 예수께서 친히 ㅁㅌㅇㄷ이 되셨느니라 그의 안에서 건물마다 서로 연결하여 주 안에서 성전이 되어 가고 너희도 ㅅㄹ 안에서 하나님이 거하실 처소가 되기 위하여 그리스도 예수 안에서 함께 지어져 가느니라 (2:20~22)

4. 영원부터 만물을 ㅊㅈ하신 하나님 속에 감추어졌던 비밀의 경륜이 어떠한 것을 드러내게 하려 하심이라 이는 이제 교회로 말미암아 하늘에 있는 통치자들과 권세들에게 하나님의 각종 지혜를 알게 하려 하심이니 곧 영원부터 우리 주 그리스도 예수 안에서 ㅇㅈ하신 뜻대로 하신 것이라 우리가 그 안에서 그를 믿음으로 말미암아 담대함과 ㅎㅅ을 가지고 하나님께 나아감을 얻느니라 (3:9~12)

5. 그러므로 주 안에서 갇힌 내가 너희를 권하노니 너희가 부르심을 받은 일에 합당하게 행하여 모든 겸손과 온유로 하고 ㅇㄹ ㅊㅇ으로 사랑 가운데서 서로 용납하고 평안의 매는 줄로 ㅅㄹ이 하나 되게 하신 것을 힘써 지키라 (4:1~3)

6. 우리가 다 하나님의 아들을 믿는 것과 아는 일에 하나가 되어 ㅇㅈㅎ 사람을 이루어 그리스도의 장성한 분량이 충만한 데까지 이르리니 이는 우리가 이제부터 어린아이가 되지 아니하여 사람의 속임수와 간사한 유혹에 빠져 온갖 교훈의 풍조에 밀려 요동하지 않게 하려 함이라 오직 ㅅㄹ 안에서 참된 것을 하여 범사에 그에게까지 자랄지라 그는 ㅁㄹ니 곧 그리스도라 (4:13~15)

7. 진리가 예수 안에 있는 것같이 너희가 참으로 그에게서 듣고 또한 그 안에서 가르침을 받았을진대 너희는 유혹의 욕심을 따라 썩어져 가는 구습을 따르는 ㅇ ㅅㄹ을 벗어 버리고 오직 너희의 심령이 새롭게 되어 하나님을 따라 의와 진리의 ㄱㄹㅎ으로 지으심을 받은 새 사람을 입으라 (4:21~24)

8. 하나님의 ㅅㄹ을 근심하게 하지 말라 그 안에서 너희가 ㄱㅇㅇ ㄴ까지 인치심을 받았느니라 너희는 모든 악독과 노함과 분냄과 떠드는 것과 비방하는 것을 모든 악의와 함께 버리고 서로 친절하게 하며 불쌍히 여기며 서로 용서하기를 하나님이 ㄱㄹㅅㄷ 안에서 너희를 용서하심과 같이 하라 (4:30~32)

9. 그리스도께서 너희를 사랑하신 것같이 너희도 사랑 가운데서 행하라 그는 우리를 위하여 ㅈㅅ을 버리사 향기로운 제물과 희생제물로 하나님께 드리셨느니라 음행과 온갖 더러운 것과 탐욕은 너희 중에서 그 이름조차도 부르지 말라 이는 성도에게 마땅한 바니라 누추함과 어리석은 말이나 희롱의 말이 마땅치 아니하니 오히려 ㄱㅅ하는 말을 하라 (5:2~4)

10. 너희가 전에는 어둠이더니 이제는 주 안에서 빛이라 ㅂㅇ ㅈㄴ들처럼 행하라 빛의 열매는 모든 착함과 의로움과 진실함에 있느니라 주를 기쁘시게 할 것이 무엇인가 ㅅㅎ하여 보라 (5:8~10)

11. ㅅㅇ을 아끼라 때가 악하니라 그러므로 어리석은 자가 되지 말고 오직 주의 뜻이 무엇인가 이해하라 술 취하지 말라 이는 방탕한 것이니 오직 ㅅㄹ으로 충만함을 받으라 (5:16~18)

12. 그러므로 하나님의 ㅈㅅ ㄱㅈ를 취하라 이는 악한 날에 너희가 능히 대적하고 모든 일을 행한 후에 서기 위함이라 그런즉 서서 ㅈㄹ로 너희 허리띠를 띠고 ㅇ의 호심경을 붙이고 평안의 ㅂㅇ이 준비한 것으로 신을 신고 모든 것 위에 ㅁㅇ의 방패를 가지고 이로써 능히 악한 자의 모든 불화살을 소멸하고 ㄱㅇ의 투구와 성령의 검 곧 ㅎㄴㄴㅇ ㅁㅆ을 가지라 모든 기도와 간구를 하되 항상 ㅅㄹ 안에서 기도하고 이를 위하여 깨어 구하기를 항상 힘쓰며 여러 성도를 위하여 구하라 (6:13~18)

초성이 나타내는 단어를 앞뒤의 문맥이 연결되도록하여 맞추어 보고, 모두 맞추었다고 생각되면 전체 문장을 읽어보세요.

골로새서

1. 주께 합당하게 행하여 ㅂㅅ에 기쁘시게 하고 모든 ㅅㅎ 일에 열매를 맺게 하시며 하나님을 아는 것에 자라게 하시고 그의 영광의 힘을 따라 모든 ㄴㄹ으로 능하게 하시며 기쁨으로 모든 ㄱㄷ과 오래 참음에 이르게 하시고 우리로 하여금 빛 가운데서 ㅅㄷ의 기업의 부분을 얻기에 합당하게 하신 아버지께 ㄱㅅ하게 하시기를 원하노라 (1:10~12)

2. 그는 보이지 아니하는 하나님의 ㅎㅅ이시요 모든 ㅍㅈㅁ보다 먼저 나신 이시니 만물이 그에게서 ㅊㅈ되되 하늘과 땅에서 보이는 것들과 보이지 않는 것들과 혹은 왕권들이나 주권들이나 통치자들이나 권세들이나 만물이 다 그로 말미암고 그를 위하여 창조되었고 또한 그가 ㅁㅁ보다 먼저 계시고 만물이 그 안에 함께 섰느니라 (1:15~17)

3. 그러므로 너희가 ㄱㄹㅅㄷ와 함께 다시 살리심을 받았으면 위의 것을 찾으라 거기는 그리스도께서 하나님 우편에 앉아 계시느니라 위의 것을 생각하고 땅의 것을 생각하지 말라 이는 너희가 죽었고 너희 ㅅㅁ이 그리스도와 함께 하나님 안에 감추어졌음이라 우리 생명이신 그리스도께서 나타나실 그 때에 너희도 그와 함께 ㅇㄱ 중에 나타나리라 (3:1~4)

4. 그리스도의 ㅍㄱ이 너희 마음을 ㅈㅈ하게 하라 너희는 평강을 위하여 한 몸으로 부르심을 받았나니 너희는 또한 ㄱㅅ하는 자가 되라 그리스도의 말씀이 너희 속에 풍성히 거하여 모든 지혜로 피차 가르치며 권면하고 시와 찬송과 신령한 노래를 부르며 감사하는 마음으로 하나님을 ㅊㅇ하고 또 무엇을 하든지 말에나 일에나 다 주 예수의 ㅇㄹ으로 하고 그를 힘입어 하나님 아버지께 감사하라(3:15~17)

5. 종들아 모든 일에 ㅇㅅ의 상전들에게 ㅅㅈ하되 사람을 기쁘게 하는 자와 같이 눈가림만 하지 말고 오직 주를 두려워하여 ㅅㅅ한 마음으로 하라 (3:22)

정답

갈라디아서

1. (1:4,5) 하나님, 대속, 자기 몸
2. (2:16) 의롭게, 예수 그리스도, 율법, 육체
3. (2:20) 십자가, 그리스도, 자기 자신, 믿음
4. (3:26,27) 믿음, 아들, 세례, 그리스도
5. (5:1) 자유, 종의 멍에
6. (5:6) 사랑, 믿음
7. (5:13,14) 자유, 육체, 종노릇, 이웃 사랑
8. (5:16,17) 성령, 욕심
9. (5:19~21) 음행, 분쟁, 분냄, 유업
10. (5:22~24) 오래 참음, 온유, 육체, 탐심
11. (6:7) 속이지, 사람이
12. (6:9) 낙심, 포기

빌립보서

1. (1:27~29) 복음, 멸망, 구원, 은혜, 고난
2. (2:1~4) 한마음, 겸손한 마음
3. (2:5~8) 본체, 십자가
4. (2:12~14) 구원, 하나님
5. (3:7~9) 배설물, 믿음
6. (3:12~14) 푯대, 부름의 상
7. (4:4~7) 관용, 기도, 감사, 하나님
8. (4:10~13) 자족, 비결

에베소서

1. (2:1,5) 그리스도, 은혜
2. (2:8,9) 믿음, 선물, 행위
3. (2:20~22) 모퉁잇돌, 성령
4. (3:9~12) 창조, 예정, 확신
5. (4:1~3) 오래 참음, 성령
6. (4:13~15) 온전한, 사랑, 머리
7. (4:21~24) 옛사람, 거룩함
8. (4:30~32) 성령, 구원의 날, 그리스도
9. (5:2~4) 자신, 감사
10. (5:8~10) 빛의 자녀, 시험
11. (5:16~18) 세월, 성령
12. (6:13~18) 전신 갑주, 진리, 의, 복음, 믿음, 구원, 하나님의 말씀, 성령

골로새서

1. (1:10~12) 범사, 선한, 능력, 견딤, 성도, 감사
2. (1:15~17) 형상, 피조물, 창조, 만물
3. (3:1~4) 그리스도, 생명, 영광
4. (3:15~17) 평강, 주장, 감사, 찬양, 이름
5. (3:22) 육신, 순종, 성실

문제1

마태복음에 나오는 성경구절입니다. 문장을 완성하고 필사해 보세요.

(1) ㅎ ㄱ ㅎ ㄹ 천 ㄱ ㅇ ㄱ 까 ㅇ 왔 ㄴ ㄴ ㄹ

(2) ㅁ ㅈ ㄱ ㅇ 나 ㄹ ㅇ ㄱ ㅇ 의 ㄹ 구 ㅎ ㄹ

(3) ㅈ ㅇ 문 ㅇ ㄹ ㄷ ㅇ 가 ㄹ

(4) ㄴ 믿 ㅇ ㅇ ㄴ ㄹ 구 ㅇ ㅎ 였 ㄷ

(5) ㄴ ㅇ 멍 ㅇ ㄹ 메 ㄱ ㄴ ㄱ 배 ㅇ ㄹ

(6) ㅇ 자 ㄴ 안 ㅅ ㅇ ㅇ 주 ㅇ ㅇ ㄴ 라

(7) ㄴ 구 ㄷ ㅈ ㄴ 를 따 ㄹ ㅇ ㄹ 거 ㄷ ㅈ 기 ㄹ
부 ㅇ ㅎ ㄱ ㅈ ㄱ 십 ㅈ ㄱ ㄹ 지 ㄱ ㄴ ㄹ
ㄸ 를 ㄱ ㅇ 니 ㄹ

(8) ㄴ 집ㅇ ㄱ도ㅎㄴ ㅈㅇㄹ ㅇ컬음ㅇ
받ㅇㄹㄹ

(9) ㄴ희ㄱ 기ㄷㅎ ㄸㅇ 무ㅇㅇ든ㅈ
믿ㄱ ㄱ하ㄴ ㄱㅇ ㄷ 받ㅇㄹㄹ

(10) ㄴ 마ㅇㅇ 다ㅎㄱ 목ㅅㅇ ㄷ하ㄱ
ㄸ을 ㄷㅎ여 ㅈ ㄴ의 ㅎㄴ님ㅇ
ㅅ랑ㅎㄹ

(11) ㄴ ㅇ웃ㅇ ㄴ 자ㅅㄱ ㄱ이 사ㄹㅎㄹ

(12) 깨ㅇ ㅇ으ㄹ ㄴㅎ는 ㄱ날ㄱ
ㄱㄸ를 ㅇㅈ 못ㅎㄴㄴ라

(13) ㅅ험ㅇ ㄷ지 ㅇㄱ 깨ㅇ 기ㄷㅎㄹ

(14) ㄴㄱ 세ㅅ 끝ㄴㄲㅈ ㄴ희ㅇ ㅎ상
ㅎㄲ 있ㅇㄹㄹ

문제2

요한복음에 나오는 성경구절입니다. 문장을 완성하고 필사해 보세요.

(1) ㅌ 초 ㅇ ㅁ 씀 ㅇ ㄱ 시 ㄴ ㄹ

(2) ㅂ 라 ㅅ ㅅ 죄 ㄹ ㅈ 고 ㄱ ㄴ
ㅎ 나 ㄴ ㅇ ㅇ 린 ㅇ ㅇ 로 ㄷ

(3) ㅅ ㄹ 이 ㄱ 듭 ㄴ ㅈ ㅇ ㄴ 하 ㅁ ㅎ 나 ㄴ ㅇ
ㄴ 라 ㄹ ㅂ 수 없 ㄴ ㄴ ㄹ

(4) ㄴ 가 ㅈ ㄴ 물 은 그 ㅅ ㅇ ㅇ ㅇ ㅅ 하 도 록
ㅅ ㅇ ㄴ ㄴ ㅅ ㅁ 이 되 리 라

(5) 하 ㄴ ㄴ ㅇ 영 ㅇ ㅅ ㄴ ㅇ 배 ㅎ ㄴ ㅈ 가
ㅇ ㄱ ㅈ 리 ㄹ 예 ㅂ ㅎ 지 ㄴ ㄹ

(6) ㄴ ㄱ 든 ㅈ ㅁ 마 ㄹ ㄱ 든 ㄴ ㄱ ㄹ 와 ㅅ
ㅁ 시 ㄹ

(7)

진ㄹㄹ 알ㅈㄴ ㅈ리ㄱ ㄴㅎ를
ㅈㅇ롭ㄱ ㅎ리ㄹ

(8)

ㄴㄴ ㅂ활ㅇㅇ ㅅ명ㅇㄴ ㄴㄹ
믿ㄴ ㅈㄴ 죽ㅇㄷ ㅅ겠ㄱ

(9)

내ㄱ ㄱ 길ㅇㅇ ㅈ리ㅇ ㅅ명ㅇㄴ
ㄴ로 ㅁ미ㅇㅈ 않ㄱㄴ ㅇㅂㅈ께ㄹ
올 ㅈㄱ ㅇ느ㄴㄹ

(10)

ㄴㄴ 포ㄷㄴ무ㅇ ㄴ희ㄴ ㄱㅈ라

(11)

ㅇ수ㄲㅅ 오ㅅ ㄱ운ㄷ ㅅㅅ
이ㄹㅅㄷ ㄴ희ㅇㄱ 평ㄱㅇ
있ㅇㅈ어ㄷ

문제3

로마서에 나오는 성경구절입니다. 문장을 완성하고 필사해 보세요.

(1)

복	ㅇ	ㅇ		ㅁ	ㄷ		믿	ㄴ		ㅈ	에	ㄱ		ㄱ	원	ㅇ	
ㅈ	시	ㄴ		ㅎ	ㄴ	님	ㅇ		ㄴ	력	ㅇ		ㄷ	이	ㄹ		

(2)

ㄴ	구	ㄷ	ㅈ		ㄱ	ㄹ	스	ㄷ	ㅇ		영	ㅇ		ㅇ	으	ㅁ	
ㄱ	ㄹ	ㅅ	도	ㅇ		ㅅ	ㄹ	ㅇ		아	ㄴ	ㄹ					

(3)

ㅅ	ㄹ	ㅇ		마	ㅇ	ㅇ	로		ㅁ	ㅇ		의	ㅇ		ㅇ	ㄹ	고
입	ㅇ	ㄹ		ㅅ	인	ㅎ	ㅇ		ㄱ	원	ㅇ		ㅇ	르	ㄴ	ㄴ	라

(4)

ㄴ	ㄱ	든	ㅈ		ㅈ	의		ㅇ	ㄹ	ㅇ		부	ㄹ	ㄴ		ㅈ	는
ㄱ	원	ㅇ		ㅂ	ㅇ	리	ㄹ										

(5)

ㅁ	음	ㅇ		들	ㅇ	ㅇ	서		ㄴ	ㅁ		ㄷ	음	ㅇ			
ㄱ	ㄹ	스	ㄷ	ㅇ		ㅁ	씀	ㅇ	ㄹ		말	ㅁ	ㅇ	았	ㄴ	ㄴ	ㄹ

(6)

ㄴ ㅎ 몸 ㅇ ㅎ ㄴ 님 ㅇ ㄱ ㅃ 하 ㅅ ㄴ

ㄱ 룩 ㅎ ㅅ ㅈ 물 ㄹ ㄷ 리 ㄹ ㅇ ㄴ

ㄴ 희 ㄱ ㄷ ㄹ 영 ㅈ ㅇ 배 ㄴ ㄹ

(7)

ㄴ ㅇ 웃 ㅇ ㄴ 자 ㅅ ㄱ ㄱ ㅇ

ㅅ 랑 ㅎ ㄹ

(8)

ㅎ ㄴ ㄴ 의 ㄴ ㄹ 는 ㅁ ㄴ ㄱ 과 ㅁ ㅅ ㄴ ㄱ 이

아 ㄴ ㅇ ㅇ ㅇ ㅅ ㄹ 안 ㅇ ㅇ 는 ㅇ 와

ㅍ ㄱ 과 ㅎ ㄹ ㅇ 라

(9)

ㅇ 리 ㄱ 사 ㄹ ㅇ ㅇ 웃 ㅇ 기 ㅃ ㄱ

ㅎ 되 ㅅ 을 ㅇ 루 ㄱ 덕 ㅇ ㅅ 우 ㄷ ㄹ

ㅎ 지 ㄴ ㄹ

(10)

ㅅ 망 ㅇ ㅎ ㄴ 님 ㅇ ㅁ ㄷ 기 ㅃ ㄱ

평 ㄱ ㅇ 믿 ㅇ 안 ㅇ ㅅ ㄴ 희 ㅇ ㄱ

충 ㅁ ㅎ 게 ㅎ 사 ㅅ 령 ㅇ ㄴ 력 ㅇ ㄹ

ㅅ 망 ㅇ ㄴ 치 ㄱ 하 ㅅ ㄱ 를 ㅇ ㅎ 노 ㄹ

문제4

고린도전서에 나오는 성경구절입니다. 문장을 완성하고 필사해 보세요.

(1)

십 ㅈ ㄱ ㅇ   ㄷ 가   멸 ㅁ ㅎ ㄴ   ㅈ 들 ㅇ ㄱ ㄴ

ㅁ 련 ㅎ   ㄱ ㅇ 요   ㄱ 원 ㅇ   받 ㄴ

우 ㄹ ㅇ ㄱ ㄴ   ㅎ 나 ㄴ ㅇ   ㄴ 력 ㅇ ㄹ

(2)

ㄱ 리 ㅅ ㄷ ㄴ   ㅎ ㄴ 님 ㅇ   ㄴ 력 ㅇ ㅇ

ㅎ ㄴ ㄴ ㅇ   ㅈ 혜 ㄴ ㄹ

(3)

ㅎ 나 ㄴ ㅇ   ㄴ 라 ㄴ   ㅁ 에   있 ㅈ

ㅇ ㄴ 하 ㄱ   오 ㅈ   ㄴ 력 ㅇ   ㅇ 음 ㅇ ㄹ

(4)

ㅅ 람 ㅇ   감 ㄷ ㅎ   ㅅ 험   밖 ㅇ ㄴ   ㄴ 희 ㄱ

ㄷ 한   ㄱ 이   없 ㄴ ㄴ   ㅇ 직   ㅎ ㄴ 님 ㅇ

ㅁ 쁘 ㅅ   ㄴ 희 ㄱ   ㄱ 당 ㅎ 지   ㅁ 할   ㅅ 험

당 ㅎ ㅇ   ㅎ 락 ㅎ 지   ㅇ 니 ㅎ 시 ㄱ   시 ㅎ

ㄷ 할   ㅈ 음 ㅇ   ㄸ 한   피 ㅎ   ㄱ 을   ㄴ 사

ㄴ ㅎ ㄹ   능 ㅎ   감 ㄷ ㅎ ㄱ   하 ㅅ ㄴ ㄴ 라

(5)

ㅅ	령	ㅇ	ㄹ		아	ㄴ	ㅎ	고	ㄴ		ㄴ	구	ㄷ	ㅈ				
ㅇ	수	ㄹ		주	ㅅ	ㄹ		할	ㅅ		ㅇ	느	ㄴ	ㄹ				

(6)

ㅎ	나	ㄴ	ㅇ		ㅁ	질	ㅅ	의		ㅎ	ㄴ	ㄴ	ㅇ					
아	ㄴ	시	ㅇ		오	ㅈ		ㅎ	평	ㅇ								
ㅎ	ㄴ	ㄴ	이	ㅅ	ㄴ	라												

(7)

ㄱ	ㄹ	스	ㄷ	ㄲ	서		ㄷ	시		살	ㅇ	ㄴ	신		ㅇ	이		
없	ㅇ	ㅁ		ㄴ	희	ㅇ		믿	ㅇ	ㄷ		헛	ㄷ	ㄱ				
너	ㅎ	ㄱ		여	ㅈ	ㅎ		ㅈ		가	ㅇ	ㄷ		ㅇ	을			
것	ㅇ	요																

(8)

만	ㅇ		누	ㄱ	ㄷ	ㅈ		ㅈ	를		ㅅ	랑	ㅎ	ㅈ				
아	ㄴ	ㅎ	ㅁ		저	ㅈ	ㄹ		받	ㅇ	ㅈ	어	ㄷ					
ㅇ	리		ㅈ	ㅇ		오	ㅅ	ㅇ	소	ㅅ								

문제5

고린도후서에 나오는 성경구절입니다. 문장을 완성하고 필사해 보세요.

(1) ㄱ 리 ㅅ ㄷ ㄴ   ㅎ 나 ㄴ ㅇ   형 ㅅ ㅇ 니 ㄹ

(2) ㅇ 리 ㄱ   항 ㅅ   ㅇ 수 ㅇ   죽 ㅇ ㅇ   ㅁ 에
짊 ㅇ ㅈ ㅇ   예 ㅅ ㅇ   ㅅ 명 ㅇ   ㄸ 한
ㅇ ㄹ   몸 ㅇ   ㄴ 타 ㄴ ㄱ   ㅎ 려   함 ㅇ ㄹ

(3) ㅇ 리 ㄱ   ㄷ   반 ㄷ ㅅ   ㄱ 리 ㅅ ㄷ ㅇ
ㅅ 판 ㄷ   ㅇ 에   ㄴ 타 ㄴ 게   ㄷ ㅇ   각 ㄱ
ㅅ 악   ㄱ ㅇ   그   몸 ㅇ ㄹ   ㅎ 한   ㄱ ㅇ
ㄸ 라   받 ㅇ ㄹ   함 ㅇ ㄹ

(4) ㄴ ㄱ 든 ㅈ   ㄱ 리 ㅅ ㄷ   ㅇ 에   있 ㅇ ㅁ
새 ㄹ ㅇ   피 ㅈ ㅁ ㅇ 라   이 ㅈ   ㄱ 은
ㅈ 나 ㄱ ㅇ 니   ㅂ 라   ㅅ ㄱ 이   되 ㅇ 도 ㄷ

(5) ㅇ ㄹ 는   살 ㅇ   ㄱ 신   ㅎ ㄴ 님 ㅇ   ㅅ 전 ㅇ ㄹ

(6)

하 ㄴ ㄴ ㅇ ㄷ 려 ㅇ 하 ㄴ ㄱ 운 ㄷ ㅅ
ㄱ 룩 ㅎ ㅇ 온 ㅈ ㅎ ㅇ 루 ㅇ ㅇ 과 영 ㅇ
온 ㄱ ㄷ 러 ㅇ ㄱ 에 ㅅ 자 ㅅ ㅇ
ㄲ 끗 ㅎ ㄱ ㅎ 자

(7)

ㄴ 희 ㄴ ㅁ 음 ㅇ 에 ㅇ 는 ㄱ ㄴ ㅎ
자 ㅅ ㅇ ㅅ 험 ㅎ ㄱ 너 ㅎ ㅈ 신 ㅇ
확 ㅈ ㅎ 라

문제6

갈라디아서에 나오는 성경구절입니다. 문장을 완성하고 필사해 보세요.

(1)

ㅇ 제 ㄴ   ㄴ 가   사 ㄴ   ㄱ ㅇ   아 ㄴ ㅇ
오 ㅈ   ㄴ   ㅇ 에   ㄱ ㄹ ㅅ ㄷ 께 ㅅ   ㅅ 시 ㄴ
것 ㅇ ㄹ   ㅇ 제   ㄴ 가   ㅇ 체   ㄱ 운 ㄷ
ㅅ ㄴ   ㄱ 은   ㄴ 를   ㅅ 랑 ㅎ ㅅ   ㄴ ㄹ
ㅇ 하 ㅇ   ㅈ 기   ㅈ 신 ㅇ   버 ㄹ ㅅ
ㅎ ㄴ 님 ㅇ   ㅇ 들 ㅇ   ㅁ 는   믿 ㅇ   ㅇ 에 ㅅ
ㅅ ㄴ   것 ㅇ ㄹ

(2)

ㄴ 희 ㄱ   ㅈ 유 ㄹ   위 ㅎ ㅇ   ㅂ 르 ㅅ 을
입 ㅇ ㅇ 나   ㄱ 러 ㄴ   ㄱ   자 ㅇ ㄹ   육 ㅊ ㅇ
ㄱ 회 ㄹ   삼 ㅈ   말 ㄱ   ㅇ ㅈ   ㅅ 랑 ㅇ ㄹ
서 ㄹ   ㅈ   노 ㄹ   ㅎ 라

(3)

ㅅ 스 ㄹ   속 ㅇ ㅈ   ㅁ 라   ㅎ ㄴ 님 ㅇ
업 ㅅ 여 ㄱ ㅇ   받 ㅈ   ㅇ 니 ㅎ ㅅ 나 ㄴ
ㅅ 람 ㅇ   ㅁ 엇 ㅇ ㄹ   심 ㄷ ㅈ   ㄱ 대 ㄹ
거 ㄷ ㄹ 라

(4)

ㅇ리ㄱ 선ㅇ ㅎ하ㄷ 낙ㅅㅎ지
말ㅈㄴ 포ㄱㅎㅈ 아ㄴㅎㅁ ㄸ가
ㅇ르ㅁ ㄱ두ㄹㄹ

(5)

ㅇ리 ㅈ 예ㅅ ㄱㄹㅅ도ㅇ 십ㅈㄱ
ㅇ에 ㄱ코 ㅈ랑ㅎ 것ㅇ 없ㅇㄴ
ㄱ리ㅅㄷ로 ㅁ미ㅇㅇ 세ㅅㅇ ㄴ를
대ㅎㅇ 십ㅈㄱㅇ 못 박ㅎㄱ ㄴㄱ
ㄸ한 ㅅ상ㅇ 대ㅎㅇ 그ㄹㅎ니ㄹ

문제7

히브리서에 나오는 성경구절입니다. 문장을 완성하고 필사해 보세요.

(1)

ㄱㄹㅁ로 함ㄲ ㅎㄴㅇ 부ㄹㅅㅇ
ㅂ은 거ㄹㅎ ㅎㅈ들ㅇ ㅇㄹㄱ ㅁ는
ㄷ리ㅇ 사ㄷ이ㅅㅁ 대ㅈㅅㅈ이ㅅ
ㅇㅅㄹ ㄱ이 생ㄱㅎ라

(2)

오ㅈ ㅇ늘ㅇ라 일ㅋㄴ ㄷ안ㅇ 매ㅇ
 피ㅊ 권ㅁ하ㅇ 너ㅎ ㅈㅇ
ㄴ구ㄷ지 죄ㅇ ㅇ혹ㅇㄹ 완ㄱㅎㄱ
ㄷ지 않ㄷㄹ ㅎ라

(3)

지ㅇㅅ ㄱ이 하ㄴㄷ ㄱ 앞ㅇ ㄴㅌㄴㅈ
않ㅇㅇ 없ㄱ ㅇㄹ의 ㄱ산ㅇ 받ㅇㅅ ㅇ의
눈 앞ㅇ 만ㅁㅇ ㅂ거ㅂㅇ 것 ㄱ이
ㄷ러ㄴㄴ니ㄹ

(4)

ㄱㄹ므ㄹ 자ㄱㄹ 힘ㅇㅇ ㅎㄴ님께
ㄴㅇ가는 자ㄷㅇ ㅇ전ㅎ ㄱ원ㅎㅅ
수 있ㅇㄴ ㅇ는 그ㄱ ㅎ상 살ㅇ
ㄱ셔ㅅ ㄱ들ㅇ ㅇ하ㅇ ㄱ구ㅎㅅㅇ라

(5)

한 ㅂ ㅈ 는 것 ㅇ ㅅ ㄹ 에 ㄱ ㅈ ㅎ ㅈ
것 ㅇ ㅇ 그 후 ㅇ ㄴ 심 ㅍ ㅇ 있 ㅇ ㄹ 니

(6)

믿 ㅇ ㅇ ㅂ 라 ㄴ ㄱ 들 ㅇ ㅅ 상 ㅇ ㅇ
보 ㅇ ㅈ 않 ㄴ ㄱ 들 ㅇ 증 ㄱ 니

(7)

ㅁ 음 ㅇ 없 ㅇ ㄴ 하 ㄴ ㄴ ㅇ ㄱ 쁘 ㅅ ㄱ
하 ㅈ 못 ㅎ ㄴ ㄴ ㅎ ㄴ 님 ㄲ ㄴ ㅇ 가 는
자 ㄴ 반 ㄷ ㅅ ㄱ 가 계 ㅅ 것 ㄱ
또 ㅎ 그 ㄱ ㅈ ㄱ 를 ㅊ 는 자 ㄷ ㅇ ㄱ
상 주 ㅅ ㄴ ㅇ ㅅ 을 믿 ㅇ ㅇ 할 ㅈ ㄴ ㄹ

(8)

믿 ㅇ ㅇ ㅈ 요 또 ㅇ 전 ㅎ ㄱ ㅎ ㅅ 는
이 ㅇ ㅇ 수 ㄹ ㅂ ㄹ 보 ㅈ ㄱ 는 그
앞 ㅇ 있 는 기 ㅃ ㅇ ㅇ ㅎ 여 십 ㅈ ㄱ ㄹ
참 ㅇ ㅅ 부 ㄲ ㄹ ㅇ 을 개 ㅇ ㅊ
ㅇ 니 ㅎ ㅅ 더 ㄴ ㅎ 나 ㄴ ㅂ 좌 ㅇ 편 에
앉 ㅇ ㅅ 느 ㄴ ㄹ

문제8

야고보서에 나오는 성경구절입니다. 문장을 완성하고 필사해 보세요.

(1)

ㅇ	내	ㄹ		ㅇ	전	ㅎ		ㅇ	루	ㄹ		ㅇ	는		너	ㅎ	로
	온	ㅈ	ㅎ	ㄱ		ㄱ	비	ㅎ	ㅇ		ㅈ	ㄱ	도				
부	ㅈ	ㅎ	이		없	ㄱ		ㅎ	려		함	ㅇ	ㄹ				

(2)

ㅅ	험	ㅇ		참	ㄴ		ㅈ	는		복	ㅇ		있	ㄴ	ㄴ		
ㅇ	는		ㅅ	련	ㅇ		견	ㄷ	ㅇ		낸		자	ㄱ			
ㅈ	께	ㅅ		자	ㄱ	ㄹ		ㅅ	랑	ㅎ	ㄴ		ㅈ	들	ㅇ	게	
ㅇ	속	ㅎ	신		ㅅ	명	ㅇ		면	ㄹ	ㄱ	ㅇ		ㅇ	을		
것	ㅇ	ㄱ		때	ㅁ	ㅇ	ㄹ										

(3)

ㄴ	희	ㄴ		ㅁ	씀	ㅇ		행	ㅎ	ㄴ		자	ㄱ		되	ㄱ	
듣	ㄱ	ㅁ		하	ㅇ		자	ㅅ	ㅇ		속	ㅇ	ㄴ		ㅈ	ㄱ	
	되	ㅈ		말	라												

(4)

너	ㅎ		ㅈ	에		ㅈ	혜	ㅇ		ㅊ	명	ㅇ		있	ㄴ		
자	ㄱ		ㄴ	ㄱ	냐		ㄱ	는		선	ㅎ	ㅇ	ㄹ				
말	ㅁ	암	ㅇ		ㅈ	혜	ㅇ		ㅇ	유	ㅎ	으	ㄹ		그		
행	ㅎ	ㅇ	ㅂ	일	ㅈ	ㄴ	라										

(5)

ㅎ 평 ㅎ ㄱ 하 ㄴ 자 ㄷ ㅇ 화 ㅍ ㅇ ㄹ
심 어 의 ㅇ ㅇ 매 ㄹ ㄱ 두 ㄴ ㄴ 라

(6)

너 ㅎ ㄱ ㅇ 지 ㅁ 함 ㅇ ㄱ ㅎ 지 아 ㄴ ㅎ
ㄱ 때 ㅁ ㅇ ㅇ ㄱ 하 ㅇ ㄷ 받 ㅈ 못 ㅎ ㅇ
 정 ㅇ ㅇ ㄹ 쓰 ㄹ ㄱ 잘 ㅁ ㄱ 하 ㄱ 때
ㅁ ㅇ 라

(7)

ㄴ ㅎ 도 길 ㅇ ㅊ 고 마 ㅇ ㅇ ㄱ 건 ㅎ ㄱ
 ㅎ ㄹ ㅈ 의 강 ㄹ ㅇ ㄱ 까 ㅇ ㄴ ㄹ
ㅎ 제 ㄷ ㅇ 서 ㄹ 원 ㅁ ㅎ ㅈ 말 ㄹ
ㄱ ㄹ ㅎ 여 ㅇ ㅅ 판 ㅇ ㅁ ㅎ ㄹ 라 보 ㄹ
심 ㅍ ㅈ ㄱ 문 밖 ㅇ 서 계 ㅅ 니 ㄹ

(8)

ㄴ 희 ㅈ 에 ㄱ 난 당 ㅎ ㄴ 자 ㄱ
있 느 냐 ㄱ 는 ㄱ 도 ㅎ 것 ㅇ ㅇ
즐 ㄱ ㅇ ㅎ 는 자 ㄱ 있 ㄴ ㄴ ㄱ 는
찬 ㅅ ㅎ 지 ㄴ ㄹ

문제9

요한계시록에 나오는 성경구절입니다. 문장을 완성하고 필사해 보세요.

(1)

주		ㅎ	ㄴ	님	ㅇ		이	ㄹ	ㅅ	ㄷ		나	ㄴ		알	ㅍ	ㅇ
	ㅇ	메	ㄱ	ㄹ		ㅇ	제	ㄷ		있	ㄱ		전	ㅇ	ㄷ		
있	ㅇ	ㄱ		ㅈ	차		올		자	ㅇ		전	ㄴ	ㅎ		ㅈ	라
	ㅎ	시	ㄴ	ㄹ													

(2)

ㅂ	ㅈ	어	ㄷ		ㄴ	가		문		ㅂ	에		ㅅ	서			
ㄷ	ㄷ	리	ㄴ	니		누	ㄱ	ㄷ	ㅈ		내		ㅇ	성	ㅇ		
듣	ㄱ		문	ㅇ		열	ㅁ		내	ㄱ		ㄱ	에	ㄱ	ㄹ		
ㄷ	어	ㄱ		ㄱ	와		더	ㅂ	ㅇ		ㅁ	고		그	ㄴ		
ㄴ	ㅇ		ㄷ	불	ㅇ		먹	ㅇ	ㄹ	ㄹ							

(3)

ㅎ	늘	ㄹ	ㅂ	터		큰		ㅇ	ㅅ	이		있	ㅇ		ㅇ	리	ㄹ
	올	ㄹ	ㅇ	ㄹ		함	ㅇ		ㄱ	들	ㅇ		듣	ㄱ			
ㄱ	름	ㅇ		타	ㄱ		ㅎ	늘	ㄹ		ㅇ	ㄹ	가	ㄴ			
ㄱ	들	ㅇ		ㅇ	수	ㄷ	ㄷ		ㄱ	경	ㅎ	ㄷ	라				

(4)

이 일 후 ㅇ ㄴ 가 들 ㅇ ㄴ ㅎ 늘 ㅇ
ㅎ 다 ㅎ ㅁ 리 ㅇ 큰 음 ㅅ 같 ㅇ ㄱ 이
있 ㅇ 이 ㄹ ㄷ 할 ㄹ ㄹ ㅇ ㄱ 원 ㄱ
ㅇ 광 ㄱ ㄴ 력 ㅇ ㅇ 리 하 ㄴ ㄴ 께
있 ㄷ ㄷ

(5)

ㄴ ㄱ 든 ㅈ 생 ㅁ ㅊ ㅇ 기 ㄹ ㄷ ㅈ 못 ㅎ
ㅈ 는 불 ㅁ ㅇ 던 ㅈ ㅈ 더 ㄹ

(6)

ㅂ 라 ㄴ 가 속 ㅎ 오 ㄹ ㄴ 내 ㄱ 줄
상 ㅇ 내 ㄱ 있 ㅇ 각 사 ㄹ ㅇ ㄱ
ㄱ 가 행 ㅎ ㄷ 로 갚 ㅇ 주 ㄹ ㄹ

(7)

ㅅ 령 ㄱ 신 ㅂ ㄱ 말 ㅆ ㅎ 시 ㄱ ㄹ ㅇ 라
하 ㅅ ㄴ ㄷ 다 듣 ㄴ ㅈ 도 오 ㄹ 할
것 ㅇ ㅇ 목 ㅁ ㄹ 자 ㄷ 올 것 ㅇ ㅇ 또
ㅇ 하 ㄴ 자 ㄴ 값 ㅇ ㅇ 생 ㅁ ㅅ ㄹ
받 ㅇ 라 하 ㅅ ㄷ ㄹ

정답

문제1 마태복음

(1) 회개하라 천국이 가까이 왔느니라 (4:17)
(2) 먼저 그의 나라와 그의 의를 구하라 (6:33)
(3) 좁은 문으로 들어가라 (7:13)
(4) 네 믿음이 너를 구원하였다 (9:22)
(5) 나의 멍에를 메고 내게 배우라 (11:29)
(6) 인자는 안식일의 주인이니라 (12:8)
(7) 누구든지 나를 따라오려거든 자기를 부인하고 자기 십자가를 지고 나를 따를 것이니라 (16:24)
(8) 내 집은 기도하는 집이라 일컬음을 받으리라 (21:13)
(9) 너희가 기도할 때에 무엇이든지 믿고 구하는 것은 다 받으리라 (21:22)
(10) 네 마음을 다하고 목숨을 다하고 뜻을 다하여 주 너의 하나님을 사랑하라 (22:37)
(11) 네 이웃을 네 자신 같이 사랑하라 (22:39)
(12) 깨어 있으라 너희는 그 날과 그 때를 알지 못하느니라 (25:13)
(13) 시험에 들지 않게 깨어 기도하라 (26:41)
(14) 내가 세상 끝날까지 너희와 항상 함께 있으리라 (28:20)

문제2 요한복음

(1) 태초에 말씀이 계시니라 (1:1)
(2) 보라 세상 죄를 지고 가는 하나님의 어린양이로다 (1:29)
(3) 사람이 거듭나지 아니하면 하나님의 나라를 볼 수 없느니라 (3:3)
(4) 내가 주는 물은 그 속에서 영생하도록 솟아나는 샘물이 되리라 (4:14)
(5) 하나님은 영이시니 예배하는 자가 영과 진리로 예배할지니라 (4:24)
(6) 누구든지 목마르거든 내게로 와서 마시라 (7:37)
(7) 진리를 알지니 진리가 너희를 자유롭게 하리라 (8:32)
(8) 나는 부활이요 생명이니 나를 믿는 자는 죽어도 살겠고 (11:25)
(9) 내가 곧 길이요 진리요 생명이니 나로 말미암지 않고는 아버지께로 올 자가 없느니라 (14:6)
(10) 나는 포도나무요 너희는 가지라 (15:5)
(11) 예수께서 오사 가운데 서서 이르시되 너희에게 평강이 있을지어다 (20:19)

문제3 로마서

(1) 복음은 모든 믿는 자에게 구원을 주시는 하나님의 능력이 됨이라 (1:16)
(2) 누구든지 그리스도의 영이 없으면 그리스도의 사람이 아니라 (8:9)
(3) 사람이 마음으로 믿어 의에 이르고 입으로 시인하여 구원에 이르느니라 (10:10)
(4) 누구든지 주의 이름을 부르는 자는 구원을 받으리라 (10:13)

(5) 믿음은 들음에서 나며 들음은 그리스도의 말씀으로 말미암았느니라 (10:17)
(6) 너희 몸을 하나님이 기뻐하시는 거룩한 산 제물로 드리라 이는 너희가 드릴 영적 예배니라 (12:1)
(7) 네 이웃을 네 자신과 같이 사랑하라 (13:9)
(8) 하나님의 나라는 먹는 것과 마시는 것이 아니요 오직 성령 안에 있는 의와 평강과 희락이라(14:17)
(9) 우리 각 사람이 이웃을 기쁘게 하되 선을 이루고 덕을 세우도록 할지니라 (15:2)
(10) 소망의 하나님이 모든 기쁨과 평강을 믿음 안에서 너희에게 충만하게 하사 성령의 능력으로 소망이 넘치게 하시기를 원하노라 (15:13)

문제4 고린도전서

(1) 십자가의 도가 멸망하는 자들에게는 미련한 것이요 구원을 받는 우리에게는 하나님의 능력이라 (1:18)
(2) 그리스도는 하나님의 능력이요 하나님의 지혜니라 (1:24)
(3) 하나님의 나라는 말에 있지 아니하고 오직 능력에 있음이라 (4:20)
(4) 사람이 감당할 시험 밖에는 너희가 당한 것이 없나니 오직 하나님은 미쁘사 너희가 감당하지 못할 시험 당함을 허락하지 아니하시고 시험 당할 즈음에 또한 피할 길을 내사 너희로 능히 감당하게 하시느니라 (10:13)
(5) 성령으로 아니하고는 누구든지 예수를 주시라 할 수 없느니라 (12:3)
(6) 하나님은 무질서의 하나님이 아니시요 오직 화평의 하나님이시니라 (14:33)
(7) 그리스도께서 다시 살아나신 일이 없으면 너희의 믿음도 헛되고 너희가 여전히 죄 가운데 있을 것이요 (15:17)
(8) 만일 누구든지 주를 사랑하지 아니하면 저주를 받을지어다 우리 주여 오시옵소서 (16:22)

문제5 고린도후서

(1) 그리스도는 하나님의 형상이니라 (4:4)
(2) 우리가 항상 예수의 죽음을 몸에 짊어짐은 예수의 생명이 또한 우리 몸에 나타나게 하려 함이라 (4:10)
(3) 우리가 다 반드시 그리스도의 심판대 앞에 나타나게 되어 각각 선악 간에 그 몸으로 행한 것을 따라 받으려 함이라 (5:10)
(4) 누구든지 그리스도 안에 있으면 새로운 피조물이라 이전 것은 지나갔으니 보라 새 것이 되었도다 (5:17)
(5) 우리는 살아 계신 하나님의 성전이라 (6:16)
(6) 하나님을 두려워하는 가운데서 거룩함을 온전히 이루어 육과 영의 온갖 더러운 것에서 자신을 깨끗하게 하자 (7:1)
(7) 너희는 믿음 안에 있는가 너희 자신을 시험하고 너희 자신을 확증하라 (13:5)

문제6 갈라디아서

(1) 이제는 내가 사는 것이 아니요 오직 내 안에 그리스도께서 사시는 것이라 이제 내가 육체 가운데 사는 것은 나를 사랑하사 나를 위하여 자기 자신을 버리신 하나님의 아들을 믿는 믿음 안에서 사는 것이라 (2:20)

(2) 너희가 자유를 위하여 부르심을 입었으나 그러나 그 자유로 육체의 기회를 삼지 말고 오직 사랑으로 서로 종 노릇 하라 (5:13)

(3) 스스로 속이지 말라 하나님은 업신여김을 받지 아니하시나니 사람이 무엇으로 심든지 그대로 거두리라 (6:7)

(4) 우리가 선을 행하되 낙심하지 말지니 포기하지 아니하면 때가 이르매 거두리라 (6:9)

(5) 우리 주 예수 그리스도의 십자가 외에 결코 자랑할 것이 없으니 그리스도로 말미암아 세상이 나를 대하여 십자가에 못 박히고 내가 또한 세상을 대하여 그러하니라 (6:14)

문제7 히브리서

(1) 그러므로 함께 하늘의 부르심을 받은 거룩한 형제들아 우리가 믿는 도리의 사도이시며 대제사장이신 예수를 깊이 생각하라 (3:1)

(2) 오직 오늘이라 일컫는 동안에 매일 피차 권면하여 너희 중에 누구든지 죄의 유혹으로 완고하게 되지 않도록 하라 (3:13)

(3) 지으신 것이 하나도 그 앞에 나타나지 않음이 없고 우리의 결산을 받으실 이의 눈 앞에 만물이 벌거벗은 것 같이 드러나느니라 (4:13)

(4) 그러므로 자기를 힘입어 하나님께 나아가는 자들을 온전히 구원하실 수 있으니 이는 그가 항상 살아 계셔서 그들을 위하여 간구하심이라 (7:25)

(5) 한 번 죽는 것은 사람에게 정해진 것이요 그 후에는 심판이 있으리니 (9:27)

(6) 믿음은 바라는 것들의 실상이요 보이지 않는 것들의 증거니 (11:1)

(7) 믿음이 없이는 하나님을 기쁘시게 하지 못하나니 하나님께 나아가는 자는 반드시 그가 계신 것과 또한 그가 자기를 찾는 자들에게 상 주시는 이심을 믿어야 할지니라 (11:6)

(8) 믿음의 주요 또 온전하게 하시는 이인 예수를 바라보자 그는 그 앞에 있는 기쁨을 위하여 십자가를 참으사 부끄러움을 개의치 아니하시더니 하나님 보좌 우편에 앉으셨느니라 (12:2)

문제8 야고보서

(1) 인내를 온전히 이루라 이는 너희로 온전하고 구비하여 조금도 부족함이 없게 하려 함이라 (1:4)

(2) 시험을 참는 자는 복이 있나니 이는 시련을 견디어 낸 자가 주께서 자기를 사랑하는 자들에게 약속하신 생명의 면류관을 얻을 것이기 때문이라 (1:12)

(3) 너희는 말씀을 행하는 자가 되고 듣기만 하여 자신을 속이는 자가 되지 말라 (1:22)

(4) 너희 중에 지혜와 총명이 있는 자가 누구냐 그는 선행으로 말미암아 지혜의 온유함으로 그

행함을 보일지니라 (3:13)

(5) 화평하게 하는 자들은 화평으로 심어 의의 열매를 거두느니라 (3:18)

(6) 너희가 얻지 못함은 구하지 아니하기 때문이요 구하여도 받지 못함은 정욕으로 쓰려고 잘못 구하기 때문이라 (4:2~3)

(7) 너희도 길이 참고 마음을 굳건하게 하라 주의 강림이 가까우니라 형제들아 서로 원망하지 말라 그리하여야 심판을 면하리라 보라 심판주가 문 밖에 서 계시니라 (5:8~9)

(8) 너희 중에 고난 당하는 자가 있느냐 그는 기도할 것이요 즐거워하는 자가 있느냐 그는 찬송할지니라 (5:13)

문제9 요한계시록

(1) 주 하나님이 이르시되 나는 알파와 오메가라 이제도 있고 전에도 있었고 장차 올 자요 전능한 자라 하시더라 (1:8)

(2) 볼지어다 내가 문 밖에 서서 두드리노니 누구든지 내 음성을 듣고 문을 열면 내가 그에게로 들어가 그와 더불어 먹고 그는 나와 더불어 먹으리라 (3:20)

(3) 하늘로부터 큰 음성이 있어 이리로 올라오라 함을 그들이 듣고 구름을 타고 하늘로 올라가니 그들의 원수들도 구경하더라 (11:12)

(4) 이 일 후에 내가 들으니 하늘에 허다한 무리의 큰 음성 같은 것이 있어 이르되 할렐루야 구원과 영광과 능력이 우리 하나님께 있도다 (19:1)

(5) 누구든지 생명책에 기록되지 못한 자는 불못에 던져지더라 (20:15)

(6) 보라 내가 속히 오리니 내가 줄 상이 내게 있어 각 사람에게 그가 행한 대로 갚아 주리라 (22:12)

(7) 성령과 신부가 말씀하시기를 오라 하시는도다 듣는 자도 오라 할 것이요 목마른 자도 올 것이요 또 원하는 자는 값없이 생명수를 받으라 하시더라 (22:17)

인수분해 성경 단어(문구) 찾기

성경 단어(문구)가 초성, 모음, 받침으로 분해된 후 시계방향, 또는 반시계방향으로 순서대로 배열되어 있습니다. 어떤 단어(문구)인지 찾아 보세요. 그런데, 어떤 문제는 단어(문구)의 끝(↔ 표시된 부분과 같은)에 의미 없는 문자도 분해되어 있으니 주의하세요.

예제

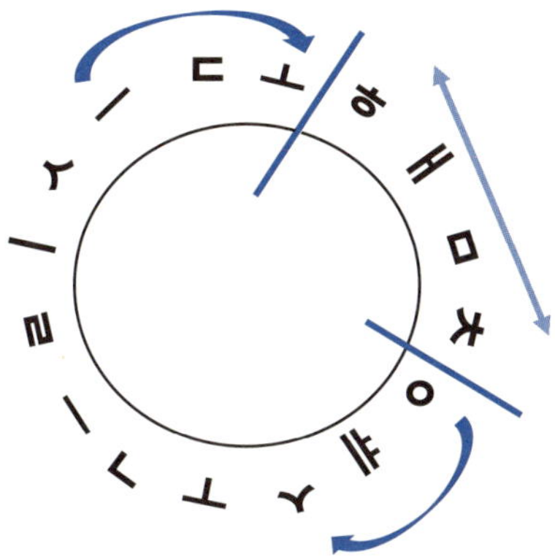

예수그리스도

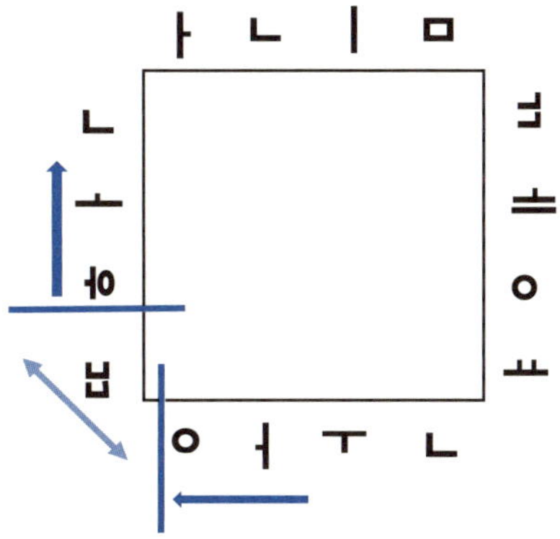

하나님께 영광

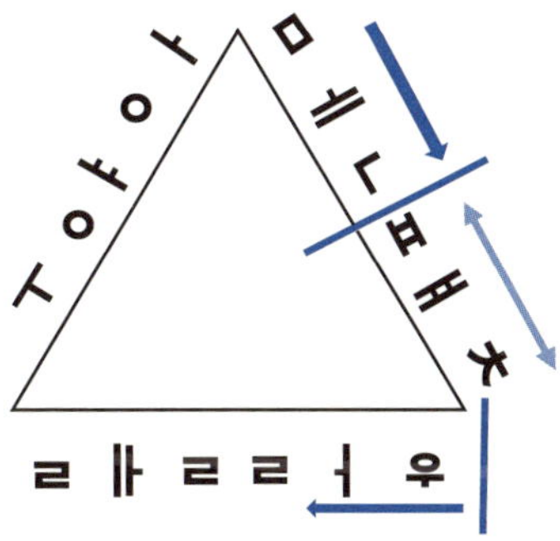

할렐루야 아멘

인수분해 성경 단어(문구) 찾기

성경 단어(문구)가 초성, 모음, 받침으로 분해된 후 시계방향, 또는 반시계방향으로 순서대로 배열되어 있습니다. 어떤 단어(문구)인지 찾아 보세요. 그런데, 어떤 문제는 단어(문구)의 끝(⟷ 표시된 부분과 같은)에 의미 없는 문자도 분해되어 있으니 주의하세요.

문제1

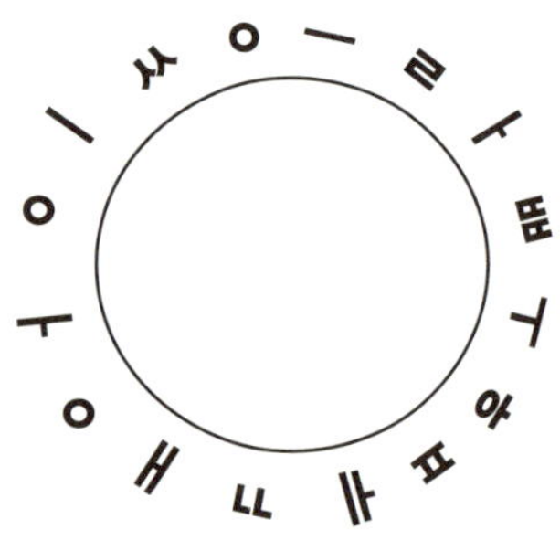

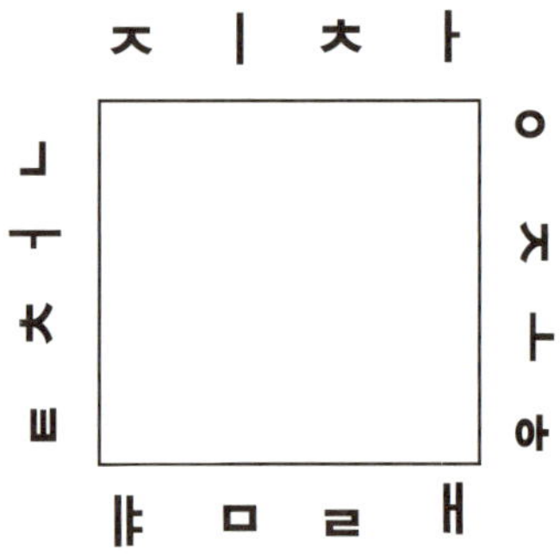

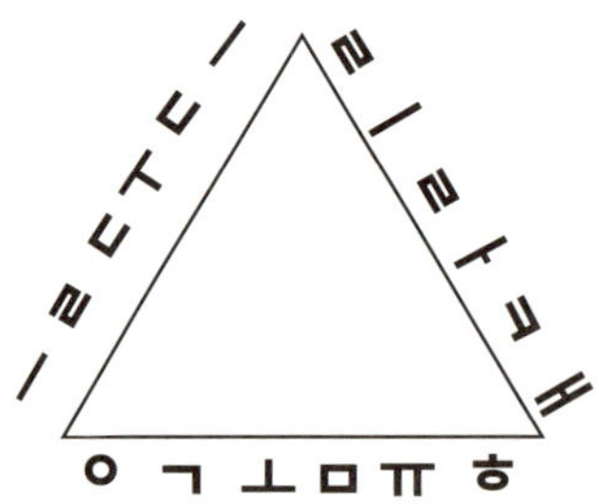

인수분해 성경 단어(문구) 찾기

성경 단어(문구)가 초성, 모음, 받침으로 분해된 후 시계방향, 또는 반시계방향으로 순서대로 배열되어 있습니다. 어떤 단어(문구)인지 찾아 보세요. 그런데, 어떤 문제는 단어(문구)의 끝(⟷ 표시된 부분과 같은)에 의미 없는 문자도 분해되어 있으니 주의하세요.

문제2

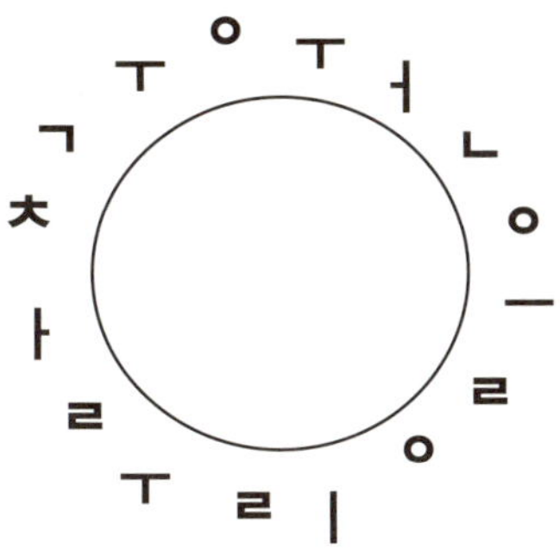

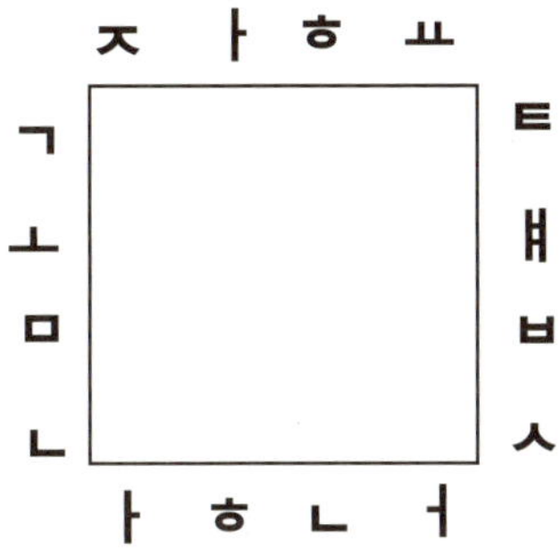

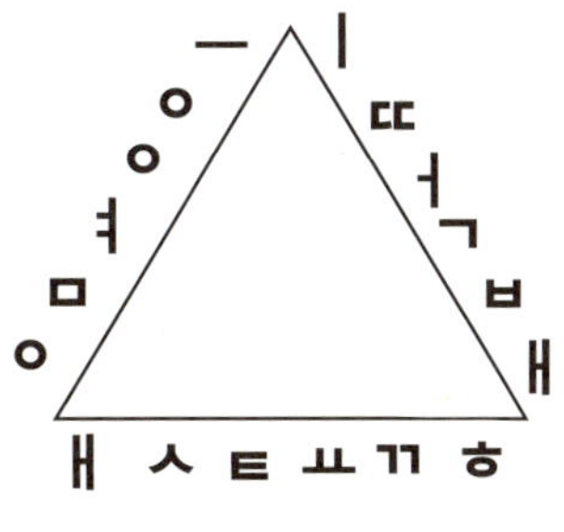

인수분해 성경 단어(문구) 찾기

성경 단어(문구)가 초성, 모음, 받침으로 분해된 후 시계방향, 또는 반시계방향으로 순서대로 배열되어 있습니다. 어떤 단어(문구)인지 찾아 보세요. 그런데, 어떤 문제는 단어(문구)의 끝(⟷ 표시된 부분과 같은)에 의미 없는 문자도 분해되어 있으니 주의하세요.

문제3

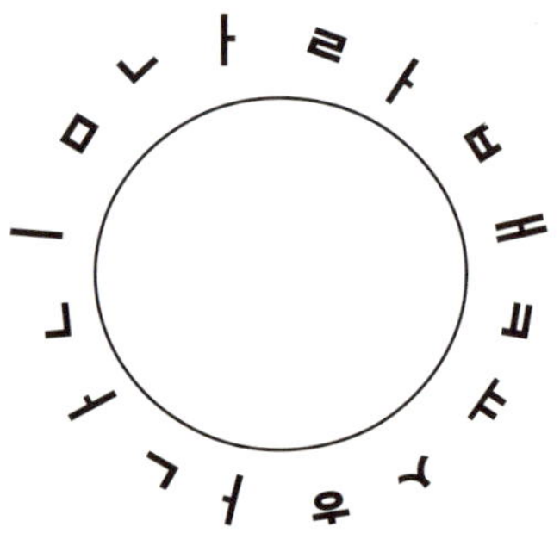

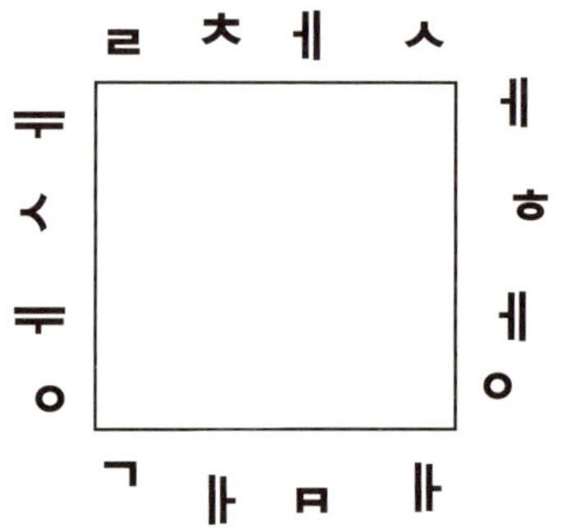

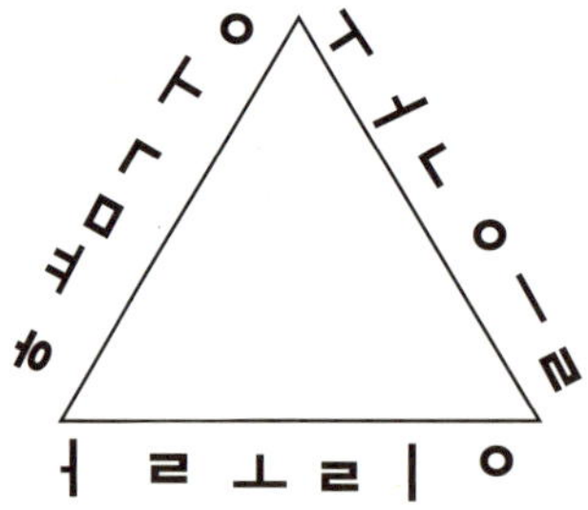

정답

문제1

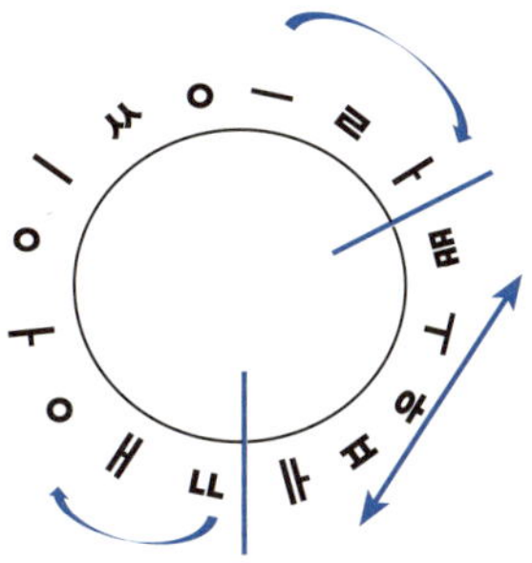

깨어있으라

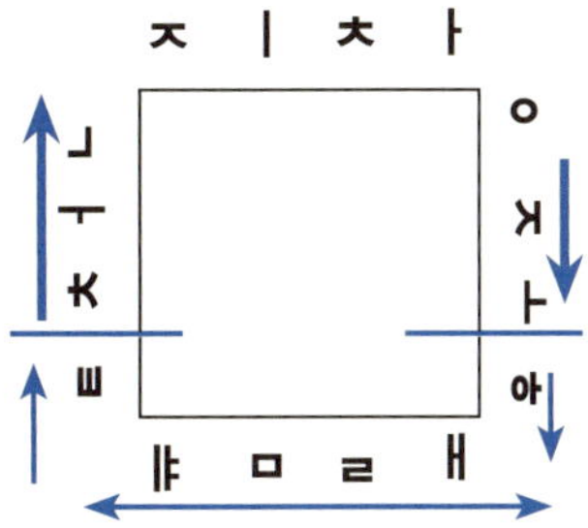

천지창조

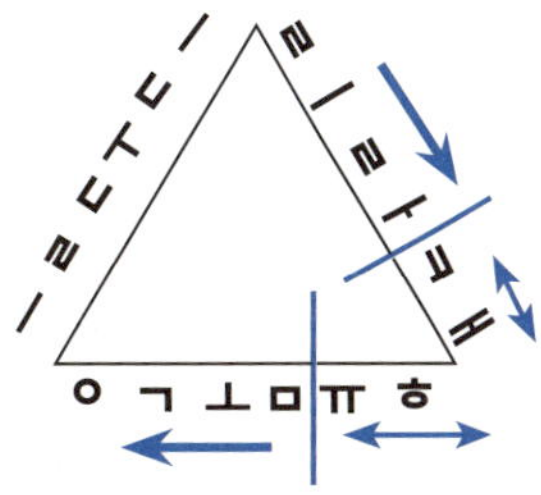

문을두드리라

문제2

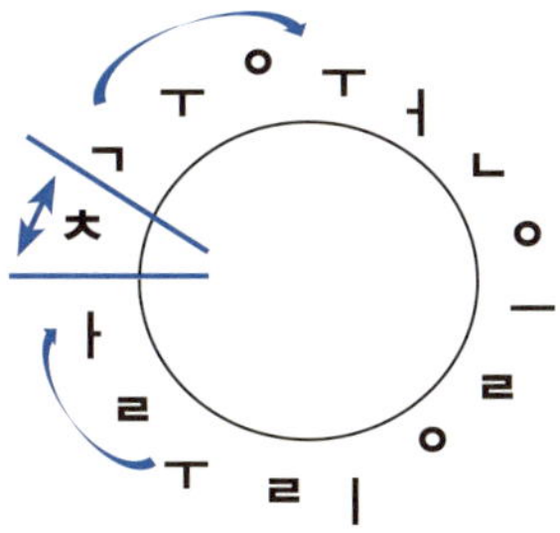

구원을이루라

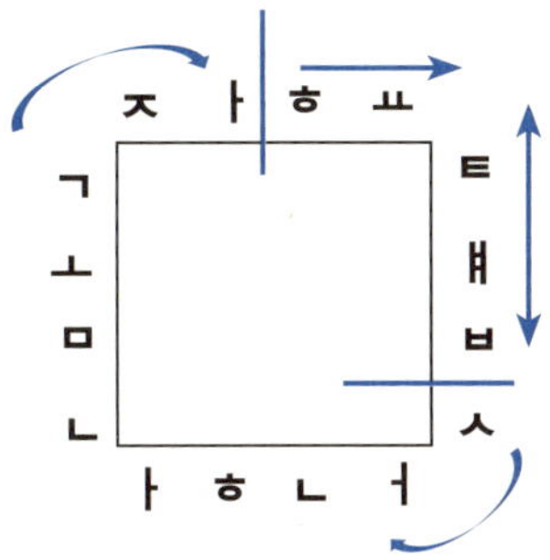

선한목자

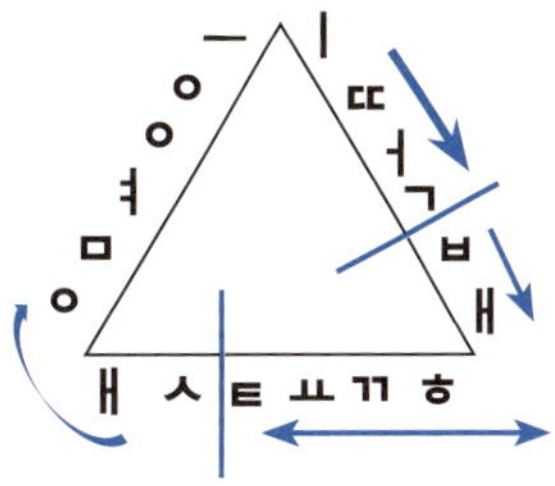

생명의 떡

문제3

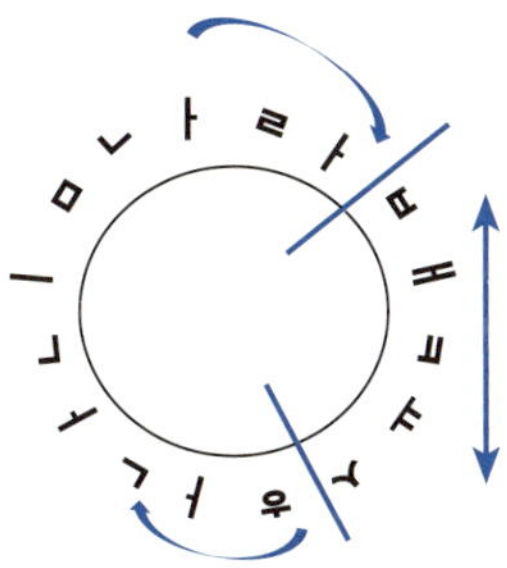

하나님나라

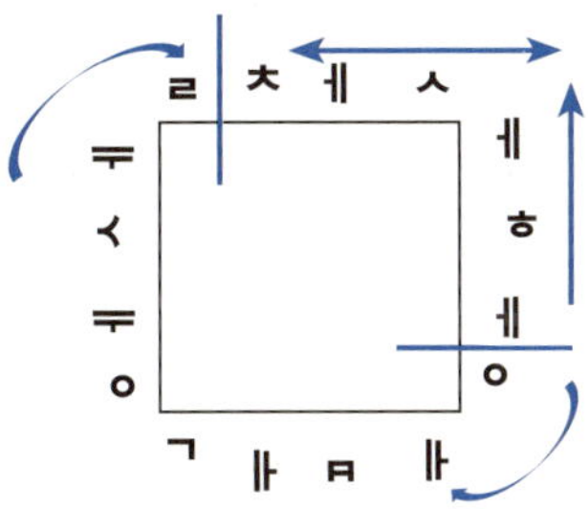

에벤에셀

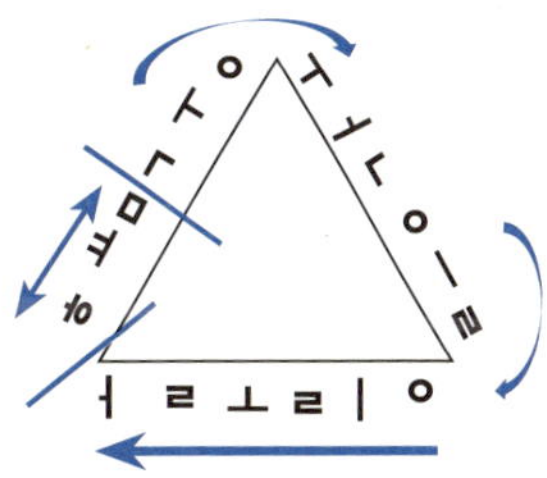

구원을이루라

인수분해 성경 단어 찾기

성경적인 단어가 자음, 모음, 받침으로 분리되어서 좌에서 우로 쓰여 있는데, 중앙의 빈 3 칸을 포함하여 앞뒤의 일부분을 점유하고 있습니다. 아래 보기에서 알맞은 것을 찾아서 단어를 완성해 보세요.

문제1

ㄱ	ㅓ	ㅇ	ㅏ	ㄴ	ㅅ	ㅣ	ㄱ	ㅇ	ㅣ	ㄹ	안식일
ㅊ	ㅓ	ㄴ	ㅈ				ㅇ	ㅈ	ㅗ	ㅇ	
ㅇ	ㅜ	ㅅ	ㅣ				ㅁ	ㅕ	ㅇ	ㅓ	
ㄱ	ㅅ	ㅣ	ㅂ				ㅏ	ㅁ	ㅣ	ㅈ	
ㅇ	ㅣ	ㅁ	ㅁ				ㅇ	ㅔ	ㄹ	ㅎ	
ㅎ	ㅏ	ㄱ	ㅡ				ㅡ	ㄷ	ㅗ	ㄱ	
ㅊ	ㅜ	ㅈ	ㄱ				ㅗ	ㄹ	ㅣ	ㅍ	
ㄱ	ㅇ	ㅣ	ㅅ				ㅇ	ㅔ	ㄹ	ㅏ	
ㄱ	ㅏ	ㅊ	ㅓ				ㄱ	ㅣ	ㅈ	ㅗ	

ㅏㄹㅂ	ㄹㅣㅅ	ㅏㄴㅜ
ㅈㅏㄱ	ㅇㅈㅣ	ㄴㅅㅣ
ㅂㄱㅖ	ㅣㅊㅏ	ㅡㄹㅏ

인수분해 성경 단어 찾기

성경적인 단어가 자음, 모음, 받침으로 분리되어서 좌에서 우로 쓰여 있는데, 중앙의 빈 3 칸을 포함하여 앞뒤의 일부분을 점유하고 있습니다. 아래 보기에서 알맞은 것을 찾아서 단어를 완성해 보세요.

문제2

ㅅ	ㅏ	ㅂ	ㅜ				ㅣ	ㅁ	ㄷ	ㅠ
ㅁ	ㅗ	ㅇ	ㅂ				ㄹ	ㅗ	ㅅ	ㅖ
ㄹ	ㅣ	ㄹ	ㅗ				ㅡ	ㄹ	ㅐ	ㄴ
ㅍ	ㅇ	ㅗ	ㅂ				ㅣ	ㅇ	ㅓ	ㄱ
ㅌ	ㅛ	ㅈ	ㅇ				ㅣ	ㅇ	ㅑ	ㅇ
ㅍ	ㅗ	ㅇ	ㅕ				ㅗ	ㅏ	ㅋ	ㅓ
ㄷ	ㅕ	ㅎ	ㅗ				ㄴ	ㅏ	ㅊ	ㅜ
ㅇ	ㅓ	ㄹ	ㅇ				ㅇ	ㅑ	ㅂ	ㅛ
ㅎ	ㅖ	ㅇ	ㅔ				ㅏ	ㅎ	ㅜ	ㅎ

ㅕ	ㅇ	ㅇ		ㅎ	ㅗ	ㅇ		ㅔ	ㄹ	ㄹ
ㅔ	ㄷ	ㅡ		ㅂ	ㅏ	ㄷ		ㄹ	ㅡ	ㅅ
ㅅ	ㅏ	ㄴ		ㄱ	ㅗ	ㅅ		ㅣ	ㅅ	ㅏ

인수분해 성경 단어 찾기

성경적인 단어가 자음, 모음, 받침으로 분리되어서 좌에서 우로 쓰여 있는데, 중앙의 빈 3 칸을 포함하여 앞뒤의 일부분을 점유하고 있습니다. 아래 보기에서 알맞은 것을 찾아서 단어를 완성해 보세요.

문제3

ㅌ	ㅏ	ㄹ	ㅊ				ㅔ	ㄱ	ㅣ	ㅇ
ㅅ	ㄱ	ㅗ	ㄹ				ㅗ	ㅎ	ㅕ	ㄱ
ㅇ	ㅣ	ㅇ	ㅏ				ㅇ	ㅗ	ㄱ	ㅓ
ㄴ	ㅓ	ㅁ	ㅅ				ㅕ	ㅇ	ㄱ	ㅣ
ㅍ	ㅁ	ㅏ	ㄹ				ㅣ	ㅋ	ㅛ	ㄱ
ㅇ	ㅗ	ㅁ	ㅣ				ㄱ	ㅣ	ㄷ	ㅏ
ㅎ	ㅏ	ㅂ	ㅏ				ㄱ	ㅇ	ㅕ	ㅍ
ㄴ	ㅏ	ㄴ	ㅇ				ㄷ	ㅓ	ㅇ	ㅑ
ㄱ	ㅜ	ㄹ	ㅔ				ㄱ	ㅣ	ㅅ	ㅐ

ㅣ	ㄴ	ㄷ		ㄴ	ㅅ	ㅜ		ㄹ	ㅏ	ㄱ
ㄱ	ㄱ	ㅜ		ㅏ	ㅇ	ㅅ		ㅇ	ㅜ	ㅣ
ㅣ	ㄴ	ㅁ		ㅔ	ㅅ	ㅡ		ㄴ	ㄷ	ㅣ

인수분해 성경 단어 찾기

성경적인 단어가 자음, 모음, 받침으로 분리되어서 좌에서 우로 쓰여 있는데, 중앙의 빈 3 칸을 포함하여 앞뒤의 일부분을 점유하고 있습니다. 아래 보기에서 알맞은 것을 찾아서 단어를 완성해 보세요.

문제4

ㅎ	ㅣ	ㅈ	ㅎ				ㅇ	ㅏ	ㅅ	ㅠ
ㄷ	ㅓ	ㅅ	ㅡ				ㅑ	ㄱ	ㅓ	ㄹ
ㄴ	ㅕ	ㅇ	ㅇ				ㅅ	ㅗ	ㅇ	ㅓ
ㅊ	ㅗ	ㄱ	ㅎ				ㄹ	ㅣ	ㄴ	ㅣ
ㅈ	ㅠ	ㅇ	ㅑ				ㅗ	ㄷ	ㅏ	ㅇ
ㅅ	ㅂ	ㅣ	ㄹ				ㅂ	ㅗ	ㅁ	ㅠ
ㅇ	ㅖ	ㄹ	ㅔ				ㅑ	ㄷ	ㅏ	ㅎ
ㄴ	ㅏ	ㄷ	ㅏ				ㅔ	ㄹ	ㄴ	ㅡ
ㅇ	ㅜ	ㄹ	ㅇ				ㅇ	ㅑ	ㄴ	ㅕ

ㅔ	ㅂ	ㅔ	ㅣ	ㅂ	ㅡ	ㅂ	ㅏ	ㄴ
ㄹ	ㅣ	ㅂ	ㄴ	ㅣ	ㅇ	ㅣ	ㅅ	ㅏ
ㅗ	ㅅ	ㅔ	ㅁ	ㅣ	ㅇ	ㄱ	ㅗ	ㅂ

인수분해 성경 단어 찾기

성경적인 단어가 자음, 모음, 받침으로 분리되어서 좌에서 우로 쓰여 있는데, 명암으로 표시된 2개 칸을 포함하여 앞뒤의 일부분을 점유하고 있습니다. 아래 보기에서 알맞은 것을 찾아서 단어를 완성해 보세요.

문제5

ㄱ	ㅗ	ㅇ	ㅖ	ㅅ	ㅜ	ㄴ	ㅣ	ㅁ	ㅈ	ㅐ
ㅅ	ㅈ	ㅜ	ㄱ		ㄷ		ㅁ	ㅜ	ㄴ	ㅓ
ㅂ	ㅓ	ㅇ	ㅏ		ㅡ		ㅏ	ㅎ	ㅏ	ㅁ
ㄱ	ㅕ	ㅇ	ㄱ		ㅇ		ㅗ	ㅣ	ㄷ	ㅏ
ㅎ	ㅜ	ㅣ	ㄱ		ㄹ		ㄱ	ㅊ	ㅁ	ㅜ
ㅅ	ㅓ	ㅇ	ㅁ		ㄴ		ㅏ	ㄴ	ㅅ	ㅠ
ㄱ	ㅛ	ㅂ	ㅏ		ㅇ		ㄴ	ㅁ	ㅑ	ㅇ
ㅇ	ㅣ	ㄴ	ㅊ		ㅇ		ㅗ	ㄱ	ㅡ	ㄹ
ㄷ	ㅓ	ㅅ	ㅣ		ㅍ		ㄴ	ㅇ	ㅛ	ㅎ

예수님

ㅏ		ㅊ		ㅣ		ㅗ		ㅕ		ㅇ
ㅅ		ㄴ		ㅇ		ㅓ		ㅏ		ㅈ
ㅁ		ㅏ		ㅓ		ㅜ		ㅂ		ㄹ

인수분해 성경 단어 찾기

성경적인 단어가 자음, 모음, 받침으로 분리되어서 좌에서 우로 쓰여 있는데, 명암으로 표시된 2개 칸을 포함하여 앞뒤의 일부분을 점유하고 있습니다. 아래 보기에서 알맞은 것을 찾아서 단어를 완성해 보세요.

문제6

ㄱ	ㅅ	ㅐ	ㅇ		ㅕ		ㅊ	ㅐ	ㄱ	ㅜ
ㅅ	ㅓ	ㄴ	ㅊ		ㄴ		ㅛ	ㅌ	ㅗ	ㅇ
ㅅ	ㅓ	ㄹ	ㅊ		ㅁ		ㅖ	ㄱ	ㅣ	ㅁ
ㅎ	ㅖ	ㅇ	ㅈ		ㅅ		ㄱ	ㄱ	ㅜ	ㅋ
ㅇ	ㅛ	ㄹ	ㄱ		ㄹ		ㄱ	ㅇ	ㅐ	ㅌ
ㅅ	ㅗ	ㅅ	ㅣ		ㄱ		ㅁ	ㅕ	ㅇ	ㅗ
ㅊ	ㅡ	ㅇ	ㅕ		ㅅ		ㅇ	ㄱ	ㅑ	ㅅ
ㄱ	ㅜ	ㄱ	ㅊ		ㄴ		ㅏ	ㅁ	ㅠ	ㄹ
ㅊ	ㅓ	ㄴ	ㄱ		ㅇ		ㅐ	ㄱ	ㅜ	ㄱ

ㅣ		ㄱ	ㅣ		ㅣ	ㅁ		ㅇ
ㅕ		ㅂ	ㅇ		ㅐ	ㅓ		ㅅ
ㅂ		ㅖ	ㅣ		ㄹ	ㅓ		ㅜ

인수분해 성경 단어 찾기

성경적인 단어가 자음, 모음, 받침으로 분리되어서 좌에서 우로 쓰여 있는데,
명암으로 표시된 2개 칸을 포함하여 일부분을 점유하고 있습니다.
아래 보기에서 알맞은 것을 찾아서 단어를 완성해 보세요.

문제7

ㅎ	ㅏ	ㅇ	ㅕ		ㅗ		ㅗ	ㅏ	ㄴ	ㅣ
ㅈ	ㅇ	ㅏ	ㄴ		ㅣ		ㅇ	ㅣ	ㄹ	ㅜ
ㅇ	ㅕ	ㅎ	ㅈ		ㅅ		ㅇ	ㅅ	ㅗ	ㅣ
ㅅ	ㅗ	ㄱ	ㅂ		ㄴ		ㅔ	ㅁ	ㅏ	ㄹ
ㅊ	ㅠ	ㄱ	ㅏ		ㅏ		ㅏ	ㄴ	ㅎ	ㅑ
ㄷ	ㅖ	ㅊ	ㅓ		ㄱ		ㄱ	ㄱ	ㅜ	ㄱ
ㅅ	ㅇ	ㅣ	ㅅ		ㄹ		ㅇ	ㅔ	ㄹ	ㅛ
ㄴ	ㅗ	ㄹ	ㅊ		ㄴ		ㅑ	ㅇ	ㅂ	ㅡ
ㄱ	ㅅ	ㅣ	ㅂ		ㅣ		ㅈ	ㅗ	ㅅ	ㅓ

ㅓ		ㅈ
ㅎ		ㅇ
ㅡ		ㅏ

ㄴ		ㅜ
ㅇ		ㄹ
ㅣ		ㅓ

ㅅ		ㄱ
ㅏ		ㅇ
ㄴ		ㅇ

인수분해 성경 단어 찾기

성경적인 단어가 자음, 모음, 받침으로 분리되어서 좌에서 우로 쓰여 있는데, 명암으로 표시된 2개 칸을 포함하여 일부분을 점유하고 있습니다. 아래 보기에서 알맞은 것을 찾아서 단어를 완성해 보세요.

문제8

ㅇ	ㅕ	ㄹ	ㅊ		ㄱ		ㅗ	ㄱ	ㄱ	ㅜ
ㄱ	ㅠ	ㅍ	ㅕ		ㄱ		ㅇ	ㅌ	ㅎ	ㅏ
ㅅ	ㅗ	ㅇ	ㄱ		ㅇ		ㅡ	ㅣ	ㅈ	ㅡ
ㅊ	ㅕ	ㄱ	ㄱ		ㅁ		ㅏ	ㄱ	ㅠ	ㅇ
ㅁ	ㅣ	ㅈ	ㅓ		ㅇ		ㅣ	ㅇ	ㅠ	ㄱ
ㅈ	ㅜ	ㅇ	ㅂ		ㄱ		ㄷ	ㅗ	ㅁ	ㅛ
ㅈ	ㅗ	ㄱ	ㅕ		ㅅ		ㄴ	ㅅ	ㅣ	ㅋ
ㅁ	ㅐ	ㅎ	ㅈ		ㅣ		ㅏ	ㅎ	ㅏ	ㅁ
ㄱ	ㅕ	ㅂ	ㄱ		ㄹ		ㄱ	ㅁ	ㅗ	ㅅ

ㅏ		ㅅ	ㅇ		ㅡ	ㅇ		ㅏ
ㅓ		ㅜ	ㅗ		ㅣ	ㅗ		ㅅ
ㅗ		ㅇ	ㅜ		ㅂ	ㅁ		ㅗ

정답

문제1

ㄱ	ㅓ	ㅇ	ㅏ	ㄴ	ㅅ	ㅣ	ㄱ	ㅇ	ㅣ	ㄹ	안식일
ㅊ	ㅓ	ㄴ	ㅈ	ㅣ	ㅊ	ㅏ	ㅇ	ㅈ	ㅗ	ㅇ	천지창조
ㅇ	ㅜ	ㅅ	ㅣ	ㅂ	ㄱ	ㅖ	ㅁ	ㅕ	ㅇ	ㅓ	십계명
ㄱ	ㅅ	ㅣ	ㅂ	ㅈ	ㅏ	ㄱ	ㅏ	ㅁ	ㅣ	ㅈ	십자가
ㅇ	ㅣ	ㅁ	ㅁ	ㅏ	ㄴ	ㅜ	ㅇ	ㅔ	ㄹ	ㅎ	임마누엘
ㅎ	ㅏ	ㄱ	ㅡ	ㄹ	ㅣ	ㅅ	ㅡ	ㄷ	ㅗ	ㄱ	그리스도
ㅊ	ㅜ	ㅈ	ㄱ	ㅏ	ㄹ	ㅂ	ㅗ	ㄹ	ㅣ	ㅍ	갈보리
ㄱ	ㅇ	ㅣ	ㅅ	ㅡ	ㄹ	ㅏ	ㅇ	ㅔ	ㄹ	ㅏ	이스라엘
ㄱ	ㅏ	ㅊ	ㅓ	ㅇ	ㅈ	ㅣ	ㄱ	ㅣ	ㅈ	ㅗ	청지기

문제2

ㅅ	ㅏ	ㅂ	ㅜ	ㄹ	ㅡ	ㅅ	ㅣ	ㅁ	ㄷ	ㅠ	부르심
ㅁ	ㅗ	ㅇ	ㅂ	ㅔ	ㄷ	ㅡ	ㄹ	ㅗ	ㅅ	ㅖ	베드로
ㄹ	ㅣ	ㄹ	ㅗ	ㄱ	ㅗ	ㅅ	ㅡ	ㄹ	ㅐ	ㄴ	로고스
ㅍ	ㅇ	ㅗ	ㅂ	ㅕ	ㅇ	ㅇ	ㅣ	ㅇ	ㅓ	ㄱ	오병이어
ㅌ	ㅛ	ㅈ	ㅇ	ㅔ	ㄹ	ㄹ	ㅣ	ㅇ	ㅑ	ㅇ	엘리야
ㅍ	ㅗ	ㅇ	ㅕ	ㅎ	ㅗ	ㅇ	ㅗ	ㅏ	ㅋ	ㅓ	여호와
ㄷ	ㅕ	ㅎ	ㅗ	ㅅ	ㅏ	ㄴ	ㄴ	ㅏ	ㅊ	ㅜ	호산나
ㅇ	ㅓ	ㄹ	ㅇ	ㅣ	ㅅ	ㅏ	ㅇ	ㅑ	ㅂ	ㅛ	이사야
ㅎ	ㅖ	ㅇ	ㅔ	ㅂ	ㅏ	ㄷ	ㅏ	ㅎ	ㅜ	ㅎ	에바다

문제3

ㅌ	ㅏ	ㄹ	ㅊ	ㅏ	ㅇ	ㅅ	ㅔ	ㄱ	ㅣ	ㅇ	창세기
ㅅ	ㄱ	ㅗ	ㄹ	ㅣ	ㄴ	ㄷ	ㅗ	ㅎ	ㅕ	ㄱ	고린도
ㅇ	ㅣ	ㅇ	ㅏ	ㄴ	ㄷ	ㅣ	ㅇ	ㅗ	ㄱ	ㅓ	안디옥
ㄴ	ㅓ	ㅁ	ㅅ	ㅣ	ㄴ	ㅁ	ㅕ	ㅇ	ㄱ	ㅣ	신명기
ㅍ	ㅁ	ㅏ	ㄹ	ㄹ	ㅏ	ㄱ	ㅣ	ㅋ	ㅛ	ㄱ	말라기
ㅇ	ㅗ	ㅁ	ㅣ	ㄴ	ㅅ	ㅜ	ㄱ	ㅣ	ㄷ	ㅏ	민수기
ㅎ	ㅏ	ㅂ	ㅏ	ㄱ	ㄱ	ㅜ	ㄱ	ㅇ	ㅕ	ㅍ	하박국
ㄴ	ㅏ	ㄴ	ㅇ	ㅔ	ㅅ	ㅡ	ㄷ	ㅓ	ㅇ	ㅑ	에스더
ㄱ	ㅜ	ㄹ	ㅔ	ㅇ	ㅜ	ㅣ	ㄱ	ㅣ	ㅅ	ㅐ	레위기

문제4

ㅎ	ㅣ	ㅈ	ㅎ	ㅗ	ㅅ	ㅔ	ㅇ	ㅏ	ㅅ	ㅠ	호세아
ㄷ	ㅓ	ㅅ	ㅡ	ㅂ	ㅏ	ㄴ	ㅑ	ㄱ	ㅓ	ㄹ	스바냐
ㄴ	ㅕ	ㅇ	ㅇ	ㅔ	ㅂ	ㅔ	ㅅ	ㅗ	ㅇ	ㅓ	에베소
ㅊ	ㅗ	ㄱ	ㅎ	ㅣ	ㅂ	ㅡ	ㄹ	ㅣ	ㄴ	ㅣ	히브리
ㅈ	ㅠ	ㅇ	ㅑ	ㄱ	ㅗ	ㅂ	ㅗ	ㄷ	ㅏ	ㅇ	야고보
ㅅ	ㅂ	ㅣ	ㄹ	ㄹ	ㅣ	ㅂ	ㅂ	ㅗ	ㅁ	ㅠ	빌립보
ㅇ	ㅖ	ㄹ	ㅔ	ㅁ	ㅣ	ㅇ	ㅑ	ㄷ	ㅏ	ㅎ	예레미야
ㄴ	ㅏ	ㄷ	ㅏ	ㄴ	ㅣ	ㅇ	ㅔ	ㄹ	ㄴ	ㅡ	다니엘
ㅇ	ㅜ	ㄹ	ㅇ	ㅣ	ㅅ	ㅏ	ㅇ	ㅑ	ㄴ	ㅕ	이사야

문제5

ㄱ	ㅗ	ㅇ	ㅖ	ㅅ	ㅜ	ㄴ	ㅣ	ㅁ	ㅈ	ㅐ	예수님
ㅅ	ㅈ	ㅜ	ㄱ	ㅣ	ㄷ	ㅗ	ㅁ	ㅜ	ㄴ	ㅓ	주기도문
ㅂ	ㅓ	ㅇ	ㅏ	ㅂ	ㅡ	ㄹ	ㅏ	ㅎ	ㅏ	ㅁ	아브라함
ㄱ	ㅕ	ㅇ	ㄱ	ㅕ	ㅇ	ㅇ	ㅗ	ㅣ	ㄷ	ㅏ	경외
ㅎ	ㅜ	ㅣ	ㄱ	ㅓ	ㄹ	ㅜ	ㄱ	ㅊ	ㅁ	ㅜ	거룩
ㅅ	ㅓ	ㅇ	ㅁ	ㅏ	ㄴ	ㅊ	ㅏ	ㄴ	ㅅ	ㅠ	성만찬
ㄱ	ㅛ	ㅂ	ㅏ	ㅇ	ㅇ	ㅓ	ㄴ	ㅁ	ㅑ	ㅇ	방언
ㅇ	ㅣ	ㄴ	ㅊ	ㅏ	ㅇ	ㅈ	ㅗ	ㄱ	ㅡ	ㄹ	창조
ㄷ	ㅓ	ㅅ	ㅣ	ㅁ	ㅍ	ㅏ	ㄴ	ㅇ	ㅛ	ㅎ	심판

문제6

ㄱ	ㅅ	ㅐ	ㅇ	ㅁ	ㅕ	ㅇ	ㅊ	ㅐ	ㄱ	ㅜ	생명책
ㅅ	ㅓ	ㄴ	ㅊ	ㅣ	ㄴ	ㄱ	ㅛ	ㅌ	ㅗ	ㅇ	친교
ㅅ	ㅓ	ㄹ	ㅊ	ㅣ	ㅁ	ㄹ	ㅖ	ㄱ	ㅣ	ㅁ	침례
ㅎ	ㅖ	ㅇ	ㅈ	ㅣ	ㅅ	ㅣ	ㄱ	ㄱ	ㅜ	ㅋ	지식
ㅇ	ㅛ	ㄹ	ㄱ	ㅓ	ㄹ	ㅜ	ㄱ	ㅇ	ㅐ	ㅌ	거룩
ㅅ	ㅗ	ㅅ	ㅣ	ㅂ	ㄱ	ㅖ	ㅁ	ㅕ	ㅇ	ㅗ	십계명
ㅊ	ㅡ	ㅇ	ㅕ	ㅇ	ㅅ	ㅐ	ㅇ	ㄱ	ㅑ	ㅅ	영생
ㄱ	ㅜ	ㄱ	ㅊ	ㅓ	ㄴ	ㅅ	ㅏ	ㅁ	ㅠ	ㄹ	천사
ㅊ	ㅓ	ㄴ	ㄱ	ㅕ	ㅇ	ㅂ	ㅐ	ㄱ	ㅜ	ㄱ	경배

문제7

ㅎ	ㅏ	ㅇ	ㅕ	ㅎ	ㅗ	ㅇ	ㅗ	ㅏ	ㄴ	ㅣ	여호와
ㅈ	ㅇ	ㅏ	ㄴ	ㅅ	ㅣ	ㄱ	ㅇ	ㅣ	ㄹ	ㅜ	안식일
ㅇ	ㅕ	ㅎ	ㅈ	ㅣ	ㅅ	ㅓ	ㅇ	ㅅ	ㅗ	ㅣ	지성소
ㅅ	ㅗ	ㄱ	ㅂ	ㅓ	ㄴ	ㅈ	ㅔ	ㅁ	ㅏ	ㄹ	번제
ㅊ	ㅠ	ㄱ	ㅏ	ㄴ	ㅏ	ㅇ	ㅏ	ㄴ	ㅎ	ㅑ	가나안
ㄷ	ㅖ	ㅊ	ㅓ	ㄴ	ㄱ	ㅜ	ㄱ	ㄱ	ㅜ	ㄱ	천국
ㅅ	ㅇ	ㅣ	ㅅ	ㅡ	ㄹ	ㅏ	ㅇ	ㅔ	ㄹ	ㅛ	이스라엘
ㄴ	ㅗ	ㄹ	ㅊ	ㅏ	ㄴ	ㅇ	ㅑ	ㅇ	ㅂ	ㅡ	찬양
ㄱ	ㅅ	ㅣ	ㅂ	ㅇ	ㅣ	ㄹ	ㅈ	ㅗ	ㅅ	ㅓ	십일조

문제8

ㅇ	ㅕ	ㄹ	ㅊ	ㅜ	ㄱ	ㅂ	ㅗ	ㄱ	ㄱ	ㅜ	축복
ㄱ	ㅠ	ㅍ	ㅕ	ㅇ	ㄱ	ㅏ	ㅇ	ㅌ	ㅎ	ㅏ	평강
ㅅ	ㅗ	ㅇ	ㄱ	ㅗ	ㅇ	ㅇ	ㅡ	ㅣ	ㅈ	ㅡ	공의
ㅊ	ㅕ	ㄱ	ㄱ	ㅏ	ㅁ	ㅅ	ㅏ	ㄱ	ㅠ	ㅇ	감사
ㅁ	ㅣ	ㅈ	ㅓ	ㅇ	ㅇ	ㅡ	ㅣ	ㅇ	ㅠ	ㄱ	정의
ㅈ	ㅜ	ㅇ	ㅂ	ㅗ	ㄱ	ㅣ	ㄷ	ㅗ	ㅁ	ㅛ	중보기도
ㅈ	ㅗ	ㄱ	ㅕ	ㅁ	ㅅ	ㅗ	ㄴ	ㅅ	ㅣ	ㅋ	겸손
ㅁ	ㅐ	ㅎ	ㅈ	ㅗ	ㅣ	ㅅ	ㅏ	ㅎ	ㅏ	ㅁ	죄사함
ㄱ	ㅕ	ㅂ	ㄱ	ㅓ	ㄹ	ㅜ	ㄱ	ㅁ	ㅗ	ㅅ	거룩

4개로 완전체 만들기

마태복음 24장 42절 말씀(**그러므로 깨어 있으라 어느 날에 너희 주가 임할는지 너희가 알지 못함이니라**)이 아래 퍼즐판에 여러 개로 나뉘어져서 분산되어 있습니다. 보기로 제시된 7개의 퍼즐판 중에 퍼즐판 4개가 모여서 중복이 없는 온전한 성경구절을 이룰 수 있습니다. 왼쪽의 완성된 퍼즐판을 참고하여 온전한 성경구절을 만드는 4개의 퍼즐판을 선택해 보세요.

문제1

그	러	므	로	깨	어
있	으	라	어	느	날
에	너	희	주	가	임
할	는	지	너	희	가
알	지	못	함	이	니
라	마	태	2	4	장

A

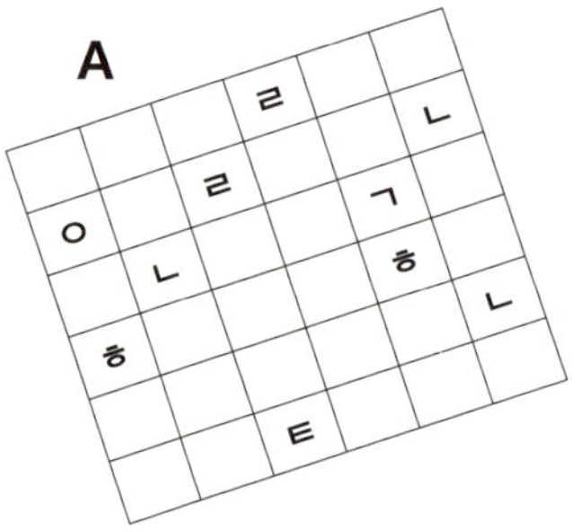

B

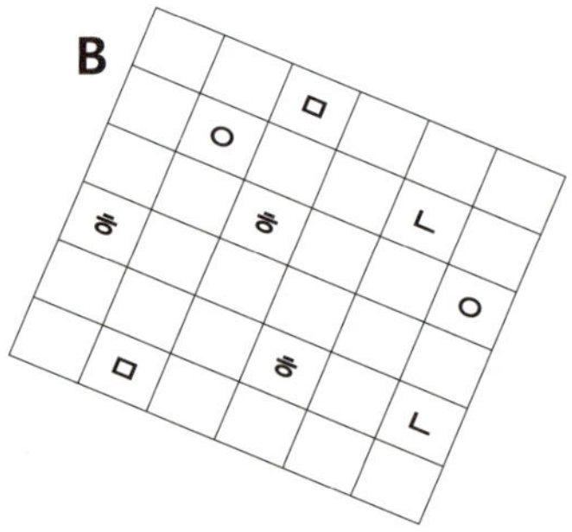

C

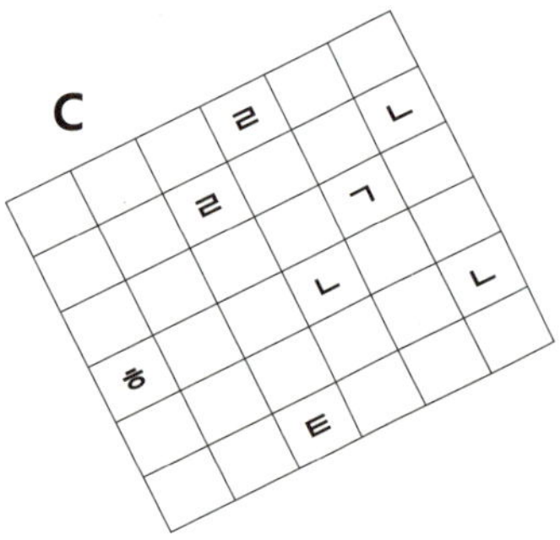

D

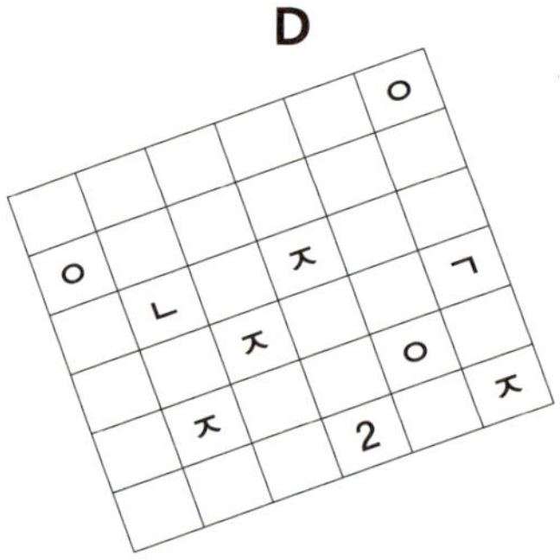

E

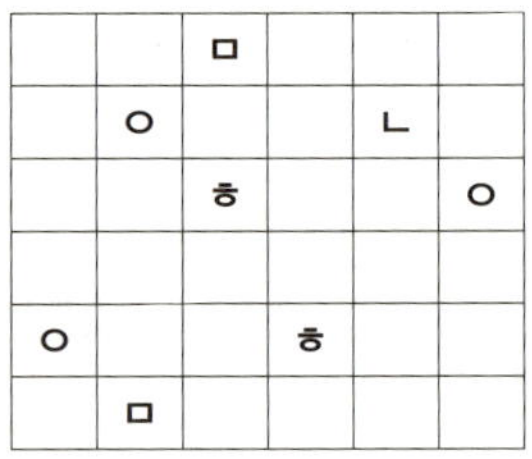

F

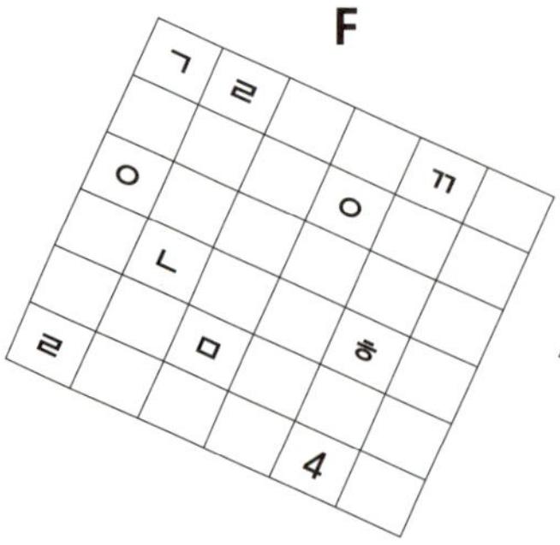

G

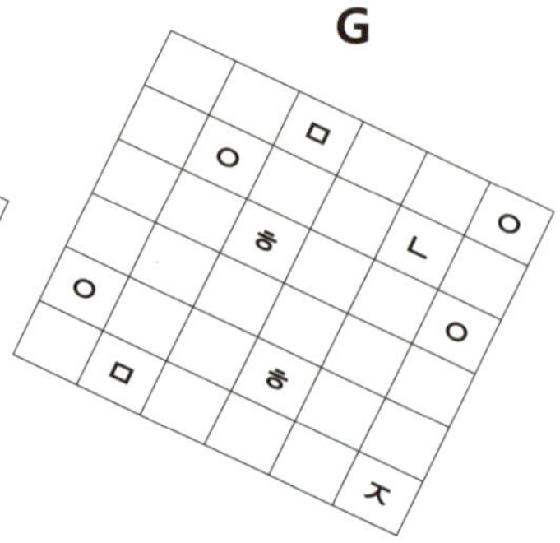

4개로 완전체 만들기

마태복음 25장 34절 말씀(**내 아버지께 복 받을 자들이여 나아와 창세로부터 너희를 위하여 예비된 나라를 상속받으라**)이 아래 퍼즐판에 여러 개로 나뉘어져서 분산되어 있습니다. 보기로 제시된 7개의 퍼즐판 중에 퍼즐판 4개가 모여서 중복이 없는 온전한 성경구절을 이룰 수 있습니다. 왼쪽의 완성된 퍼즐판을 참고하여 온전한 성경구절을 만드는 4개의 퍼즐판을 선택해 보세요.

문제2

내	아	버	지	께	복	
받	은	자	들	이	여	
나	아	와	창	세	로	
부	터	너	희	를	위	
하	여	예	비	된	나	
라	를	상	속	받	으	라

A

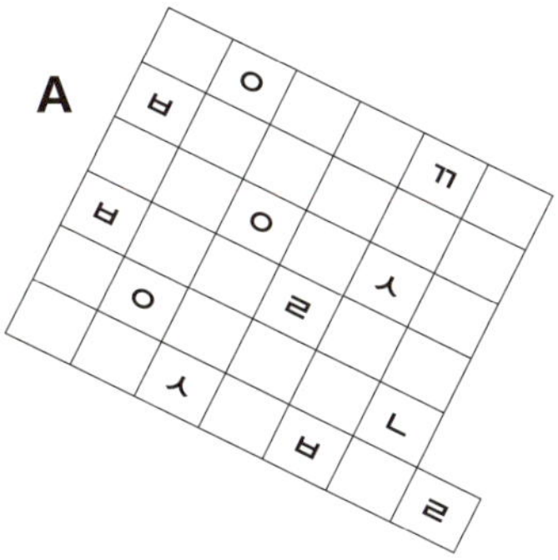

B

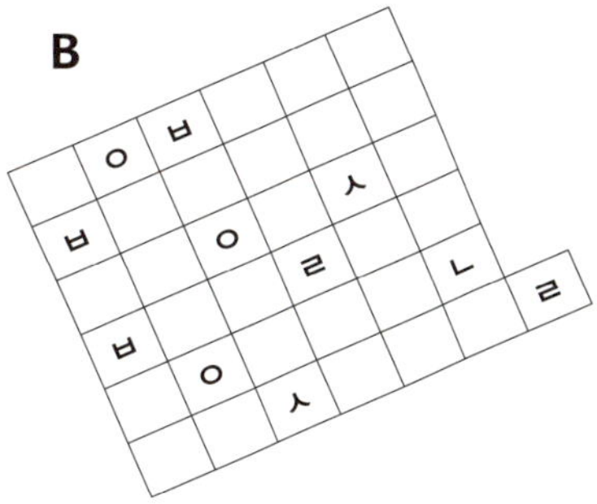

C

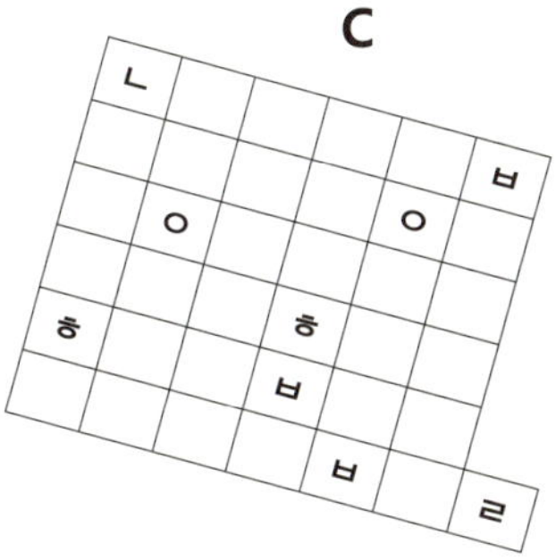

D

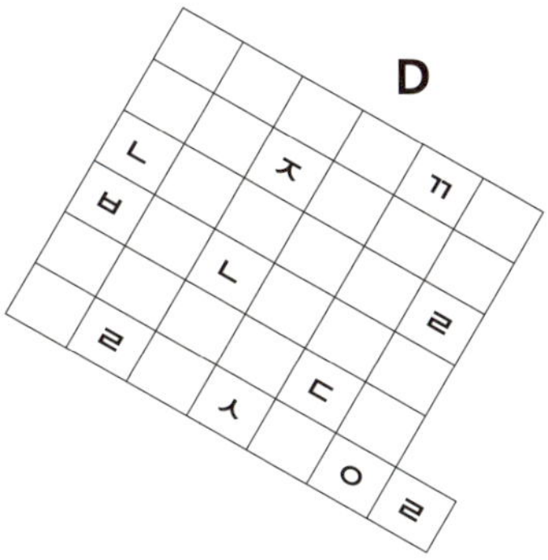

E

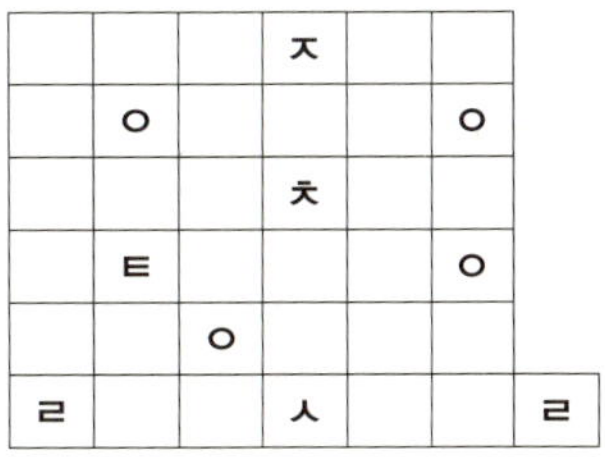

F

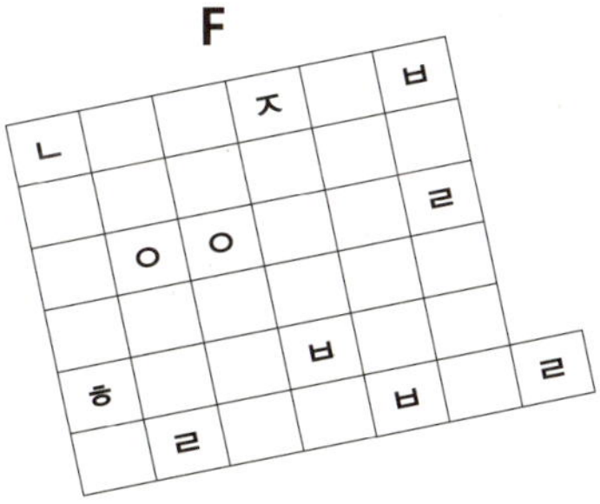

G

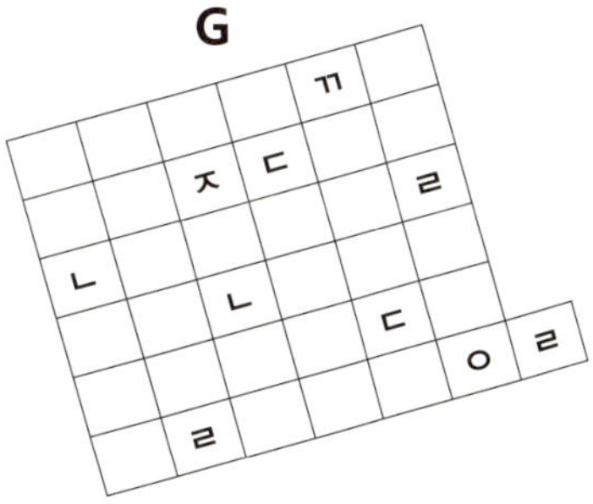

4개로 완전체 만들기

마태복음 23장 12절 말씀(**누구든지 자기를 높이는 자는 낮아지고 누구든지 자기를 낮추는 자는 높아지리라**)이 아래 퍼즐판에 여러 개로 나뉘어져서 분산되어 있습니다. 보기로 제시된 7개의 퍼즐판 중에 퍼즐판 4개가 모여서 중복이 없는 온전한 성경구절을 이룰 수 있습니다. 왼쪽의 완성된 퍼즐판을 참고하여 온전한 성경구절을 만드는 4개의 퍼즐판을 선택해 보세요.

문제3

누	구	든	지	자	기
를	높	이	는	자	는
낮	아	지	고	누	구
든	지	자	기	를	낮
추	는	자	는	높	아
지	리	라			

A

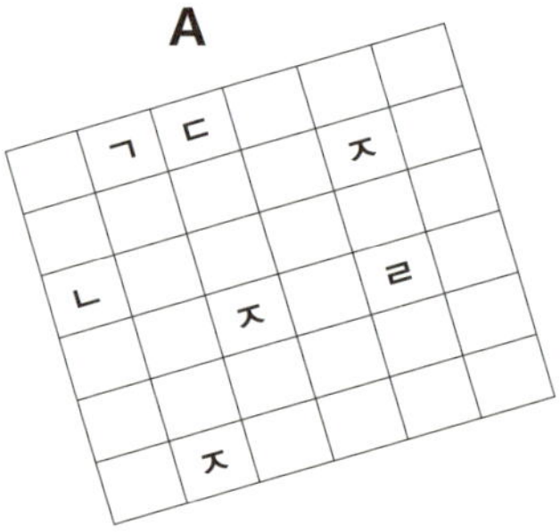

B

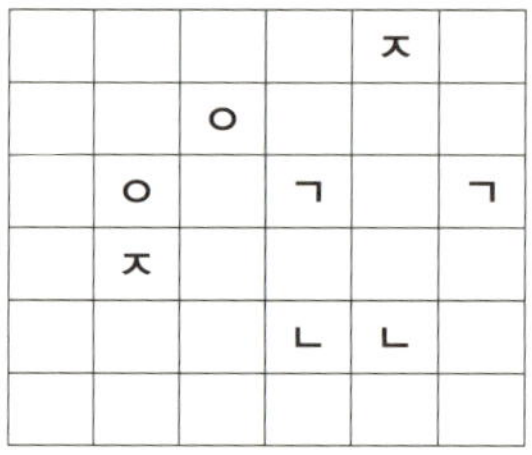

C

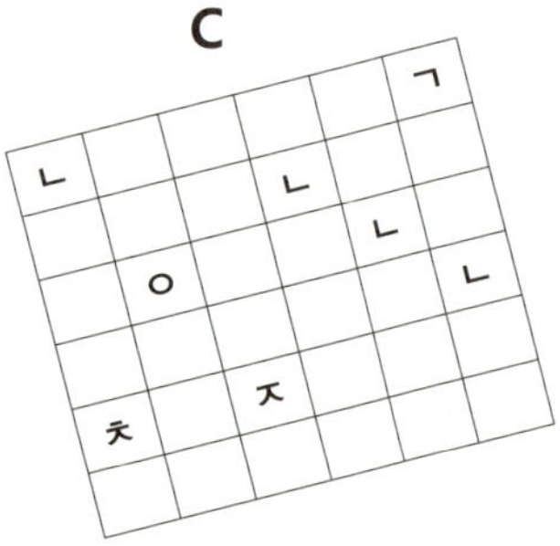

D

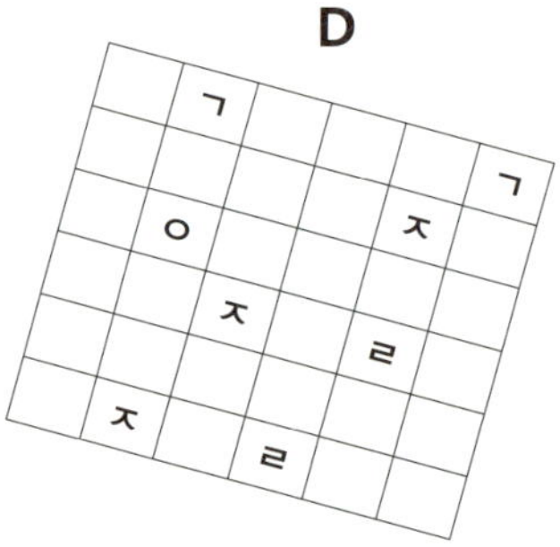

E

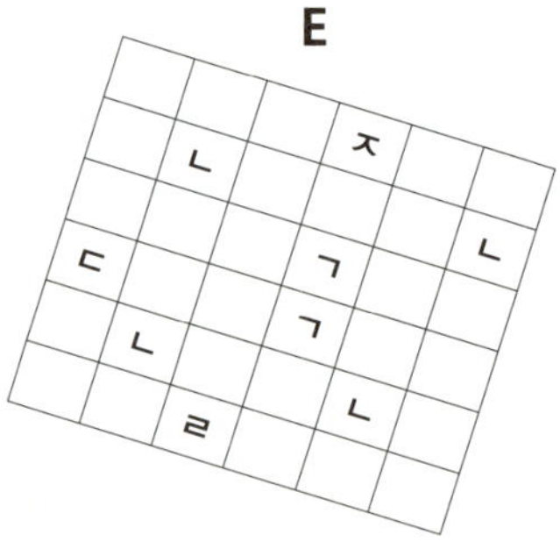

F

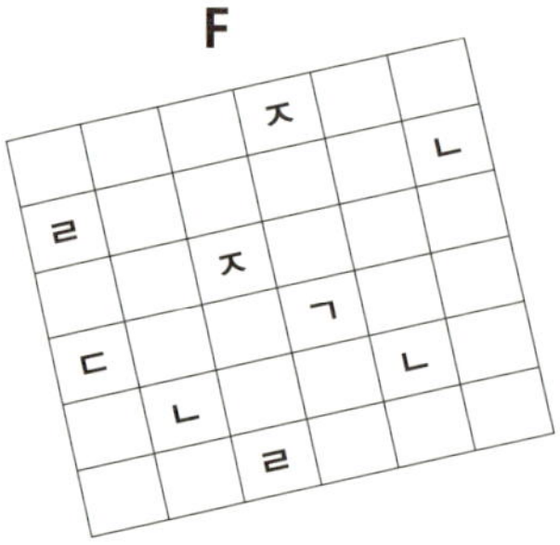

G

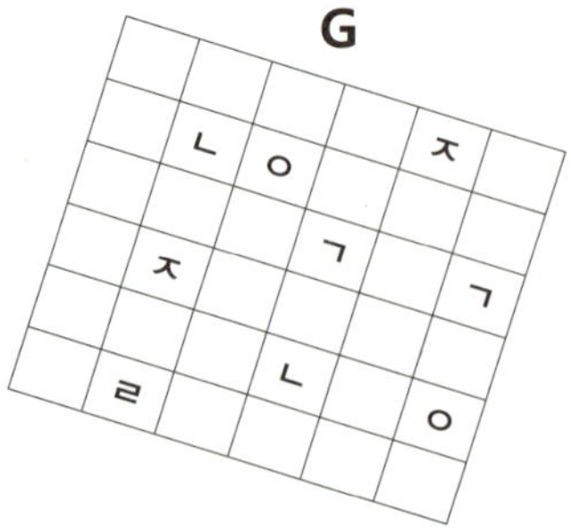

4개로 완전체 만들기

마태복음 1장 23절 말씀(**임마누엘, 하나님이 우리와 함께 계시다**)이 아래 퍼즐판에 초성자음, 모음, 받침으로 분리되어 나열된후 여러 개로 나뉘어져서 분산되어 있습니다. 보기로 제시된 7개의 퍼즐판 중에 퍼즐판 4개가 모여서 중복이 없는 온전한 성경구절을 이룰 수 있습니다. 왼쪽의 완성된 퍼즐판을 참고하여 온전한 성경구절을 만드는 4개의 퍼즐판을 선택해 보세요.

문제4

ㅇ	ㅣ	ㅁ	ㅁ	ㅏ	ㄴ
ㅜ	ㅇ	ㅔ	ㄹ	ㅎ	ㅏ
ㄴ	ㅏ	ㄴ	ㅣ	ㅁ	ㅇ
ㅣ	ㅇ	ㅜ	ㄹ	ㅣ	ㅇ
ㅘ	ㅎ	ㅏ	ㅁ	ㄲ	ㅔ
ㄱ	ㅖ	ㅅ	ㅣ	ㄷ	ㅏ

A

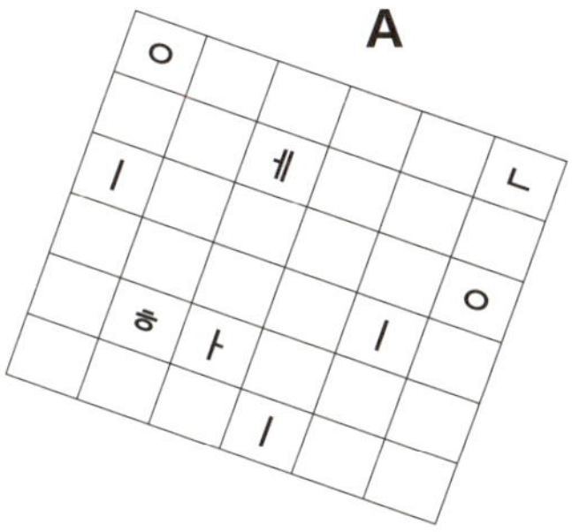

B

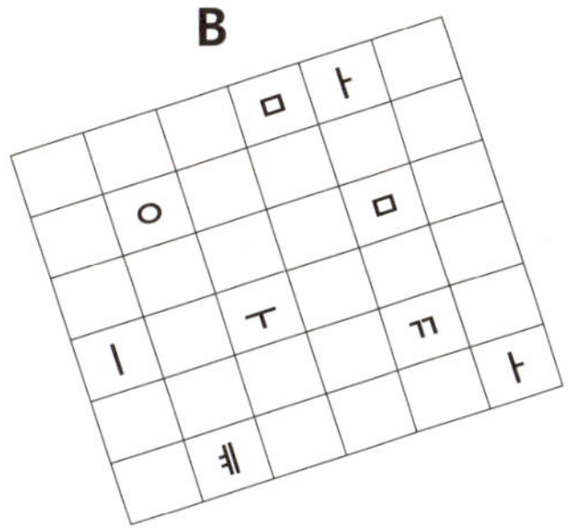

C

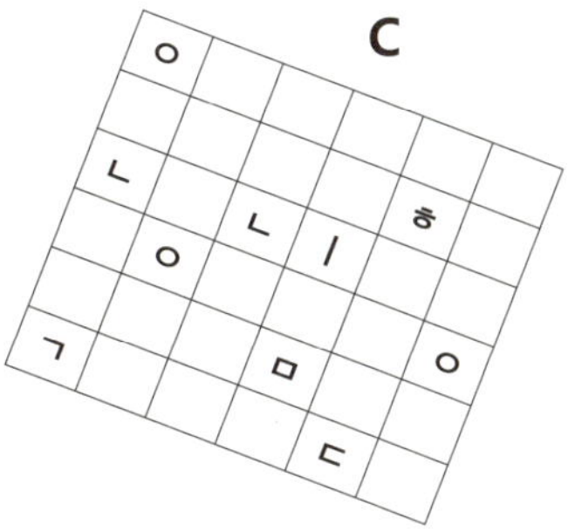

D

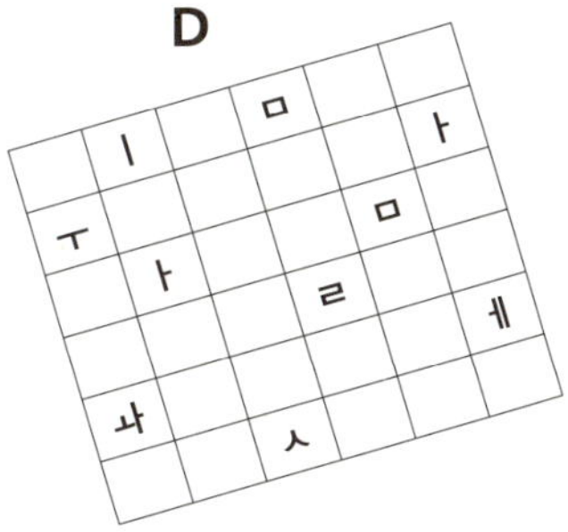

E

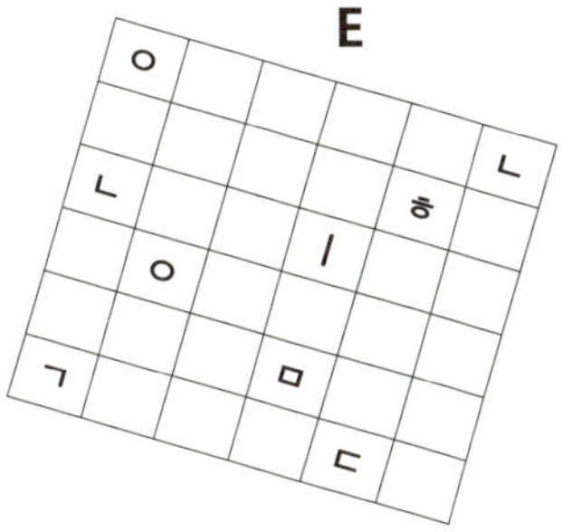

F

					ㄴ
		ㅔ	ㄹ		
					ㅇ
				ㅣ	
	ㅎ	ㅏ			
			ㅣ		

G

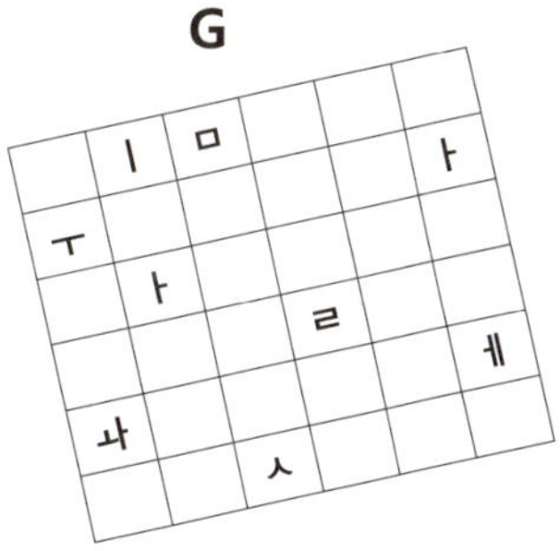

정답

문제1

정답: C, D, E, F / 아래는 중복된 글자입니다.

그	러	므	로	깨	어
있	으	라	어	느	날
에	너	희	주	가	임
할	는	지	너	희	가
알	지	못	함	이	니
라	마	태	2	4	장

A

			ㄹ		
ㅇ		ㄹ			ㄴ
	ㄴ			ㄱ	
ㅎ				ㅎ	
					ㄴ
		ㅌ			

B

		ㅁ			
	ㅇ			ㄴ	
		ㅎ			ㅇ
ㅎ					
			ㅎ		ㄴ
	ㅁ				

G

		ㅁ			ㅇ
	ㅇ			ㄴ	
		ㅎ			ㅇ
ㅇ			ㅎ		
	ㅁ				ㅈ

문제2

정답: B, C, E, G / 아래는 중복된 글자입니다.

내	아	버	지	께	복	
받	은	자	들	이	여	
나	아	와	창	세	로	
부	터	너	희	를	위	
하	여	예	비	된	나	
라	를	상	속	받	으	라

A

	ㅇ			ㄲ		
ㅂ						
		ㅇ		ㅅ		
ㅂ			ㄹ			
	ㅇ				ㄴ	
		ㅅ		ㅂ		ㄹ

D

				ㄲ		
		ㅈ				
ㄴ					ㄹ	
ㅂ		ㄴ				
				ㄷ		
	ㄹ		ㅅ		ㅇ	ㄹ

F

ㄴ			ㅈ		ㅂ	
	ㅇ	ㅇ			ㄹ	
ㅎ			ㅂ			
	ㄹ			ㅂ		ㄹ

문제3

정답: A, C, F, G / 아래는 중복된 글자입니다.

누	구	든	지	자	기
를	높	이	는	자	는
낮	아	지	고	누	구
든	지	자	기	를	낮
추	는	자	는	높	아
지	리	라			

B

				ㅈ	
		ㅇ			
	ㅇ		ㄱ		ㄱ
	ㅈ				
			ㄴ	ㄴ	

D

	ㄱ				ㄱ
				ㅈ	
	ㅇ				
		ㅈ		ㄹ	
	ㅈ		ㄹ		

E

			ㅈ		
	ㄴ				ㄴ
			ㄱ		
ㄷ			ㄱ		
	ㄴ			ㄴ	
		ㄹ			

문제4

정답: B, C, F, G / 아래는 중복된 글자입니다.

ㅇ	ㅣ	ㅁ	ㅁ	ㅏ	ㄴ
ㅜ	ㅇ	ㅔ	ㄹ	ㅎ	ㅏ
ㄴ	ㅏ	ㄴ	ㅣ	ㅁ	ㅇ
ㅣ	ㅇ	ㅜ	ㄹ	ㅣ	ㅇ
ㅘ	ㅎ	ㅏ	ㅁ	ㄲ	ㅔ
ㄱ	ㅖ	ㅅ	ㅣ	ㄷ	ㅏ

A

ㅇ					ㄴ
		ㅔ			
ㅣ					ㅇ
				ㅣ	
	ㅎ	ㅏ			
			ㅣ		

D

	ㅣ		ㅁ		
ㅜ					ㅏ
	ㅏ			ㅁ	
			ㄹ		
ㅘ					ㅔ
		ㅅ			

E

ㅇ					ㄴ
				ㅎ	
ㄴ			ㅣ		
	ㅇ				
			ㅁ		
ㄱ				ㄷ	

제 2 부

초성 단어 퍼즐

초성으로 단어를 찾는 문제입니다.
다만 초성으로 된 단어를 모아 신약에 나오는 단어, 구약에 나오는 단어 중에 어느 것이 더 많은가 하고 게임을 하듯이 문제를 출제하였습니다.

힌트에서 착안하여 초성으로 된 단어를 찾고,
그 다음에는 문제가 제시하는 조건에 적합한 것인지의 여부를 찾아야 합니다.

문제를 단계별로 풀려는 노력이 필요합니다.

집중력이 요구되고,
뇌의 기능을 자극하고 촉진시킴으로서 뇌기능 강화에도 도움이 됩니다.

문제1

다음은 성경에 등장하는 인물들의 이름 초성입니다. 원래의 이름을 찾아보고, 구약성경과 신약성경 중 어느 것에 나오는 인물이 더 많은지 맞혀 보세요.

ㄴㄱㄷㅁ

ㄴㅎㅁㅇ

ㅇㅂㄹㅎ

ㅇㅎㅅㅇ

ㅇㄹㅅㅂ

ㅂㄷㄹ

ㅇㄷㄱ

ㅇㄹㅇ

ㅅㄱㅇ

ㅇㅅㄹ

ㅇㄷㄹ

ㄷㅁㄷ

ㄷㄴㅇ

ㅇㅅㄷ

ㅁㄹㅇ

ㅇㄴㄷ

ㅇㄱㅂ

ㅂㄴㅂ

ㅂㄹㄷ

ㅅㄹㅁ

ㅅㅁㅇ

정답

문제1

니고데모

느헤미야

아브라함

여호수아

엘리사벳

베드로

유두고

엘리야

압살롬

삭개오

디모데

다니엘

안드레

에스더

요나단

마리아

야고보

빌라도

솔로몬

바나바

사무엘

구약 10명

신약 11명

신약 인물이 더 많습니다.

문제2

다음은 구약성경의 아브라함 시대에 등장하는 인물들의 초성입니다. 원래의 이름을 찾아보고, 아브라함 시대의 인물이 아닌 것을 골라 보세요.

ㄷㄹ

ㅁㄱ ㅅㄷ

ㅇㅅㅁㅇ

ㅇㄹㅇㅅ

ㄴㅎ

ㄹㅂㄱ

ㅇㅅ

ㅅㄹ

ㅎㄱ

ㅎㄹ

ㅇㅎㅅㅇ

정답

문제2

데라
(아브라함의 아버지)

멜기세덱
(아브라함을 영접한 살렘 왕)

이스마엘

엘리에셀
(아브라함이 상속자로 생각했던 다메섹 사람)

나홀
(아브라함의 형제)

리브가
(아브라함의 며느리, 이삭의 아내)

이삭

사라

하갈

하란
(아브라함의 형제)

여호수아
(모세의 후계자)

여호수아는 모세의 후계자 입니다.

문제3

다음은 구약성경의 모세(출애굽) 시대에 등장하는 인물들의 초성입니다.
원래의 이름을 찾아보고, 모세 시대의 인물이 아닌 이름을 골라 보세요.

ㅁ ㄹ ㅇ

ㅇ ㄹ

ㄱ ㄹ ㅅ

ㅇ ㅎ ㅅ ㅇ

ㅂ ㄹ

ㄱ ㄹ

ㅅ ㅁ ㅇ

ㅅ ㅂ ㄹ

ㅇ ㄷ ㄹ

정답

문제3

미리암
(모세의 누나)

아론
(모세의 형)

게르솜
(모세의 아들)

여호수아
(모세의 후계자)

바로
(이집트 왕)

갈렙
(열두 정탐꾼 중 한 명)

사무엘
(제사장 겸 사사)

십보라
(모세의 아내)

이드로
(모세의 장인)

사무엘은 사울과 다윗 왕을 세운 제사장겸 사사입니다.

문제4

다음은 구약성경의 다윗 시대에 등장하는 인물들의 초성입니다. 원래의 이름을 찾아보고, 다윗 시대의 인물이 아닌 사람을 골라 보세요.

ㄱ ㄹ ㅇ

ㅇ ㅅ

ㅅ ㅇ

ㅇ ㄴ ㄷ

ㅅ ㅁ ㅇ

ㅇ ㅂ ㄱ ㅇ

ㅇ ㅎ ㅅ ㅇ

ㅇ ㅇ

ㅂ ㅅ ㅂ

ㅇ ㅅ ㄹ

정답

문제3

골리앗
(블레셋 장수)

이새
(다윗의 아버지)

요나단
(사울의 아들)

사울
(이스라엘의 초대 왕)

사무엘
(제사장 겸 사사)

아비가엘
(나발의 아내,
후에 다윗의 아내가 됨)

여호수아
(모세의 후계자)

요압
(다윗의 장군)

밧세바
(우리아의 아내,
후에 솔로몬의 어머니가 됨)

압살롬
(다윗의 셋째 아들)

여호수아는 출애굽을 도운 모세의 후계자입니다.

문제5

다음은 구약성경의 다니엘 시대에 등장하는 인물들의 초성입니다. 원래의 이름을 찾아보고, 다니엘 시대의 인물이 아닌 이름을 찾아 보세요.

ㅅ ㄷ ㄹ

ㅁ ㅅ

ㅂ ㅅ ㅅ

ㄴ ㅂ ㄱ ㄴ ㅅ

ㅇ ㅂ ㄴ ㄱ

ㅇ ㅅ ㄹ

정답

문제5

사드락

(다니엘의
세 친구 중 한 명)

메삭

(다니엘의
세 친구 중 한 명)

벨사살

(바벨론 왕,
네 짐승 환상)

느부갓네살

(바벨론 왕)

아벳느고

(다니엘의
세 친구 중 한 명)

압살롬

(다윗의 셋째 아들)

압살롬은 다윗의 셋째 아들입니다.

문제6

다음은 신약성경에 나오는 사람(또는 천사)들의 이름입니다. 초성을 보고 온전한 이름을 맞혀 보세요.

ㄴ ㄱ ㄷ ㅁ	ㅇ ㄱ ㅂ	ㅇ ㅂ ㄹ
ㅂ ㄷ ㄹ	ㄷ ㅁ ㄷ	ㅅ ㄱ ㄹ
ㅁ ㄹ ㅇ	ㅇ ㄷ ㄱ	ㅇ ㄹ ㅅ ㅂ
ㄱ ㅂ ㄹ ㅇ	ㅂ ㄹ ㅅ	ㅅ ㅁ ㅇ
ㅁ ㄹ ㄷ	ㅂ ㄹ ㅅ ㄱ	ㅇ ㄴ
ㅇ ㅇ ㄹ	ㅇ ㄱ ㄹ	ㅇ ㄷ
ㅅ ㄱ ㅇ	ㄱ ㄹ ㅁ ㄷ	ㅂ ㄹ
ㅂ ㄹ ㄷ	ㄷ ㄱ ㄱ	ㄷ ㅁ
ㄴ ㄷ ㄴ ㅇ	ㅇ ㄴ ㅅ ㅁ	ㅇ ㅅ
ㄴ ㅅ ㄹ	ㅇ ㅎ	ㅂ ㄹ ㅂ
ㅇ ㄴ ㄴ ㅇ	ㅁ ㄱ	ㅎ ㄹ
ㅅ ㅂ ㄹ	ㄴ ㄱ	ㅂ ㄷ ㄹ ㅁ
ㅂ ㄴ ㅂ	ㅂ ㄹ ㅁ	ㅇ ㄷ ㄹ
ㄱ ㄴ ㄹ	ㅇ ㅂ ㅇ	ㅇ ㄴ ㅅ

정답

문제6

ㄴ ㄱ ㄷ ㅁ	니고데모	요 3:1
ㅂ ㄷ ㄹ	베드로	요 18:25
ㅁ ㄹ ㅇ	마리아	눅 10:39
ㄱ ㅂ ㄹ ㅇ	가브리엘	눅 1:26
ㅁ ㄹ ㄷ	마르다	눅 10:40
ㅇ ㅇ ㄹ	야이로 (회당장)	눅 8:41
ㅅ ㄱ ㅇ	삭개오	눅 19:1
ㅂ ㄹ ㄷ	빌라도	눅 23:1
ㄴ ㄷ ㄴ ㅇ	나다나엘	요 1:45
ㄴ ㅅ ㄹ	나사로	요 11:1
ㅇ ㄴ ㄴ ㅇ	아나니아	행 5:1
ㅅ ㅂ ㄹ	삽비라	행 5:1
ㅂ ㄴ ㅂ	바나바	요 9:27
ㄱ ㄴ ㄹ	고넬료	행 10:1
ㅇ ㄱ ㅂ	야고보	행 15:13
ㄷ ㅁ ㄷ	디모데	행 16:1
ㅇ ㄷ ㄱ	유두고	행 20:7
ㅂ ㄹ ㅅ	벨릭스(총독)	행 23:24
ㅂ ㄹ ㅅ ㄱ	브리스가	롬 16:3
ㅇ ㄱ ㄹ	아굴라	롬 16:3
ㄱ ㄹ ㅁ ㄷ	글라멘드	빌 3:3
ㄷ ㄱ ㄱ	두기고	딛 3:12
ㅇ ㄴ ㅅ ㅁ	오네시모	몬 1:10
ㅇ ㅎ	요한	눅 1:60
ㅁ ㄱ	마가	행 12:12
ㄴ ㄱ	누가	골 4:14

ㅂ ㄹ ㅁ	빌레몬	빌 1:1
ㅇ ㅂ ㅇ	압비아	빌 1:2
ㅇ ㅂ ㄹ	아볼로	딛 2:13
ㅅ ㄱ ㄹ	사가랴	눅 1:5
ㅇ ㄹ ㅅ ㅂ	엘리사벳	눅 1:5
ㅅ ㅁ ㅇ	시므온	눅 2:25
ㅇ ㄴ	안나	눅 2:26
ㅇ ㄷ	유다	눅 6:16
ㅂ ㄹ	빌립	요 1:45
ㄷ ㅁ	도마	요 20:24
ㅇ ㅅ	요셉	요 1:45
ㅂ ㄹ ㅂ	바라바	마 27:16
ㅎ ㄹ	헤롯	마 14:1
ㅂ ㄷ ㄹ ㅁ	바돌로매	마 10:3
ㅇ ㄷ ㄹ	안드레	요 1:40
ㅇ ㄴ ㅅ	안나스	요 18:13

문제7

레위기 11장과 신명기 14장에는 정한 짐승과 부정한 짐승을 말씀하고 있고, 이외에도 성경책 속에는 수많은 동물들의 이름이 나옵니다. 초성으로만 표시되어 있는데, 온전한 동물의 이름을 맞혀 보세요.

ㄴ ㅌ	ㅁ ㄸ ㄱ	ㄱ ㅅ ㄷ ㅊ
ㅇ ㅅ ㄹ	ㄷ ㅅ ㄹ	ㄴ ㄷ
ㅌ ㄲ	ㅅ ㅈ	ㄸ ㅇ ㄱ
ㄷ ㅈ	ㅇ ㅇ	ㅃ ㄲ ㄱ
ㄲ ㅁ ㄱ	ㄴ ㄹ	ㅅ ㅂ
ㅌ ㅈ	ㅇ ㅅ	ㅅ ㄹ
ㅇ ㅃ ㅁ	ㅁ ㄸ ㄱ ㄹ	ㅇ ㄹ
ㄱ ㅁ ㄱ	ㄱ ㄸ ㄹ ㅁ	ㅋ ㄲ ㄹ
ㅂ ㅇ ㅇ	ㄷ ㅁ ㅂ	ㅍ ㄹ
ㄱ ㅁ ㅇ ㅈ	ㅋ ㅁ ㄹ ㅇ	ㅎ ㅁ
ㅂ ㅈ	ㄱ ㄱ ㄹ	ㅎ ㅅ
ㄷ ㄷ ㅈ	ㄱ ㅁ	ㅍ ㅂ
ㄷ ㅁ ㅂ	ㄱ ㅂ ㅇ	ㅎ ㄹ ㅅ ㅇ

문제8

성경에는 많은 나라들의 이름이 나옵니다. 초성으로만 표시되어 있는데, 온전한 나라의 이름을 맞추어 보세요.

ㅇ ㄱ

ㅁ ㅅ ㅂ ㄷ ㅁ ㅇ

ㅂ ㅅ

ㅇ ㄹ

ㅁ ㄱ ㄷ ㄴ

ㅇ ㄷ ㄹ ㅇ

ㄹ ㅂ ㅇ

ㄱ ㅅ

ㅅ ㅂ

정답

문제7

ㄴ ㅌ	낙타	ㄴ ㄹ	노루	ㅍ ㄹ	파리
ㅇ ㅅ ㄹ	오소리	ㅇ ㅅ	염소	ㅎ ㅁ	하마
ㅌ ㄲ	토끼	ㅁ ㄸ ㄱ ㄹ	말똥가리	ㅎ ㅅ	황새
ㄷ ㅈ	돼지	ㄱ ㄸ ㄹ ㅁ	귀뚜라미	ㅍ ㅂ	표범
ㄲ ㅁ ㄱ	까마귀	ㄷ ㅁ ㅂ	도마뱀	ㅎ ㄹ ㅅ ㅇ	하루살이
ㅌ ㅈ	타조	ㅋ ㅁ ㄹ ㅇ	카멜레온		
ㅇ ㅃ ㅁ	올빼미	ㄱ ㄱ ㄹ	개구리		
ㄱ ㅁ ㄱ	갈매기	ㄱ ㅁ	개미		
ㅂ ㅇ ㅇ	부엉이	ㄱ ㅂ ㅇ	거북이		
ㄱ ㅁ ㅇ ㅈ	가마우지	ㄱ ㅅ ㄷ ㅊ	고슴도치		
ㅂ ㅈ	박쥐	ㄴ ㄷ	늑대		
ㄷ ㄷ ㅈ	두더지	ㄸ ㅇ ㄱ	따오기		
ㄷ ㅁ ㅂ	도마뱀	ㅃ ㄲ ㄱ	뻐꾸기		
ㅁ ㄸ ㄱ	메뚜기	ㅅ ㅂ	사반		
ㄷ ㅅ ㄹ	독수리	ㅅ ㄹ	시랑		
ㅅ ㅈ	사자	ㅇ ㄹ	이리		
ㅇ ㅇ	악어, 여우	ㅋ ㄲ ㄹ	코끼리		

문제8

ㅇ ㄱ	애굽(이집트)
ㅁ ㅅ ㅂ ㄷ ㅁ ㅇ	메소보다미아(이라크)
ㅂ ㅅ	바사(페르시아)
ㅇ ㄹ	아람(시리아)
ㅁ ㄱ ㄷ ㄴ	마게도냐(그리스)
ㅇ ㄷ ㄹ ㅇ	이달리아(이탈리아)
ㄹ ㅂ ㅇ	리비아
ㄱ ㅅ	구스
ㅅ ㅂ	시바(에티오피아)

제 3 부

뒤죽박죽 성경 문구 퍼즐

정상적인 성경 문구(성경구절)의 글자를 분리한 후에
순서를 뒤죽박죽으로 섞어서 배열한 후,
원래의 성경 문구를 찾는 퍼즐입니다.

문제 유형에 따라 한 글자 또는 두 글자씩 아주 짧게 분리한 것도 있고,
세 글자 또는 네 글자씩 분리하여 구성한 문제도 있습니다.
난이도를 높이기 위해 분리하는 글자의 수를 불규칙하게 하기도 했습니다.

분리되어 뒤섞여 있는 글자들을 조합하기 위해서는
머리속으로 이것저것 조합해 가며 연결해 보거나
연필을 사용하여 써 가면서 할 수 있습니다.
앞뒤 문구가 연결이 되도록 맞추어 보면서
성경 문구를 읊조리는 경험을 하게 될 것입니다.

퍼즐을 풀면서 자연스럽게 성경을 읊조리게 되는 것이
이 성경 퍼즐을 출제한 의도입니다.

문제를 다 풀고 나서 온전한 원래의 성경 문구를 단번에 읽거나
필사를 하면 성취감을 느낄 수도 있습니다.

처음에는 익숙치 않을 수 있지만 집중력과 시각 인지 능력, 공간 인지 능력을
향상시키는 효과도 얻을 수 있습니다.

이 퍼즐을 푸는 동안
뇌세포가 활발하게 활동하여 뇌의 기능을 촉진시킴으로서
뇌기능 강화에도 도움이 될 것입니다.

문제1

성경구절이 분리되어 있습니다. 순서대로 나열하여 원래의 성경구절을 완성해 보세요.

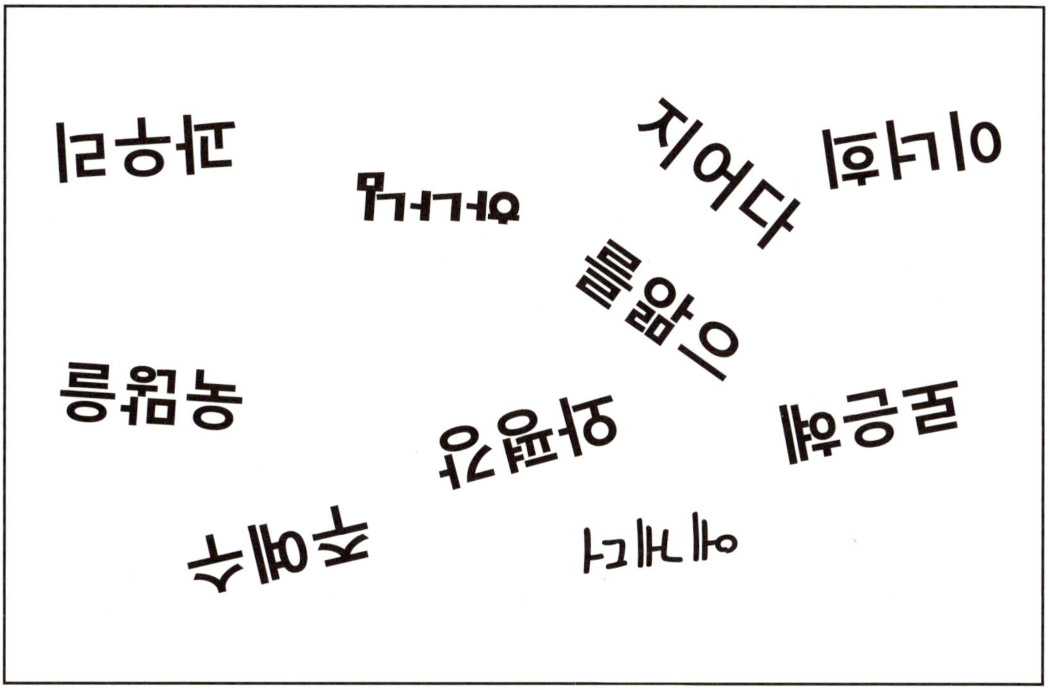

문제2

성경구절이 분리되어 있습니다. 순서대로 나열하여 원래의 성경구절을 완성해 보세요.

시며터를견

희를부르사자기의영

신이가

잠깐고난을당

모든은혜의하

원한영광에들

고하게하

나님곧그리스도안에서너

어가게하

시며강하게하

한너희를친

히온전하게하

시며굳건하게하

시리라

문제3

성경구절이 분리되어 있습니다. 순서대로 나열하여 원래의 성경구절을 완성해 보세요.

쁨을위하여십

라보자그는그

전하게하시

자가를참으사

믿음의주요또온

셨느니라

님보좌우

앞에있는기

부끄러움을개

편에앉으

의치아니하

시더니하나

는이인예수를바

정답

문제1

하나님과 우리 주 예수를 앎으로 은혜와 평강이 너희에게 더욱 많을지어다 (베드로후서 1:2)

문제2

모든 은혜의 하나님 곧 그리스도 안에서 너희를 부르사 자기의 영원한 영광에 들어가게 하신 이가 잠깐 고난을 당한 너희를 친히 온전하게 하시며 굳건하게 하시며 강하게 하시며 터를 견고하게 하시리라 (베드로전서 5:10)

문제3

믿음의 주요 또 온전하게 하시는 이인 예수를 바라보자 그는 그 앞에 있는 기쁨을 위하여 십자가를 참으사 부끄러움을 개의치 아니하시더니 하나님 보좌 우편에 앉으셨느니라 (히브리서 12:2)

문제1

아래에 주어진 단어를 이용하여 성경 문구를 바르게 만들어 보세요 (마태복음).

1. 이, 왔느, 가까, 하라, 니라, 천국, 이, 회개
2. 의, 먼저, 너희, 와, 나라, 는, 그, 구하, 그의, 의, 라, 를
3. 그들, 열매, 이러, 의, 그들, 알리, 을, 로, 므로, 라
4. 어라, 네, 대로, 믿은, 될지, 가라,
5. 하였, 네, 이, 구원, 너, 다, 를, 믿음
6. 쉬게, 오라, 너희, 다, 를, 내게, 하리, 로, 가, 라, 내
7. 이니, 일의, 주인, 라, 인자, 안식, 는
8. 임하, 하나, 이미, 에게, 였느니, 나라, 님의, 가, 너희, 라
9. 구하, 무엇, 믿고, 받으, 것은, 이든지, 는, 다, 리라
10. 같이, 하라, 이웃, 네, 을, 자신, 네, 사랑
11. 얻으, 을, 자, 견디, 끝까, 는, 리라, 지, 는, 구원
12. 하라, 들지, 에, 기도, 않게, 깨어, 시험
13. 라, 타고, 을, 하늘, 너희, 것, 보리, 가, 구름, 오는, 을
14. 에서, 예수, 후에, 나와, 의, 부활, 그들, 무덤, 이, 서
15. 너희, 내가, 까지, 함께, 세상, 있으, 끝날, 와, 리라, 항상

문제2

아래에 주어진 단어를 이용하여 성경 문구를 바르게 만들어 보세요 (요한복음).

1. 함께, 에, 그, 하나, 가, 님과, 태초, 고, 계셨

2. 되어, 매, 말씀, 우리, 이, 거하시, 가운데, 육신이

3. 양, 지고, 세상, 하나님, 죄, 의, 어린, 를, 가는

4. 마다, 이니라, 그, 영생, 을, 자, 를, 하심, 하려, 믿는, 얻게

5. 얻었, 이, 나, 자는, 를, 보내신, 영생, 을, 고, 믿는

6. 를, 진리, 롭게, 너희, 라, 가, 자유, 하리

7. 나와, 지는, 이니, 하나, 라, 아버

8. 라, 그, 는, 영생, 줄, 인, 명령이, 아노, 나, 의

9. 이니, 이요, 내, 생명, 길, 가, 곧, 진리, 요,

10. 요, 는, 가지라, 나, 포도, 너희, 나무, 는,

11. 하게, 로, 진리, 소서, 그들, 하옵, 을, 거룩

12. 것, 나라, 이세상에, 내, 니라, 는, 이, 속한, 아니,

13. 게서, 죄, 노라, 나, 그에, 는, 아무, 못하였, 도, 찾지

14. 다, 너희, 있을, 이, 평강, 에게, 지어

15. 줄, 우리, 그의, 아노, 는, 증언, 참된, 이, 라

문제3

아래에 주어진 단어를 이용하여 성경 문구를 바르게 만들어 보세요 (사도행전).

1. 더라, 같이, 더불어, 기도, 힘쓰, 오로지, 마음, 하여, 을, 에
2. 으로, 스도, 받고, 이름, 그리, 를 예수, 의, 세례
3. 수, 써는, 다른, 없나, 구원, 이로, 을, 받을, 니
4. 하매, 에게, 성령, 지라, 을, 그들, 받는, 안수
5. 하더라, 그, 간절히, 님께, 기도, 를, 하나, 위하여
6. 다, 영생, 믿더라, 을, 기로, 작정된, 는, 주시, 자
7. 충만, 들은, 하니라, 성령, 과, 제자, 기쁨, 이
8. 하사, 을, 믿음, 깨끗, 으로, 그들, 이, 의, 마음
9. 라, 주, 구원, 줄, 믿노, 예수, 은혜, 의, 받는, 을, 로
10. 느냐, 때, 너희, 성령, 가, 을, 받았, 에, 믿을
11. 이, 것이, 것, 있다, 주는, 받는, 복, 보다,
12. 강론, 이, 의와, 장차, 심판, 절제와, 을, 바울, 하니, 오는
13. 를, 이다, 나, 같이, 하나님, 원하나, 와, 되기, 께
14. 알라, 구원, 이방인, 어진, 줄, 이, 에게, 로, 보내
15. 하게, 주, 것, 담대, 예수, 에, 스도, 관한, 그리, 을, 모든

문제4

아래에 주어진 단어를 이용하여 성경 문구를 바르게 만들어 보세요 (로마서).

1. 리라, 은, 믿음, 암아, 오직, 의인, 으로, 살, 말미
2. 아노라, 이, 심판, 줄, 우리, 하나님, 가, 진리, 되는, 의, 대로
3. 를, 예수, 하심, 믿는, 자, 의롭, 이라, 다, 하려
4. 니라, 의, 말미, 오직, 것이, 암은, 의로, 믿음
5. 이르, 으로, 순종, 의에, 의, 느니라, 종
6. 과, 친히, 우리, 더불어, 이, 영, 성령, 의
7. 을, 하여, 느니라, 것, 모든, 선, 이루, 이, 합력
8. 으로, 사람, 믿어, 이르고, 이, 마음, 의에
9. 에, 느니라, 으로, 시인, 구원, 입, 하여, 이르,
10. 든지, 리라, 주, 자, 구원, 이름, 는, 을, 의, 부르는, 누구, 을, 받으
11. 롭게, 의, 분량, 생각, 믿음, 대로, 하라, 지혜
12. 같이, 하라, 을, 네, 과, 이웃, 자신, 사랑, 네
13. 서, 다, 가, 우리, 의, 심판, 앞에, 리라, 하나님, 대
14. 을, 이루고, 을, 할지, 덕, 선, 세우, 니라, 도록
15. 안, 과, 모든, 평강, 기쁨, 믿음, 에서, 을

문제5

아래에 주어진 단어를 이용하여 성경 문구를 바르게 만들어 보세요 (고린도전·후서).

1. 말라, 자신, 속, 아무, 을, 도, 이지
2. 것, 에게, 맡은, 구할, 은, 충성, 이니라, 자들
3. 가지, 기록, 밖, 말라, 으로, 된, 넘어, 말씀
4. 니라, 하는, 자, 영이, 는, 주, 합, 와, 한
5. 돌, 영광, 너희, 님께, 몸, 을, 리라, 으로, 하나
6. 하여, 하라, 영광, 다, 님의, 을, 위, 하나,
7. 큰, 너희, 더욱, 하라, 은사, 는, 를, 사모
8. 지는항, 을것인데, 은사랑이라, 그중의제일, 믿음소망사랑, 그런즉, 이세가, 상있
9. 것, 위하여, 모든, 을, 하라, 덕, 세우기, 을
10. 자, 항상, 일, 주의, 들이, 쓰는, 에, 되라, 더욱, 힘
11. 을, 하라, 으로, 너희, 일, 모든, 사랑, 행
12. 는, 님의, 이니라, 형상, 스도, 하나, 그리
13. 앞, 가, 다, 반드시, 스도의, 심판대, 에, 우리, 그리
14. 말라, 를, 헛, 님의, 받지, 되이, 은혜, 하나
15. 함께, 님의, 능력, 살리라, 그, 으로, 하나, 와

문제6

아래에 주어진 단어를 이용하여 성경 문구를 바르게 만들어 보세요
(갈라디아서, 에베소서, 빌립보서).

1. 함이라, 믿음, 의롭다, 을, 얻으려, 를, 함, 으로써, 그리스도
2. 것, 내, 오직, 스도, 사시는, 이라, 그리, 안에, 께서
3. 의롭다, 하려, 으로, 암아, 함, 얻게, 이라, 믿음, 말미, 을, 함
4. 종, 으로, 오직, 하라, 노릇, 서로, 사랑
5. 성령, 살면, 만일, 우리, 으로, 가 행할, 으로, 성령, 또한 지니
6. 거두, 그대로, 사람, 무엇, 이, 심든지, 리라, 으로
7. 암아, 곧, 함을, 느니라, 그, 피, 의, 로 말미, 죄, 사, 받았, 속량
8. 너희, 과, 는, 허물, 로, 셨도다, 그, 죄, 죽었던, 를, 살리
9. 착함, 진실, 빛의, 있느니라, 열매, 모든, 는, 과, 의로움, 과, 함에
10. 충만, 받으, 오직, 으로, 성령, 함을, 라
11. 라, 님의, 를, 전신, 취하, 하나, 갑주
12. 떨림, 너희, 복종, 을, 이루라, 하여, 두렵고, 으로, 구원
13. 없이, 과, 시비, 일, 원망, 하라, 모든, 을, 가
14. 지라, 의, 은, 시민권, 에, 하늘, 우리, 있는
15. 이, 함께, 리라, 평강, 하나님, 너희, 계시, 의, 와

문제7

아래에 주어진 단어를 이용하여 성경 문구를 바르게 만들어 보세요

(골로새서, 데살로니가전·후서, 디모데전·후서)

1. 만물이그, 다먼저, 함께섰, 그가, 느니라, 계시고, 안에, 만물보
2. 와함께다, 위의것, 너희가, 받았으면, 을찾으라, 시살리심을, 그리스도
3. 게매는띠, 위에사, 는온, 이모든, 니라, 것, 전하, 랑을더하라이
4. 지마음을다, 듯하고사, 하듯하, 무슨일을, 지말라, 람에게, 하여주께하, 하든
5. 기도에감, 를계속, 깨어있, 하고, 기도, 으라, 사함으로
6. 서소금으, 을항상은, 을냄과같, 혜가운데, 너희말, 이하라, 로맛
7. 서거룩, 이없게하시, 님우리아, 하노라, 하나, 버지앞에, 함에흠, 기를원
8. 기일을하, 기를힘, 희손으, 쓰라, 로일하, 고너, 조용히자
9. 고서로덕, 를너희가하, 이하라, 피차권, 는것같이, 을세우기, 면하
10. 쁘사너, 건하게하, 게서지키, 악한자에, 시리라, 시고, 희를굳, 주는미
11. 기싫어하, 지도말, 누구든, 게하라, 거든먹, 지일하
12. 르도, 신을연, 에이, 경건, 록네, 단하라, 자
13. 람의죄, 며네자신을지, 결하게, 다른사, 하지말, 에간섭, 하라, 켜정
14. 는마음이, 면경건, 이되느, 자족하, 있으, 니라, 큰이익, 은
15. 고무식한변, 리라이에, 는줄앎, 어리석, 론을버, 이나, 서다툼, 이라

문제8

아래에 주어진 단어를 이용하여 성경 문구를 바르게 만들어 보세요
(히브리서, 야고보서).

1. 도이시, 사장이신예, 는도리, 각하라, 우리가믿, 의사, 며대제, 깊이생, 수를

2. 구든지, 룩하라, 로완고하, 너희중, 지않도, 게되, 죄의유혹으, 에누

3. 희가그의, 음을완, 지말라, 듣거든너, 고하게하, 희마, 음성을, 오늘너

4. 는것은사, 해진것이, 는심판이있, 후에, 요그, 으리니, 람에게정, 한번죽

5. 스도의몸, 에드리심으, 아우리가거, 었노라, 예수그리, 을단번, 로말미암, 룩함을얻

6. 의실상이, 지않은것, 거니, 믿음은바, 들의증, 요보이, 것들, 라는

7. 람과더, 평함과거, 르라, 모든사, 불어화, 따, 룩함을

8. 희가여, 지시험을당, 든온전, 게여, 히기쁘, 기라, 하거, 러가, 너

9. 음으로구, 금도, 의, 지말라, 하고조, 오직믿, 심하

10. 이성내, 이하, 의를이, 함이라, 사람, 는것, 나님의, 루지못

11. 씀을행, 는자가되, 가되고듣, 여자신, 지말라, 을속이, 기만하, 하는자, 너희는말

12. 게하는자, 로심어의, 를거두, 화평으, 화평하, 들은, 느니라, 의열매

13. 서낮추, 리하면주, 를높이, 라그, 주앞에, 시리라, 너희, 께서

14. 을행할줄알, 지아니, 사람이선, 행하, 고도, 죄니라, 하면

15. 아서로원, 라그리하, 을면하, 지말, 망하, 형제들, 리라, 심판, 여야

문제9

아래에 주어진 단어를 이용하여 성경 문구를 바르게 만들어 보세요

(베드로전·후서, 요한1·2·3서).

1. 곧영혼, 을받, 결국, 믿음의, 구원, 음이라, 의
2. 희를부르, 한이처, 도모든행, 한자가, 오직너, 신거룩, 럼너희, 되라, 실에거룩
3. 함으로고, 고참으, 나님앞, 우니라, 선을행, 난을받, 에아름다, 면이는하
4. 찍에맞, 로너희, 음을얻, 그가채, 음으, 었나니, 는나
5. 서떠나선, 하고화, 하며그, 르라, 것을따, 평을구, 을행, 악에
6. 다도뜨겁, 랑할지니사, 죄를덥, 무엇보, 게서, 랑은, 로사, 허다한, 느니라
7. 려너희, 난에참, 로즐거, 스도의고, 오히, 가그리, 워하라, 것으, 여하는
8. 려를다, 기라이, 이라, 너희염, 주께맡, 돌보심, 너희를, 는그가
9. 아더욱힘, 심과택, 게하라, 하심을, 굳, 희부르, 써너, 형제들
10. 리주곧구, 도의은혜와그, 라가라, 를아는, 자, 지식에서, 그리스, 오직우, 주예수
11. 의계명을지, 써우리가그, 것이요, 우리가그, 이로, 키면, 줄로알, 를아는
12. 아우리가, 로만사랑하, 함과진, 하자, 실함으로, 지말고행, 말과혀, 자녀들
13. 아너희자, 켜우상에, 리하라, 게서멀, 자녀들, 지, 신을
14. 스로삼가우, 을잃지말, 전한상을받, 일한것, 너희는스, 리가, 으라, 고오직온
15. 는자여네, 가간구, 됨같이네, 사랑하, 잘, 영혼이, 강건하기를내, 잘되고, 가범사 에, 하노라

문제10

아래에 주어진 단어를 이용하여 성경 문구를 바르게 만들어 보세요 (요한계시록).

1. 스도로말, 혜와평강이너, 하노라, 기를원, 희에게있, 미암아, 예수그리, 은
2. 파와오메, 능한자라, 고전에도있, 자요전, 었고, 장차올, 나는알, 도있, 가라, 이제
3. 개하, 위를가, 음행, 여처, 회, 지라
4. 희각사, 로갚, 내가너, 행위대, 람의, 리라, 아주
5. 듣지뜨, 를원, 네가차, 하기, 겁든지, 노라, 하
6. 는자는성, 씀을들, 회들에, 귀있, 령이교, 을지어다, 는말, 게하시
7. 심이보, 신우리하, 린양에, 구원하, 앉으, 좌에, 나님과어, 도다, 게있
8. 의피에, 게하였, 씻어, 느니라, 희, 그옷들, 어린양
9. 야구원, 리하나, 광과능, 할렐루, 력이우, 과영, 도다, 님께있
10. 지생명책, 에던져, 지못한, 누구든, 기록되, 자는, 지더라, 에, 불못
11. 린양의생, 록된자, 가리라, 기, 들만, 명책에, 들어, 오직어
12. 루마리의예, 씀을지, 복이있, 자는, 언의말, 키는, 이두, 으리라
13. 파와오, 음과마, 요시, 침이라, 지막이, 작과마, 메가 요처, 나는알
14. 실로속, 라하시, 여오시, 내가진, 히오리, 주예수, 거늘아멘, 옵소서
15. 을지어, 혜가모, 다아멘, 에게있, 든자들, 의은, 주예

정답

문제1

마태복음

1. 회개하라 천국이 가까이 왔느니라 (4:17)
2. 너희는 먼저 그의 나라와 그의 의를 구하라 (6:33)
3. 이러므로 그들의 열매로 그들을 알리라 (7:20)
4. 가라 네 믿은 대로 될지어다 (8:13)
5. 네 믿음이 너를 구원하였다 (9:22)
6. 다 내게로 오라 내가 너희를 쉬게 하리라 (11:28)
7. 인자는 안식일의 주인이니라 (12:8)
8. 하나님의 나라가 이미 너희에게 임하였느니라 (12:28)
9. 무엇이든지 믿고 구하는 것은 다 받으리라 (21:22)
10. 네 이웃을 네 자신같이 사랑하라 (22:39)
11. 끝까지 견디는 자는 구원을 얻으리라 (24:13)
12. 시험에 들지 않게 깨어 기도하라 (26:41)
13. 하늘 구름을 타고 오는 것을 너희가 보리라 (26:64)
14. 예수의 부활 후에 그들이 무덤에서 나와서 (27:53)
15. 내가 세상 끝날까지 너희와 항상 함께 있으리라 (28:20)

문제2

요한복음

1. 그가 태초에 하나님과 함께 계셨고 (1:2)
2. 말씀이 육신이 되어 우리 가운데 거하시매 (1:14)
3. 세상 죄를 지고 가는 하나님의 어린양 (1:29)
4. 그를 믿는 자마다 영생을 얻게 하려 하심이니라 (3:15)
5. 나 보내신 이를 믿는 자는 영생을 얻었고 (5:24)
6. 진리가 너희를 자유롭게 하리라 (8:32)
7. 나와 아버지는 하나이니라 (10:30)
8. 나는 그의 명령이 영생인 줄 아노라 (12:50)
9. 내가 곧 길이요 진리요 생명이니 (14:6)
10. 나는 포도나무요 너희는 가지라 (15:5)
11. 그들을 진리로 거룩하게 하옵소서 (17:17)
12. 내 나라는 이 세상에 속한 것이 아니니라 (18:36)
13. 나는 그에게서 아무 죄도 찾지 못하였노라 (18:38)
14. 너희에게 평강이 있을지어다 (20:19)
15. 우리는 그의 증언이 참된 줄 아노라 (21:24)

문제3

사도행전

1. 더불어 마음을 같이하여 오로지 기도에 힘쓰더라 (1:14)
2. 예수 그리스도의 이름으로 세례를 받고 (2:38)
3. 다른 이로써는 구원을 받을 수 없나니 (4:12)
4. 그들에게 안수하매 성령을 받는지라 (8:17)
5. 그를 위하여 간절히 하나님께 기도하더라 (12:5)
6. 영생을 주시기로 작정된 자는 다 믿더라 (13:48)
7. 제자들은 기쁨과 성령이 충만하니라 (13:52)
8. 믿음으로 그들의 마음을 깨끗이 하사 (15:9)
9. 주 예수의 은혜로 구원받는 줄을 믿노라 (15:11)
10. 너희가 믿을 때에 성령을 받았느냐 (19:2)
11. 주는 것이 받는 것보다 복이 있다 (20:35)
12. 바울이 의와 절제와 장차 오는 심판을 강론하니 (24:25)
13. 나와 같이 되기를 하나님께 원하나이다 (26:29)
14. 구원이 이방인에게로 보내어진 줄 알라 (28:28)
15. 주 예수 그리스도에 관한 모든 것을 담대하게 (28:31)

문제4

로마서

1. 오직 의인은 믿음으로 말미암아 살리라 (1:17)
2. 하나님의 심판이 진리대로 되는 줄 우리가 아노라 (2:2)
3. 예수 믿는 자를 의롭다 하려 하심이라 (3:26)
4. 오직 믿음의 의로 말미암은 것이니라 (4:13)
5. 순종의 종으로 의에 이르느니라 (6:16)
6. 성령이 친히 우리의 영과 더불어 (8:16)
7. 모든 것이 합력하여 선을 이루느니라 (8:28)
8. 사람이 마음으로 믿어 의에 이르고 (10:10)
9. 입으로 시인하여 구원에 이르느니라 (10:10)
10. 누구든지 주의 이름을 부르는 자는 구원을 받으리라 (10:13)
11. 믿음의 분량대로 지혜롭게 생각하라 (12:3)
12. 네 이웃을 네 자신과 같이 사랑하라 (13:9)
13. 우리가 다 하나님의 심판대 앞에 서리라 (14:10)
14. 선을 이루고 덕을 세우도록 할지니라 (15:2)
15. 모든 기쁨과 평강을 믿음 안에서 (15:13)

문제5

고린도전서

1. 아무도 자신을 속이지 말라 (3:18)
2. 맡은 자들에게 구할 것은 충성이니라 (4:2)
3. 기록된 말씀 밖으로 넘어가지 말라 (4:6)
4. 주와 합하는 자는 한 영이니라 (6:17)
5. 너희 몸으로 하나님께 영광을 돌리라 (6:20)
6. 다 하나님의 영광을 위하여 하라 (10:31)
7. 너희는 더욱 큰 은사를 사모하라 (12:31)
8. 그런즉 믿음, 소망, 사랑, 이 세 가지는 항상 있을 것인데 그중의 제일은 사랑이라 (13:13)
9. 모든 것을 덕을 세우기 위하여 하라 (14:26)
10. 항상 주의 일에 더욱 힘쓰는 자들이 되라 (15:58)
11. 너희 모든 일을 사랑으로 행하라 (16:14)

고린도후서

12. 그리스도는 하나님의 형상이니라 (4:4)
13. 우리가 다 반드시 그리스도의 심판대 앞에 (5:10)
14. 하나님의 은혜를 헛되이 받지 말라 (6:1)
15. 하나님의 능력으로 그와 함께 살리라 (13:4)

문제6

갈라디아서

1. 그리스도를 믿음으로써 의롭다 함을 얻으려 함이라 (2:16)
2. 오직 내 안에 그리스도께서 사시는 것이라 (2:20)
3. 믿음으로 말미암아 의롭다 함을 얻게 하려 함이라 (3:24)
4. 오직 사랑으로 서로 종 노릇 하라 (5:13)
5. 만일 우리가 성령으로 살면 또한 성령으로 행할지니 (5:25)
6. 사람이 무엇으로 심든지 그대로 거두리라 (6:7)

에베소서

7. 그의 피로 말미암아 속량 곧 죄 사함을 받았느니라 (1:7)
8. 그는 허물과 죄로 죽었던 너희를 살리셨도다 (2:1)
9. 빛의 열매는 모든 착함과 의로움과 진실함에 있느니라 (5:9)
10. 오직 성령으로 충만함을 받으라 (5:18)
11. 하나님의 전신 갑주를 취하라 (6:13)

빌립보서

12. 복종하여 두렵고 떨림으로 너희 구원을 이루라 (2:12)
13. 모든 일을 원망과 시비가 없이 하라 (2:14)
14. 우리의 시민권은 하늘에 있는지라 (3:20)
15. 평강의 하나님이 너희와 함께 계시리라 (4:9)

문제7

골로새서

1. 그가 만물보다 먼저 계시고 만물이 그 안에 함께 섰느니라 (1:17)
2. 너희가 그리스도와 함께 다시 살리심을 받았으면 위의 것을 찾으라 (3:1)
3. 이 모든 것 위에 사랑을 더하라 이는 온전하게 매는 띠니라 (3:14)
4. 무슨 일을 하든지 마음을 다하여 주께 하듯 하고 사람에게 하듯 하지 말라 (3:23)
5. 기도를 계속하고 기도에 감사함으로 깨어 있으라 (4:2)
6. 너희 말을 항상 은혜 가운데서 소금으로 맛을 냄과 같이 하라 (4:6)

데살로니가전서

7. 하나님 우리 아버지 앞에서 거룩함에 흠이 없게 하시기를 원하노라 (3:13)
8. 조용히 자기 일을 하고 너희 손으로 일하기를 힘쓰라 (4:11)
9. 피차 권면하고 서로 덕을 세우기를 너희가 하는 것 같이 하라 (5:11)

데살로니가후서

10. 주는 미쁘사 너희를 굳건하게 하시고 악한 자에게서 지키시리라 (3:3)
11. 누구든지 일하기 싫어하거든 먹지도 말게 하라 (3:10)

디모데전서

12. 경건에 이르도록 네 자신을 연단하라 (4:7)
13. 다른 사람의 죄에 간섭하지 말며 네 자신을 지켜 정결하게 하라 (5:22)
14. 자족하는 마음이 있으면 경건은 큰 이익이 되느니라 (6:6)

디모데후서

15. 어리석고 무식한 변론을 버리라 이에서 다툼이 나는 줄 앎이라 (2:23)

문제8

히브리서

1. 우리가 믿는 도리의 사도이시며 대제사장이신 예수를 깊이 생각하라 (3:1)
2. 너희 중에 누구든지 죄의 유혹으로 완고하게 되지 않도록 하라 (3:13)
3. 오늘 너희가 그의 음성을 듣거든 너희 마음을 완고하게 하지 말라 (4:7)
4. 한 번 죽는 것은 사람에게 정해진 것이요 그 후에는 심판이 있으리니 (9:27)
5. 예수 그리스도의 몸을 단번에 드리심으로 말미암아 우리가 거룩함을 얻었노라 (10:10)
6. 믿음은 바라는 것들의 실상이요 보이지 않는 것들의 증거니 (11:1)
7. 모든 사람과 더불어 화평함과 거룩함을 따르라 (12:14)

야고보서

8. 너희가 여러 가지 시험을 당하거든 온전히 기쁘게 여기라 (1:2)
9. 오직 믿음으로 구하고 조금도 의심하지 말라 (1:6)
10. 사람이 성내는 것이 하나님의 의를 이루지 못함이라 (1:20)
11. 너희는 말씀을 행하는 자가 되고 듣기만 하여 자신을 속이는 자가 되지 말라 (1:22)
12. 화평하게 하는 자들은 화평으로 심어 의의 열매를 거두느니라 (3:18)
13. 주 앞에서 낮추라 그리하면 주께서 너희를 높이시리라 (4:10)
14. 사람이 선을 행할 줄 알고도 행하지 아니하면 죄니라 (약 4:17)
15. 형제들아 서로 원망하지 말라 그리하여야 심판을 면하리라 (약 5:9)

문제9

베드로전서

1. 믿음의 결국 곧 영혼의 구원을 받음이라 (1:9)
2. 오직 너희를 부르신 거룩한 이처럼 너희도 모든 행실에 거룩한 자가 되라 (1:15)
3. 선을 행함으로 고난을 받고 참으면 이는 하나님 앞에 아름다우니라 (2:20)
4. 그가 채찍에 맞음으로 너희는 나음을 얻었나니 (2:24)
5. 악에서 떠나 선을 행하고 화평을 구하며 그것을 따르라 (3:11)
6. 무엇보다도 뜨겁게 서로 사랑할지니 사랑은 허다한 죄를 덮느니라 (4:8)
7. 오히려 너희가 그리스도의 고난에 참여하는 것으로 즐거워하라 (4:13)
8. 너희 염려를 다 주께 맡기라 이는 그가 너희를 돌보심이라 (5:7)

베드로후서

9. 형제들아 더욱 힘써 너희 부르심과 택하심을 굳게 하라 (1:10)
10. 오직 우리 주 곧 구주 예수 그리스도의 은혜와 그를 아는 지식에서 자라 가라 (3:18)

요한1서

11. 우리가 그의 계명을 지키면 이로써 우리가 그를 아는 줄로 알 것이요 (2:3)
12. 자녀들아 우리가 말과 혀로만 사랑하지 말고 행함과 진실함으로 하자 (3:18)
13. 자녀들아 너희 자신을 지켜 우상에게서 멀리하라 (5:21)

요한2서

14. 너희는 스스로 삼가 우리가 일한 것을 잃지 말고 오직 온전한 상을 받으라 (1:8)

요한3서

15. 사랑하는 자여 네 영혼이 잘됨 같이 네가 범사에 잘되고 강건하기를 내가 간구하노라 (1:2)

문제10

요한계시록

1. 예수 그리스도로 말미암아 은혜와 평강이 너희에게 있기를 원하노라 (1:5)
2. 나는 알파와 오메가라 이제도 있고 전에도 있었고 장차 올 자요 전능한 자라 (1:8)
3. 회개하여 처음 행위를 가지라 (2:5)
4. 내가 너희 각 사람의 행위대로 갚아 주리라 (2:23)
5. 네가 차든지 뜨겁든지 하기를 원하노라 (3:15)
6. 귀 있는 자는 성령이 교회들에게 하시는 말씀을 들을지어다 (3:22)
7. 구원하심이 보좌에 앉으신 우리 하나님과 어린 양에게 있도다 (7:10)
8. 어린 양의 피에 그 옷을 씻어 희게 하였느니라 (7:14)
9. 할렐루야 구원과 영광과 능력이 우리 하나님께 있도다 (19:1)
10. 누구든지 생명책에 기록되지 못한 자는 불못에 던져지더라 (20:15)
11. 오직 어린 양의 생명책에 기록된 자들만 들어가리라 (21:27)
12. 이 두루마리의 예언의 말씀을 지키는 자는 복이 있으리라 (22:7)
13. 나는 알파와 오메가요 처음과 마지막이요 시작과 마침이라 (22:13)
14. 내가 진실로 속히 오리라 하시거늘 아멘 주 예수여 오시옵소서 (22:20)
15. 주 예수의 은혜가 모든 자들에게 있을지어다 아멘 (22:21)

제 4 부

카오스 퍼즐

'카오스' 란 무질서하다는 의미가 담긴 단어입니다.

여러 가지 성경구절들이 무질서하고 중첩되게 나열되어 있는데
각각의 성경구절의 원래 모습으로 뽑아 내는 문제입니다.

각각의 성경구절은 글자 사이즈가 다르기도 하고, 글자체도 다르고,
성경구절의 기록된 방향도 각기 다르기 때문에
문제를 푸는 사람이 더 신경을 써야 합니다.

언뜻 보기에는 너무 복잡하고 정신이 없는 것 같을 수 있습니다만,
집중력이 요구되고 공간적·시각적 인지 능력이 요구되는 퍼즐입니다.

이러한 인지 능력들이 요구된다는 것은
문제를 푸는 사람의 집중력, 공간 인지 능력, 시각적 인지 능력이 향상된다는
의미입니다.

무질서하게 나열된 여러 개의 성경구절에서
일단 하나를 선택하여 큰 소리로 읽어 보면 좋을 것 같습니다.
처음에는 망설이게 되지만 소리를 내어 읽다 보면
앞뒤 문맥이 연결되고
더불어 성경을 읊조리고 있음을 느끼게 됩니다.

문제1

몇 개의 성경구절이 복잡하게 겹쳐 있습니다. 각각의 성경구절을 분리하여 원래의 말씀을 완성해 보세요.

(1)

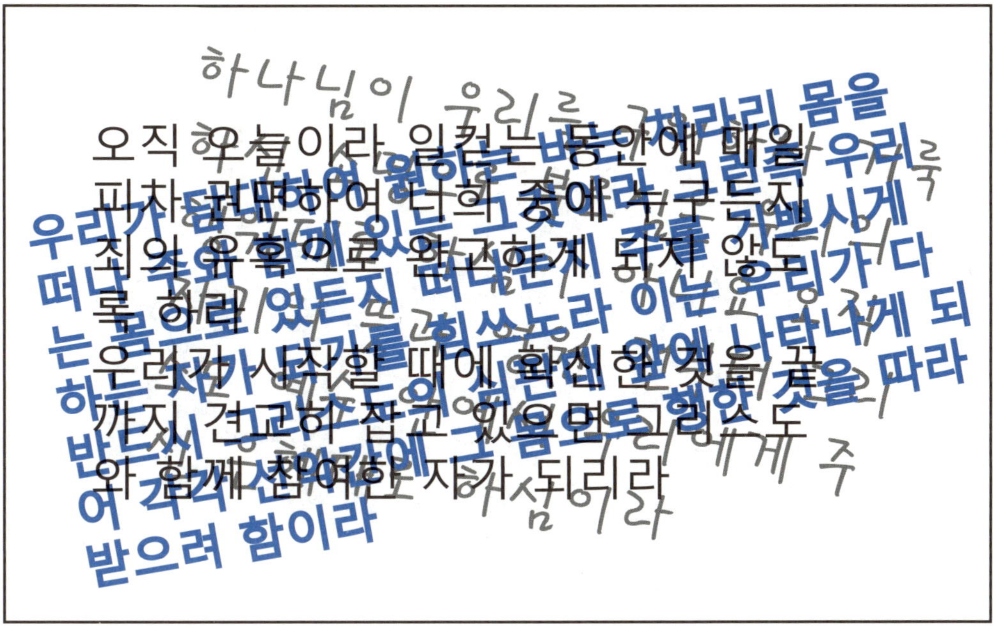

(2)

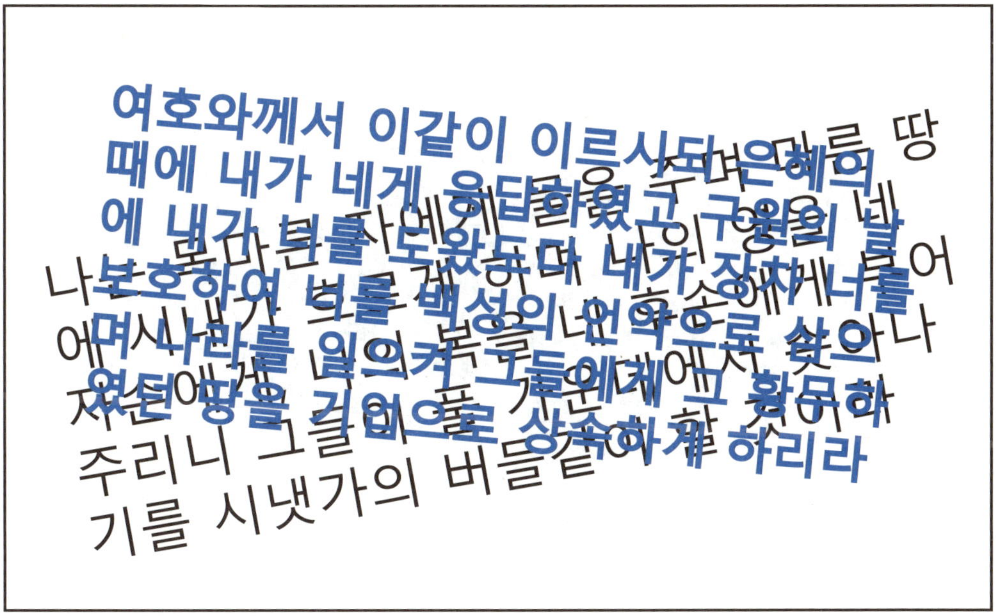

문제2

몇 개의 성경구절이 복잡하게 겹쳐 있습니다. 각각의 성경구절을 분리하여 원래의 말씀을 완성해 보세요.

(1)

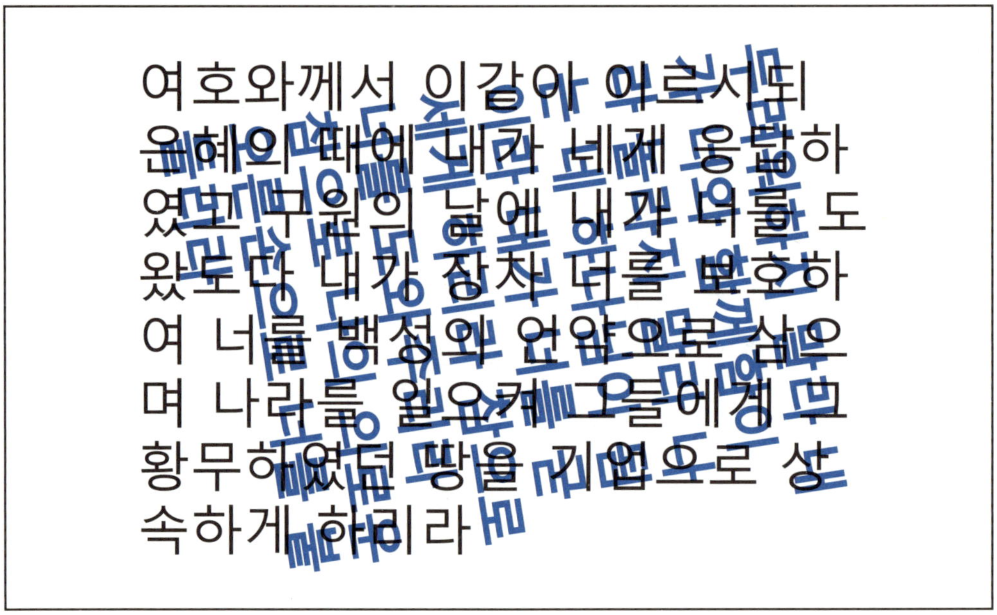

(2)

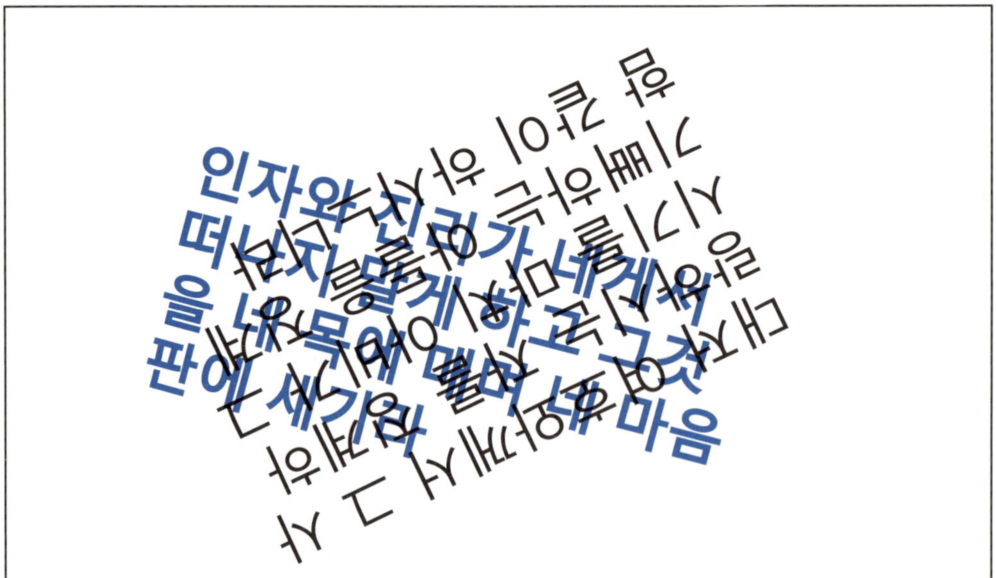

문제3

연속된 성경구절이 분리되어 몇 개의 성경구절처럼 복잡하게 겹쳐 있습니다. 원래의 말씀대로 연결하여 완성해 보세요.

(1)

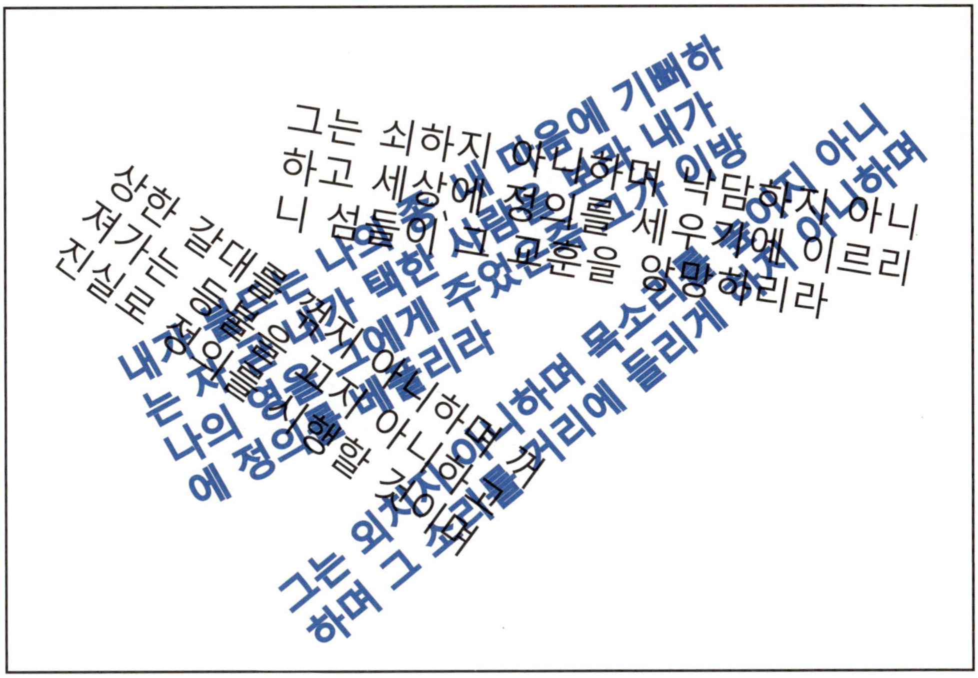

(2)

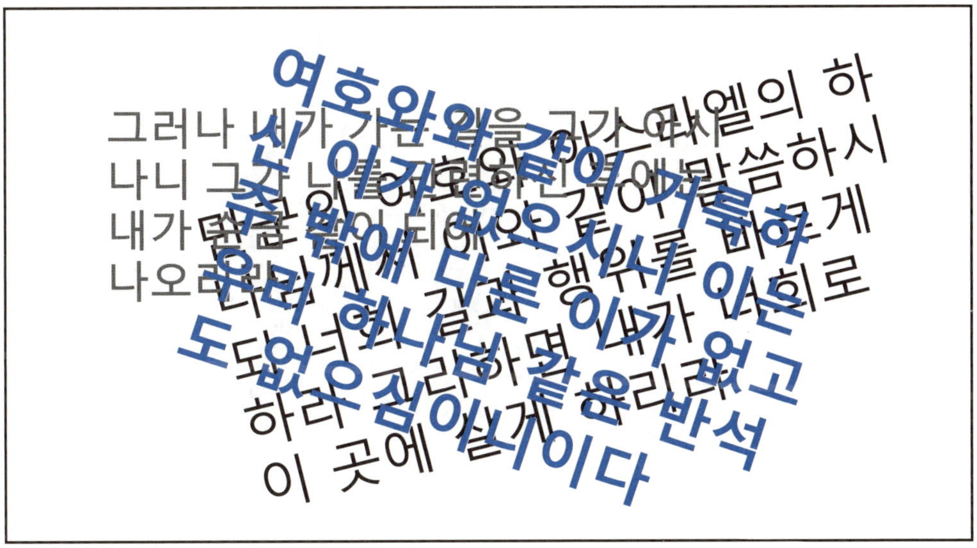

문제4

연속된 성경구절이 분리되어 몇 개의 성경구절처럼 복잡하게 겹쳐 있습니다. 원래의 성경구절로 연결하여 완성해 보세요

(1)

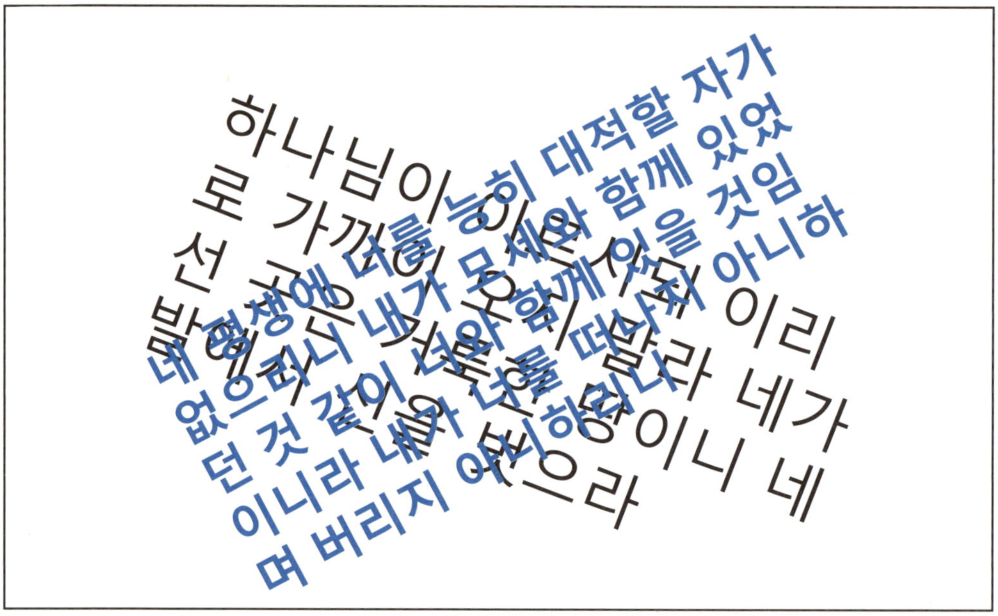

(2)

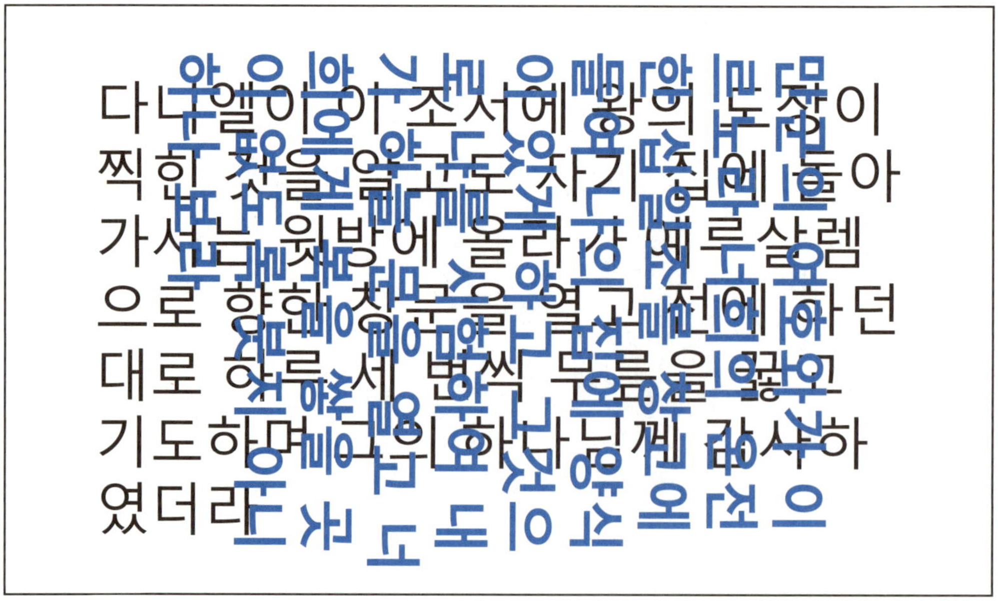

정답

문제1

(1) 하나님이 우리를 구원하사 거룩하신 소명으로 부르심은 우리의 행위대로 하심이 아니요 오직 자기의 뜻과 영원 전부터 그리스도 예수 안에서 우리에게 주신 은혜대로 하심이라 (디모데후서 1:9)

우리가 담대하여 원하는 바는 차라리 몸을 떠나 주와 함께 있는 그것이라 그런즉 우리는 몸으로 있든지 떠나든지 주를 기쁘시게 하는 자가 되기를 힘쓰노라 이는 우리가 다 반드시 그리스도의 심판대 앞에 나타나게 되어 각각 선악간에 그 몸으로 행한 것을 따라 받으려 함이라 (고린도후서 5:8~10)

오직 오늘이라 일컫는 동안에 매일 피차 권면하여 너희 중에 누구든지 죄의 유혹으로 완고하게 되지 않도록 하라 (히브리서 3:13)

(2) 여호와께서 이같이 이르시되 은혜의 때에 내가 네게 응답하였고 구원의 날에 내가 너를 도왔도다 내가 장차 너를 보호하여 너를 백성의 언약으로 삼으며 나라를 일으켜 그들에게 그 황무하였던 땅을 기업으로 상속하게 하리라 (이사야 49:8)

나는 목마른 자에게 물을 주며 마른 땅에 시내가 흐르게 하며 나의 영을 네 자손에게, 나의 복을 네 후손에게 부어 주리니 그들이 풀 가운데에서 솟아나기를 시냇가의 버들같이 할 것이라 (이사야 44:3,4)

문제2

(1) 두려워하지 말라 내가 너와 함께함이라 놀라지 말라 나는 네 하나님이 됨이라 내가 너를 굳세게 하리라 참으로 너를 도와주리라 참으로 나의 의로운 오른손으로 너를 붙들리라 (이사야 41:10)

여호와께서 이같이 이르시되 은혜의 때에 내가 네게 응답하였고 구원의 날에 내가 너를 도왔도다 내가 장차 너를 보호하여 너를 백성의 언약으로 삼으며 나라를 일으켜 그들에게 그 황무하였던 땅을 기업으로 상속하게 하리라 (이사야 49:8)

(2) 인자와 진리가 네게서 떠나지 말게 하고 그것을 네 목에 매며 네 마음판에 새기라 (잠언 3:3)

대저 여호와께서 그 사랑하시는 자를 징계하시기를 마치 아비가 그 기뻐하는 아들을 징계함같이 하시느니라 (잠언 3:12)

문제3

(1) 내가 붙드는 나의 종, 내 마음에 기뻐하는 자 곧 내가 택한 사람을 보라 내가 나의 영을 그에게 주었은즉 그가 이방에 정의를 베풀리라
그는 외치지 아니하며 목소리를 높이지 아니하며 그 소리를 거리에 들리게 하지 아니하며
상한 갈대를 꺾지 아니하며 꺼져가는 등불을 끄지 아니하고 진실로 정의를 시행할 것이며
그는 쇠하지 아니하며 낙담하지 아니하고 세상에 정의를 세우기에 이르리니 섬들이 그 교훈을 앙망하리라 (이사야 42:1~4)

(2) 그러나 내가 가는 길을 그가 아시나니 그가 나를 단련하신 후에는 내가 순금 같이 되어 나오리라 (욥기 23:10)

만군의 여호와 이스라엘의 하나님께서 이와 같이 말씀하시되 너희 길과 행위를 바르게 하라 그리하면 내가 너희로 이 곳에 살게 하리라 (예레미야 7:3)

여호와와 같이 거룩하신 이가 없으시니 이는 주 밖에 다른 이가 없고 우리 하나님 같은 반석도 없으심이니이다 (사무엘상 2:2)

문제4

(1) 하나님이 이르시되 이리로 가까이 오지 말라 네가 선 곳은 거룩한 땅이니 네 발에서 신을 벗으라 (출애굽기 3:5)

네 평생에 너를 능히 대적할 자가 없으리니 내가 모세와 함께 있었던 것 같이 너와 함께 있을 것임이니라 내가 너를 떠나지 아니하며 버리지 아니하리니 (여호수아 1:5)

(2) 다니엘이 이 조서에 왕의 도장이 찍힌 것을 알고도 자기 집에 돌아가서는 윗방에 올라가 예루살렘으로 향한 창문을 열고 전에 하던 대로 하루 세 번씩 무릎을 꿇고 기도하며 그의 하나님께 감사하였더라 (다니엘 6:10)

만군의 여호와가 이르노라 너희의 온전한 십일조를 창고에 들여 나의 집에 양식이 있게 하고 그것으로 나를 시험하여 내가 하늘 문을 열고 너희에게 복을 쌓을 곳이 없도록 붓지 아니하나 보라 (말라기 3:10)

제 5 부

헤쳐 모여 퍼즐

'헤쳐 모여'는 체육 시간이나 군대 제식 훈련 때 많이 듣던 용어입니다.

한글의 특징은 자음, 모음 그리고 글자에 따라 받침이 추가되어
하나의 글자를 구성한다는 것입니다.

성경구절을 두 개의 블록으로 나누어서
첫 번째 블록은 자음(초성, 받침)만 성경구절 순서대로 모아 놓았고,
두 번째 블록은 모음을 성경구절의 순서대로 모아 놓았습니다.

첫 번째 블록은 모두 자음으로만 구성되었기 때문에
조금 어렵게 느껴질 수도 있습니다만,
그만큼 뇌세포가 활발하게 활동하여 뇌의 기능을 촉진시킴으로서
뇌기능 강화에도 도움이 될 것입니다.

성경구절이 여러 개 제시되었는데 모두 이런 식으로
서로 맞는 성경구절이 되도록 자음+받침, 그리고 모음으로 나누어진 블록의
짝을 맞추는 퍼즐입니다.
조금 복잡하고 정신이 없는 것 같은 느낌도 들지만,
집중력이 요구되고, 공간 인지 능력을 향상시킬 수 있는 퍼즐입니다.

각 블록을 조합하여 온전한 성경구절이 되는지를 확인하는
과정에서 소리 내어 성경을 읊조리는 효과도 있습니다.
문제를 다 풀고 정확히 매칭되는 블록이라고 자신이 있을 때는
다시 성경구절을 온전하게 읽어 보면 더욱 뿌듯한 느낌이 들 것입니다.

이 퍼즐의 다른 문제 유형으로는 자음, 모음, 받침을 모두 분해하여
어떤 성경단어인지를 맞추는 것도 있습니다.
헤쳐 모여 퍼즐의 다양한 문제 유형을 즐기시기 바랍니다.

문제1

아래는 시편 1편의 성경구절을 자음과 모음으로 구분하여 놓은 것입니다. 서로 맞는 것끼리 연결해 보고, 올바르게 연결되었는지 큰 소리로 읽어 보세요.

1	ㅈㅇㄴㄷㄹㅇㄱㄹㅇㅅㅈㅇㄴ ㅎㅁㅇㅁㅎㄴㅈㄷㄹㅇㅈㄹㅇ ㅇㄵㅈㅇㄴㅎㄱ	A	ㅗ ㅣ ㅡ ㅏ ㅏ ㅡ ㅏ ㅣ ㅡ ㅢ ㅚ ㅡ ㅏ ㅡ ㅣ ㅏ ㅣ ㅏ ㅕ
2	ㄱㄴㄴㅅㄴㅅㄱㅇㅅㅁㅇㄴㄴ ㅁㄱㅊㄹㅇㄹㄸㄹㅇㄹㅁㄹㄹ ㅁㅈㅇㅁㄱㅇㅍㅅㄱㄱ	B	ㅏ ㅡ ㅣ ㅏ ㅣ ㅏ ㅏ ㅡ ㅣ ㅡ ㅏ ㅏ ㅡ ㅗ ㅡ ㅣ ㅣ ㅏ ㅕ ㅗ ㅏ ㅣ ㅗ ㅏ
3	ㅂㄱㅇㅆㄴㄴㅅㄹㅁㅇㄴㅇㄱ ㅇㄴㄷㄹㅇㄲㄹㄹㄸㄹㅈㅇㄴ ㅎㅁ	C	ㅗ ㅣ ㅕ ㅗ ㅘ ㅢ ㅠ ㅓ ㅡ ㅡ ㅓ ㅝ ㅏ ㅕ ㅡ ㅢ ㅠ ㅓ ㅡ ㅜ ㅑ ㅗ ㅜ ㅏ ㅏ ㅡ ㅗ ㅏ
4	ㅁ ㄹ ㅈ ㅇ ㄴ ㅎ ㅁ ㄱ ㅌ ㅇ ㄴ ㄱ ㄱ ㅎ ㄴ ㄴ ㅁ ㄷ ㄴ ㅇ ㄹ ㅇ ㄷ ㅎ ㅇ ㅌ ㅇ ㅎ ㄹ ㄹ ㄷ	D	ㅚ ㅣ ㅡ ㅢ ㅣ ㅔ ㅓ ㅣ ㅏ ㅣ ㅏ ㅕ ㅗ ㅏ ㅏ ㅏ ㅡ ㅢ ㅏ ㅣ ㅔ ㅏ ㅣ ㅏ ㅣ ㅏ ㅗ
5	ㅇㅈㄱㅇㅎㅇㅇㅇㄹㅂㅂㅇㄹ ㅈㄹㄱㅇㅎㅇㄱㅇㅇㄹㅂㅂㅇ ㄹㅈㅇㄹㅁㄱㅅㅇㅎㄴㄴㄷㄷ	E	ㅡ ㅡ ㅣ ㅐ ㅏ ㅔ ㅣ ㅡ ㅏ ㅜ ㅏ ㅓ ㅡ ㅏ ㅏ ㅕ ㅐ ㅡ ㅐ ㅡ ㅕ ㅡ ㅣ ㅏ ㅟ ㅏ

문제2

아래는 시편 2편의 성경구절을 자음과 모음으로 구분하여 놓은 것입니다. 서로 맞는 것끼리 연결해 보고, 올바르게 연결되었는지 큰 소리로 읽어 보세요.

1	ㄱㅇㅇㄷㄹㅇㄱㅇㅂㅁㅈㅊㄹ ㄱㄹㅎㅈㅇㄴㅎㅁㄴㅈㄴㄴㅎ ㅅㅁㅇㄹㄴㅎㄱㄱㄹㅇㅅㅁㅇ ㅎㄹㄴ	A	ㅕ ㅗ ㅘ ㅡ ㅕ ㅚ ㅏ ㅡ ㅗ ㅓ ㅣ ㅗ ㅓ ㅕ ㅡ ㅓ ㅝ ㅏ ㅣ ㅓ ㅏ
2	ㄱㅇㅈㄴㄴㄱㄱㅂㅎㅅㅁㅇㄹ ㅇㅎㅇㄲㅍㅎㄴㄴㅁㄷㄴㅅㄹ ㅁㅇㄴㄷㅂㄱㅇㅇㅆㄷㄷ	B	ㅡ ㅓ ㅡ ㅜ ㅘ ㅡ ㅏ ㅓ ㅢ ㅡ ㅣ ㅖ ㅡ ㅓ ㅡ ㅕ ㅔ ㅏ ㅢ ㅐ ㅏ ㅘ ㅡ ㅏ
3	ㅇㅎㅇㄹㄹㄱㅇㅇㅎㅁㅇㄹㅅ ㅁㄱㄱㄸㄹㅁㅈㄹㄱㅇㅎㄹㅈ ㅇㄷ	C	ㅡ ㅢ ㅏ ㅡ ㅔ ㅔ ㅣ ㅏ ㅜ ㅏ ㅡ ㅓ ㅣ ㅏ ㅣ ㅏ ㅕ ㅣ ㅗ ㅏ ㅣ ㅡ ㅗ ㅓ ㅢ ㅏ ㅣ ㅔ ㅓ ㅏ ㅏ ㅣ ㅣ
4	ㄱㄹㄴㅈㄱㄱㄴㅇㅇㄷㄹㅇㄴ ㅎㄴㄴㅈㅎㄹㄹㅇㄷㅇㅁㅅㅅ ㅇㅇㅈㅍㄴㄱㄴㄷㄹㅇ	D	ㅓ ㅢ ㅡ ㅛ ㅜ ㅡ ㅏ ㅡ ㅣ ㅓ ㅏ
5	ㄴㅎㄴㄴㄱㅎㄴㅇㄹㅂㄷㅇㄹ ㅈㅇㄷ	E	ㅡ ㅢ ㅣ ㅗ ㅏ ㅡ ㅏ ㅣ ㅣ ㅏ ㅕ ㅗ ㅘ ㅔ ㅣ ㅏ ㅡ ㅗ ㅡ ㅏ ㅏ ㅡ ㅏ ㅗ ㅣ ㅣ ㅗ ㅏ

문제3

아래는 시편 3편의 성경구절을 자음과 모음으로 구분하여 놓은 것입니다. 네 개 구절은 서로 연결되나, 엉뚱한 것이 하나 포함되어 있습니다. 서로 맞는 것끼리 연결해 보고, 올바르게 연결되었는지 큰 소리로 읽어 보세요.

1	ㅊㄴㅁㄴㅇㄴㅇㄴㄹㄹㅇㅇㅆ ㅈㄴㅊㄴㄷㅎㅇㄷㄴㄴㄴㄷㄹ ㅇㅎㅈㅇㄴㅎㄹㅇㄷ	A	ㅐ ㅏ ㅜ ㅝ ㅏ ㅗ ㅐ ㅓ ㅡ ㅣ ㅕ ㅗ ㅘ ㅔ ㅓ ㅏ ㅡ ㅜ ㅡ ㅣ ㅣ ㅗ ㅏ
2	ㄴㄱㄴㅇㅁㄱㅅㄹㄹㅇㅎㅇㄲ ㅂㄹㅈㅈㅇㄴㄱㅇㅅㅇㅅㄴㅇ ㅅㅇㅇㄷㅂㅎㅅㄴㄴㄷㄷ	B	ㅓ ㅏ ㅣ ㅣ ㅏ ㅡ ㅔ ㅝ ㅏ ㅣ ㅣ ㅏ ㅏ ㅕ ㅗ ㅏ ㅡ ㅜ ㅕ ㅝ ㅏ ㅣ ㅏ ㅣ ㅏ ㅣ ㅣ ㅏ
3	ㅇㅎㅇㅇㅈㄴㄴㄴㅇㅂㅇㅍㅅ ㅇㄴㅇㅇㅇㄱㅇㅇㅅㅇㄴㅇㅁ ㄹㄹㄹㄷㅅㄴㄴㅈㅇㅅㄴㅇㄷ	C	ㅣ ㅓ ㅏ ㅣ ㅏ ㅔ ㅓ ㅗ ㅣ ㅜ ㅓ ㅣ ㅣ ㅏ ㅜ ㅣ ㅏ ㅚ ㅣ ㅡ ㅏ ㅡ ㅏ ㅏ ㅕ ㅜ ㅓ ㅏ ㅣ
4	ㅎㄴㅇㄱㅅㅇㄹㅇㅂㅈㅇㅇㄹ ㅇㄱㄹㅎㅅㅇㅂㅇㅅㅇㅁㄸㅇ ㅎㄴㅇㅅㄹㅇ	D	ㅐ ㅏ ㅏ ㅢ ㅗ ㅗ ㅣ ㅗ ㅕ ㅗ ㅘ ㅔ ㅜ ㅡ ㅣ ㅡ ㅣ ㅡ ㅢ ㅓ ㅏ ㅔ ㅓ ㅡ ㅏ ㅏ ㅣ ㅡ ㅗ ㅏ
5	ㄴㄱㄴㅇㅈㄱㄲㅇㅆㅇㄴㅇㅎ ㅇㄲㅅㄴㄹㄹㅂㅌㄷㅅㅁㅇ ㄹㄷ	E	ㅕ ㅗ ㅘ ㅕ ㅜ ㅡ ㅏ ㅢ ㅏ ㅐ ㅣ ㅛ ㅏ ㅢ ㅕ ㅘ ㅣ ㅣ ㅛ ㅏ ㅢ ㅓ ㅣ ㅡ ㅡ ㅣ ㅡ ㅏ ㅣ ㅣ ㅣ ㅣ ㅏ

문제4

아래는 시편 4편의 성경구절을 자음과 모음으로 구분하여 놓은 것입니다. 네 개 구절은 서로 연결되나, 엉뚱한 것이 하나 포함되어 있습니다. 서로 맞는 것끼리 연결해 보고, 올바르게 연결되었는지 큰 소리로 읽어 보세요.

1	ㅇㅎㅇㄲㅅㅈㄱㄹㄹㅇㅎㅇㄱ ㅇㄱㄴㅎㄴㅈㄹㄹㅌㄱㅎㅅㄴ ㅈㄹㄴㅎㄱㅇㄹㅈㅇㄷㄴㄱㄱ ㄹㄹㅂㄹㄹㄸㅇㅇㅎㅇㄲㅅㄷ ㄹㅇㅅㄹㄹㄷ	A	ㅐ ㅢ ㅢ ㅏ ㅏ ㅣ ㅣ ㅕ ㅐ ㅏ ㅜ ㅡ ㅐ ㅔ ㅡ ㅏ ㅏ ㅗ ㅓ ㅗ ㅏ ㅜ ㅔ ㅏㅡ ㅓ ㅡㅓ ㅔ ㅏ ㅕ ㅏ ㅗ ㅣ ㅐ ㅔ ㅡ ㅖㅡ ㅔ ㅜ ㅏ ㅏ ㅢ ㅣ ㅗ ㅡ ㅡ ㅡ ㅗ ㅓ
2	ㅎㄴㄴㅁㅇㅅㅅㅇㅇㄹㅇㅊㄹ ㅁㅅㄹㅇㅎㅅㄷㅅㅇㅈㄹㄹㅈ ㅅㅆㅇㄴㄴㄱㄷㄴㅈㅇㄹㄹㅁ ㄷㅇㅁㅇㅅㅇㅇㅈㅇㄷ	B	ㅣ ㅐㅡ ㅏ ㅓㅡ ㅐ ㅏ ㅣㅏ ㅢ ㅕ ㅘ ㅡㅏ ㅜ ㅓ ㅛ ㅚ ㅔ ㅏ ㅕ ㅓ ㅚ ㅣ ㅡ ㅗ ㅏ ㅏ ㅗ ㅓ ㅣ ㅡ ㅜ ㅏ ㅕ ㅡ ㅏ
3	ㄴㅇㅇㅎㄴㄴㅁㅇㅇㄴㄱㅂㄹ ㄹㄸㅇㅇㅇㄷㅂㅎㅅㅅㄱㄴㄹ ㄴㅈㅇㅇㄴㄹㄹㄴㄱㄹㅂㄱㅎ ㅅㅆㅅㅇㄴㄴㄱㅇㄴㅎㄹㄹㅂ ㅍㅅㄴㅇㄱㄷㄹㄹㄷㄹㅇㅅㅅ	C	ㅕ ㅗ ㅘ ㅔ ㅓ ㅏ ㅣ ㅡ ㅟ ㅏ ㅕ ㅕ ㅓ ㅏ ㅏ ㅡ ㅐ ㅏ ㅣ ㅜ ㅓ ㅢ ㅏ ㅏ ㅣ ㅓ ㅏ ㅐ ㅏㅡ ㅡ ㅜ ㅡ ㅐ ㅔ ㅕ ㅗ ㅘ ㅔ ㅓ ㅡ ㅡ ㅣ ㅣ ㅗ ㅏ
4	ㄴㅎㄴㄴㄸㄹㅁㅂㅁㅈㅎㅈㅁ ㄹㅈㅇㄷㅈㄹㅇㄴㅇㅅㅁㅈㅇ ㅇㅁㄹㅎㄱㅈㅁㅈㅁㅎㄹㅈㅇ ㄷ	D	ㅏ ㅏ ㅣ ㅣ ㅔ ㅏ ㅡ ㅏ ㅗ ㅐ ㅏ ㅡ ㅜ ㅕ ㅢ ㅜ ㅜ ㅢ ㅣ ㅡ ㅡ ㅕ ㅕ ㅐ ㅡ ㅓ ㅢ ㅑ ㅣ ㅗ ㅡ ㅓ ㅐ ㅕ ㅣ ㅣ
5	ㅇㄴㅅㅇㄷㄹㅇㅇㄴㄸㄲㅈㄴ ㅇㅇㅇㄱㅇㅇㄹㅂㄲㅇㅇㄱㄷ ㄱㅎㅁㅎㅅㄷㄴㅇㄹㅇㄹㅈㅎㅇ ㅎㄱㄱㅈㅅㅇㄹㄱㅎㄹㄴㄴㄱ	E	ㅓ ㅢ ㅡ ㅓ ㅕ ㅓ ㅚ ㅏ ㅣ ㅏ ㅣ ㅓ ㅏ ㅏ ㅣ ㅔ ㅜ ㅝ ㅣ ㅜ ㅔ ㅏ ㅏ ㅗ ㅏ ㅏ ㅏ ㅣ ㅓ ㅏ

정답

문제1

시편 1 편 (1~3절)

- 복 있는 사람은 악인들의 꾀를 따르지 아니하며
- 죄인들의 길에 서지 아니하며 오만한 자들의 자리에 앉지 아니하고
- 오직 여호와의 율법을 즐거워하여 그의 율법을 주야로 묵상하는도다
- 그는 시냇가에 심은 나무가 철을 따라 열매를 맺으며 그 잎사귀가
- 마르지 아니함 같으니 그가 하는 모든 일이 다 형통하리로다

정답 3–A, 1–D , 5–C, 2–E, 4–B

문제2

시편 2 편 (10~12절)

- 그런즉 군왕들아 너희는 지혜를 얻으며 세상의 재판관들아
- 너희는 교훈을 받을지어다
- 여호와를 경외함으로 섬기고 떨며 즐거워할지어다
- 그의 아들에게 입맞추라 그렇지 아니하면 진노하심으로 너희가 길에서 망하리니
- 그의 진노가 급하심이라 여호와께 피하는 모든 사람은 다 복이 있도다

정답 4–B, 5–D, 3–A, 1–C, 2–E

문제3

시편 3 편 (3~6절)

- 여호와여 주는 나의 방패시요 나의 영광이시요 나의 머리를 드시는 자이시니이다
- 내가 나의 목소리로 여호와께 부르짖으니 그의 성산에서 응답하시는도다
- 내가 누워 자고 깨었으니 여호와께서 나를 붙드심이로다
- 천만인이 나를 에워싸 진 친다 하여도 나는 두려워하지 아니하리이다

정답 3–E, 2–D, 5–A, 1–B

문제4

시편 4 편 (1~4절)

- 내 의의 하나님이여 내가 부를 때에 응답하소서 곤란 중에 나를 너그럽게 하셨사오니 내게 은혜를 베푸사 나의 기도를 들으소서
- 인생들아 어느 때까지 나의 영광을 바꾸어 욕되게 하며 헛된 일을 좋아하고 거짓을 구하려는가
- 여호와께서 자기를 위하여 경건한 자를 택하신 줄 너희가 알지어다 내가 그를 부를 때에 여호와께서 들으시리로다
- 너희는 떨며 범죄하지 말지어다 자리에 누워 심중에 말하고 잠잠할지어다

정답 3–A, 5–B, 1– C, 4–E

문제1

자음과 모음으로 분해한 후, 무작위로 배열된 단어를 찾는, 헤쳐 모여 퍼즐입니다. 아래 제시된 성경말씀을 참고하여, 자음과 모음을 모아 단어를 찾아서 성경말씀을 완성해 보세요.

나의 힘이신 여호와여 내가 주를 사랑하나이다
여호와는 나의 반석이시요 나의 요새시요 나를 건지시는 이시요 나의 하나님이시요
내가 그 안에 피할 나의 바위시요 나의 ㅇㅇ시요 나의 구원의 뿔이시요
나의 산성이시로다
내가 ㅇㅇ받으실 여호와께 아뢰리니 내 원수들에게서 ㅇㅇ을 얻으리로다
사망의 줄이 나를 얽고 불의의 ㅇㅇ가 나를 두렵게 하였으며
스올의 줄이 나를 두르고 사망의 ㅇㅇ가 내게 이르렀도다
내가 ㅇㅇ중에서 여호와께 아뢰며 나의 하나님께 부르짖었더니 그가 그의 성전에서
내 소리를 들으심이여 그의 앞에서 나의 부르짖음이 그의 귀에 들렸도다

ㅇ, ㅏ, ㅅ, ㄴ,ㅗ, ㅊ
ㄴ, ㄴ, ㅏ, ㄴ, ㅘ, ㅎ
ㅜ, ㅇ, ㅏ, ㅅ, ㅊ

ㅜ, ㄹ, ㅁ, ㅗ, ㅇ
ㅇ, ㅝ, ㄱ, ㅜ, ㄴ
ㅐ, ㅇ, ㅍ, ㅏ, ㅂ

문제2

자음과 모음으로 분해한 후, 무작위로 배열된 단어를 찾는, 헤쳐 모여 퍼즐입니다. 아래 제시된 성경말씀을 참고하여, 자음과 모음을 모아 단어를 찾아서 성경말씀을 완성해 보세요.

> 하나님이여 주의 이름으로 나를 구원하시고 주의 힘으로 나를 <u>ㅇㅇ</u>하소서
> 하나님이여 내 기도를 들으시며 내 입의 말에 귀를 기울이소서
> 낯선 자들이 일어나 나를 치고 포악한 자들이 나의 생명을 <u>ㅇㅇ</u>하며 하나님을 자기 앞에 두지 아니하였음이니이다 (셀라)
> 하나님은 나를 돕는 이시며 주께서는 내 <u>ㅇㅇ</u>을 붙들어 주시는 이시니이다
> 주께서는 내 <u>ㅇㅇ</u>에게 악으로 갚으시리니 주의 성실하심으로 그들을 멸하소서
> 내가 낙헌제로 주께 제사하리이다 여호와여 주의 이름에 감사하오리니 주의 이름이 선하심이니이다
> 참으로 주께서는 모든 <u>ㅇㅇ</u>에서 나를 건지시고 내 원수가 <u>ㅇㅇ</u> 받는 것을 내 눈이 똑똑히 보게 하셨나이다

ㅁ, ㅐ, ㅇ, ㅇ, ㅕ, ㅅ
ㄴ, ㄴ, ㅏ, ㄴ, ㅘ, ㅎ
ㄱ, ㅅ, ㅜ, ㅐ, ㅅ

ㅎ, ㅕ, ㄴ, ㅂ, ㅗ
ㅗ, ㅇ, ㅡ, ㅂ, ㅇ
ㅅ, ㅝ, ㅇ, ㅜ, ㄴ

문제3

자음과 모음으로 분해한 후, 무작위로 배열된 단어를 찾는, 헤쳐 모여 퍼즐입니다. 아래 제시된 성경말씀을 참고하여, 자음과 모음을 모아 단어를 찾아서 성경말씀을 완성해 보세요.

> 왕이신 나의 하나님이여 내가 주를 높이고 영원히 주의 이름을 ㅇㅇ하리이다
> 내가 날마다 주를 송축하며 영원히 주의 이름을 송축하리이다
> 여호와는 위대하시니 크게 찬양할 것이라 그의 위대하심을 ㅇㅇ하지 못하리로다
> 대대로 주께서 행하시는 일을 크게 찬양하며 주의 능한 일을 선포하리로다
> 주의 존귀하고 영광스러운 ㅇㅇ과 주의 기이한 일들을 나는 작은 소리로 읊조리리이다
> 사람들은 주의 두려운 일의 권능을 말할 것이요 나도 주의 위대하심을 ㅇㅇ하리이다
> 그들이 주의 크신 ㅇㅇ를 기념하여 말하며 주의 의를 노래하리이다
> 여호와는 은혜로우시며 ㅇㅇ이 많으시며 노하기를 더디 하시며 인자하심이 크시도다

ㅎ, ㅡ, ㄹ, ㄱ, ㅠ, ㅇ
ㅇ, ㅁ, ㅟ, ㅓ, ㅇ
ㅗ, ㅅ, ㅍ, ㅓ, ㄴ

ㅎ, ㅇ, ㅖ, ㄴ, ㅡ
ㅅ, ㅜ, ㅇ, ㅗ, ㅊ, ㄱ
ㄹ, ㅡ, ㅇ, ㅊ, ㅑ, ㄱ

문제4

자음과 모음으로 분해한 후, 무작위로 배열된 단어를 찾는, 헤쳐 모여 퍼즐입니다. 아래 제시된 성경말씀을 참고하여, 자음과 모음을 모아 단어를 찾아서 성경말씀을 완성해 보세요.

> 여호와께 감사하라 그는 선하시며 그 인자하심이 영원함이로다
> 여호와의 ㅇㅇ을 받은 자들은 이같이 말할지어다 여호와께서 대적의 손에서 그들을 속량하사
> 동서남북 각 지방에서부터 모으셨도다
> 그들이 광야 사막 길에서 ㅇㅇ하며 거주할 성읍을 찾지 못하고
> 주리고 목이 말라 그들의 영혼이 그들 안에서 피곤하였도다
> 이에 그들이 근심 중에 여호와께 부르짖으매 그들의 ㅇㅇ에서 건지시고
> 또 바른 길로 인도하사 거주할 성읍에 이르게 하셨도다
> 여호와의 ㅇㅇ하심과 인생에게 행하신 ㅇㅇ으로 말미암아 그를 찬송할지로다
> 그가 사모하는 영혼에게 ㅇㅇ을 주시며 주린 영혼에게 좋은 것으로 채워 주심이로다

ㅎ, ㅏ, ㅇ, ㅇ, ㅘ, ㅂ
ㄱ, ㅓ, ㄱ, ㅈ, ㅣ
ㅇ, ㅏ, ㄴ, ㅣ, ㅈ

ㄹ, ㅗ, ㄱ, ㅇ, ㅅ, ㅑ
ㅈ, ㅏ, ㄱ, ㅁ, ㄴ, ㅗ
ㅇ, ㅌ, ㅗ, ㅗ, ㄱ

문제5

자음과 모음으로 분해한 후, 무작위로 배열된 단어를 찾는, 헤쳐 모여 퍼즐입니다. 아래 제시된 성경말씀을 참고하여, 자음과 모음을 모아 단어를 찾아서 성경말씀을 완성해 보세요.

> 내가 여호와께 피하였거늘 너희가 내 ㅇㅇ에게 새같이 네 산으로 도망하라 함은 어찌함인가
> 악인이 활을 당기고 화살을 시위에 먹임이여 마음이 바른 자를 어두운 데서 쏘려 하는도다
> 터가 무너지면 ㅇㅇ이 무엇을 하랴
> 여호와께서는 그의 성전에 계시고 여호와의 보좌는 ㅇㅇ에 있음이여 그의 눈이 인생을 ㅇㅇ하시고 그의 안목이 그들을 감찰하시도다
> 여호와는 의인을 ㅇㅇ하시고 악인과 폭력을 좋아하는 자를 마음에 미워하시도다
> 악인에게 그물을 던지시리니 불과 유황과 태우는 바람이 그들의 잔의 ㅇㅇ이 되리로다
> 여호와는 의로우사 의로운 일을 좋아하시나니 정직한 자는 그의 얼굴을 뵈오리로다

ㄴ, ㅏ, ㅎ, ㄹ, ㅡ
ㅊ, ㄱ, ㅗ, ㅗ, ㅇ, ㅌ
ㅊ, ㅏ, ㅏ, ㄹ, ㄱ, ㅁ

ㄷ, ㅗ, ㅅ, ㄱ, ㅡ
ㅇ, ㄴ, ㅓ, ㅣ, ㅇ
ㅇ, ㅗ, ㄴ, ㅎ, ㅕ, ㅇ

정답

문제1

나의 힘이신 여호와여 내가 주를 사랑하나이다
여호와는 나의 반석이시요 나의 요새시요 나를 건지시는 이시요 나의 하나님이시요
내가 그 안에 피할 나의 바위시요 나의 **방패**시요 나의 구원의 뿔이시요
나의 산성이시로다
내가 **찬송** 받으실 여호와께 아뢰리니 내 원수들에게서 **구원**을 얻으리로다
사망의 줄이 나를 얽고 불의의 **창수**가 나를 두렵게 하였으며
스올의 줄이 나를 두르고 사망의 **올무**가 내게 이르렀도다
내가 **환난** 중에서 여호와께 아뢰며 나의 하나님께 부르짖었더니 그가 그의 성전에서
내 소리를 들으심이여 그의 앞에서 나의 부르짖음이 그의 귀에 들렸도다
(시편 18:1~6)

ㅇ, ㅏ, ㅅ, ㄴ,ㅗ, ㅊ	찬송
ㄴ, ㄴ, ㅏ, ㄴ, ㅘ, ㅎ	환난
ㅜ, ㅇ, ㅏ, ㅅ, ㅊ	창수

ㅜ, ㄹ, ㅁ, ㅗ, ㅇ	올무
ㅇ, ㅝ, ㄱ, ㅜ, ㄴ	구원
ㅐ, ㅇ, ㅍ, ㅏ, ㅂ	방패

문제2

하나님이여 주의 이름으로 나를 구원하시고 주의 힘으로 나를 **변호**하소서
하나님이여 내 기도를 들으시며 내 입의 말에 귀를 기울이소서
낯선 자들이 일어나 나를 치고 포악한 자들이 나의 생명을 **수색**하며 하나님을 자기 앞에 두지 아니하였음이니이다 (셀라)
하나님은 나를 돕는 이시며 주께서는 내 **생명**을 붙들어 주시는 이시니이다
주께서는 내 **원수**에게 악으로 갚으시리니 주의 성실하심으로 그들을 멸하소서
내가 낙헌제로 주께 제사하리이다 여호와여 주의 이름에 감사하오리니 주의 이름이 선하심이니이다
참으로 주께서는 모든 **환난**에서 나를 건지시고 내 원수가 **보응** 받는 것을 내 눈이 똑똑히 보게 하셨나이다 (시편 54:1~7)

ㅁ, ㅐ, ㅇ, ㅇ, ㅕ, ㅅ	생명
ㄴ, ㄴ, ㅏ, ㄴ, ㅘ, ㅎ	환난
ㄱ, ㅅ, ㅜ, ㅐ, ㅅ	수색

ㅎ, ㅕ, ㄴ, ㅂ, ㅗ	변호
ㅗ, ㅇ, ㅡ, ㅂ, ㅇ	보응
ㅅ, ㅝ, ㅇ, ㅜ, ㄴ	원수

문제3

왕이신 나의 하나님이여 내가 주를 높이고 영원히 주의 이름을 **송축**하리이다
내가 날마다 주를 송축하며 영원히 주의 이름을 송축하리이다
여호와는 위대하시니 크게 찬양할 것이라 그의 위대하심을 **측량**하지 못하리로다
대대로 주께서 행하시는 일을 크게 찬양하며 주의 능한 일을 선포하리로다
주의 존귀하고 영광스러운 **위엄**과 주의 기이한 일들을 나는 작은 소리로 읊조리리이다
사람들은 주의 두려운 일의 권능을 말할 것이요 나도 주의 위대하심을 **선포**하리이다
그들이 주의 크신 **은혜**를 기념하여 말하며 주의 의를 노래하리이다
여호와는 은혜로우시며 **긍휼**이 많으시며 노하기를 더디 하시며 인자하심이 크시도다
(시편 145:1~8)

ㅎ, ㅡ, ㄹ, ㄱ, ㅠ, ㅇ	긍휼
ㅇ, ㅁ, ㅟ, ㅓ, ㅇ	위엄
ㅗ, ㅅ, ㅍ, ㅓ, ㄴ	선포

ㅎ, ㅇ, ㅖ, ㄴ, ㅡ	은혜
ㅅ, ㅜ, ㅇ, ㅗ, ㅊ, ㄱ	송축
ㄹ, ㅡ, ㅇ, ㅊ, ㅑ, ㄱ	측량

문제4

여호와께 감사하라 그는 선하시며 그 인자하심이 영원함이로다
여호와의 **속량**을 받은 자들은 이같이 말할지어다 여호와께서 대적의 손에서 그들을 속량하사
동서남북 각 지방에서부터 모으셨도다
그들이 광야 사막 길에서 **방황**하며 거주할 성읍을 찾지 못하고
주리고 목이 말라 그들의 영혼이 그들 안에서 피곤하였도다
이에 그들이 근심 중에 여호와께 부르짖으매 그들의 **고통**에서 건지시고
또 바른 길로 인도하사 거주할 성읍에 이르게 하셨도다
여호와의 **인자**하심과 인생에게 행하신 **기적**으로 말미암아 그를 찬송할지로다
그가 사모하는 영혼에게 **만족**을 주시며 주린 영혼에게 좋은 것으로 채워 주심이로다
(시편 107:1~9)

ㅎ, ㅏ, ㅇ, ㅇ, ㅘ, ㅂ	방황
ㄱ, ㅓ, ㄱ, ㅈ, ㅣ	기적
ㅇ, ㅏ, ㄴ, ㅣ, ㅈ	인자

ㄹ, ㅗ, ㄱ, ㅇ, ㅅ, ㅑ	속량
ㅈ, ㅏ, ㄱ, ㅁ, ㄴ, ㅗ	만족
ㅇ, ㅌ, ㅗ, ㅗ, ㄱ	고통

문제5

내가 여호와께 피하였거늘 너희가 내 **영혼**에게 새같이 네 산으로 도망하라 함은 어찌함인가
악인이 활을 당기고 화살을 시위에 먹임이여 마음이 바른 자를 어두운 데서 쏘려 하는도다
터가 무너지면 **의인**이 무엇을 하랴
여호와께서는 그의 성전에 계시고 여호와의 보좌는 **하늘**에 있음이여 그의 눈이 인생을 **통촉**하시고 그의 안목이 그들을 감찰하시도다
여호와는 의인을 **감찰**하시고 악인과 폭력을 좋아하는 자를 마음에 미워하시도다
악인에게 그물을 던지시리니 불과 유황과 태우는 바람이 그들의 잔의 **소득**이 되리로다
여호와는 의로우사 의로운 일을 좋아하시나니 정직한 자는 그의 얼굴을 뵈오리로다
(시편 11:1~7)

ㄴ, ㅏ, ㅎ, ㄹ, ㅡ	하늘
ㅊ, ㄱ, ㅗ, ㅗ, ㅇ, ㅌ	통촉
ㅊ, ㅏ, ㅏ, ㄹ, ㄱ, ㅁ	감찰

ㄷ, ㅗ, ㅅ, ㄱ, ㅡ	소득
ㅇ, ㄴ, ㅢ, ㅣ, ㅇ	의인
ㅇ, ㅗ, ㄴ, ㅎ, ㅕ, ㅇ	영혼

문제6

아래 퍼즐 조각 속에는 자음과 모음으로 분해된 글자가 뒤죽박죽 배열되어 있습니다. 2개씩 짝이 되도록 퍼즐 조각을 알맞게 조합하면 네 글자의 성경 문구(단어)가 나옵니다. 단어를 찾아서 완성해 보세요.

(1)

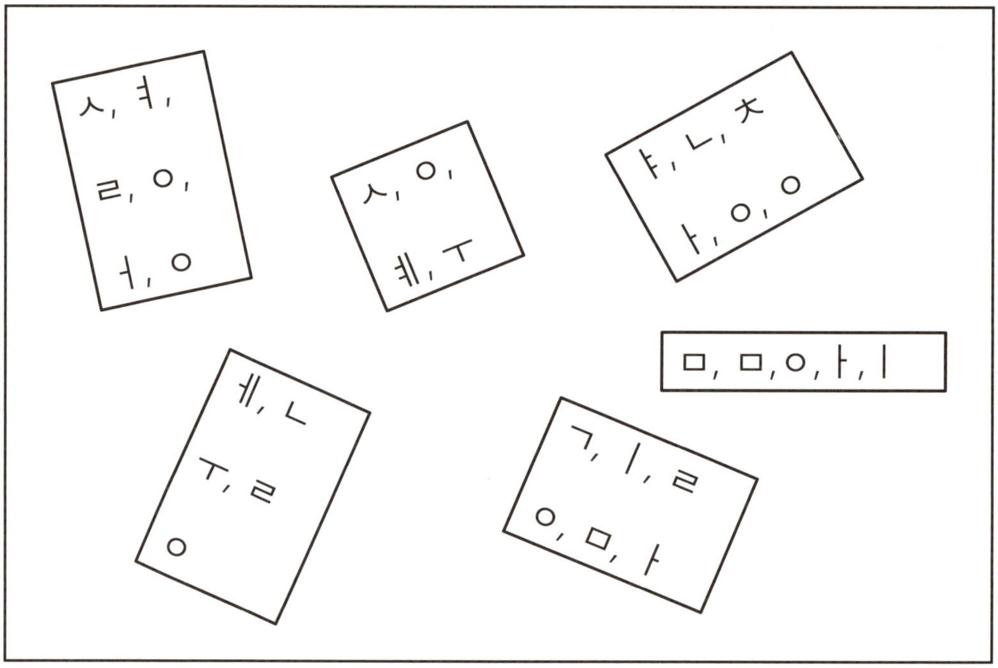

아래 퍼즐 조각 속에는 자음과 모음으로 분해된 글자가 뒤죽박죽 배열되어 있습니다. 2개씩 짝이 되도록 퍼즐 조각을 알맞게 조합하면 네 글자의 성경 문구(단어)가 나옵니다. 단어를 찾아서 완성해 보세요.

(2)

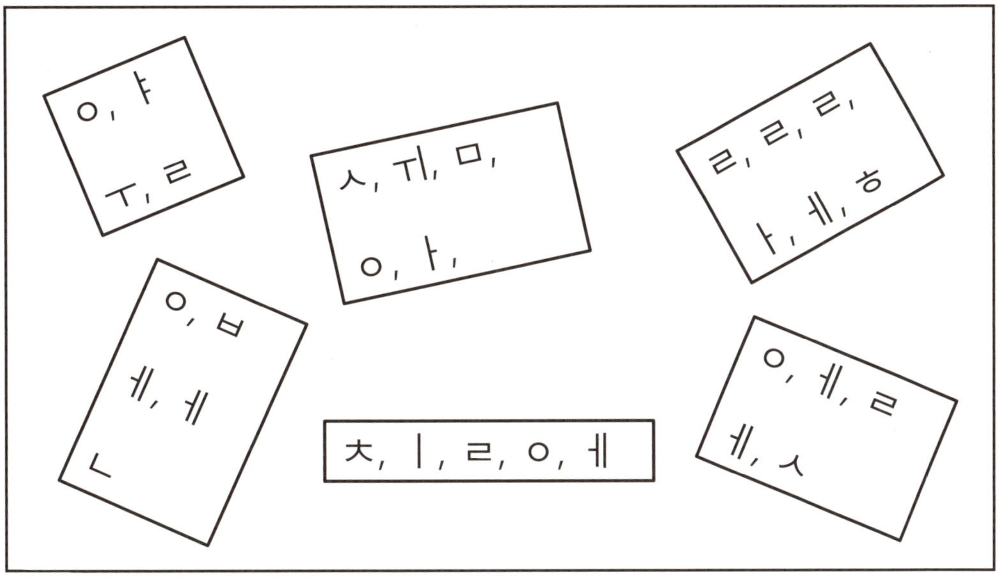

(3)

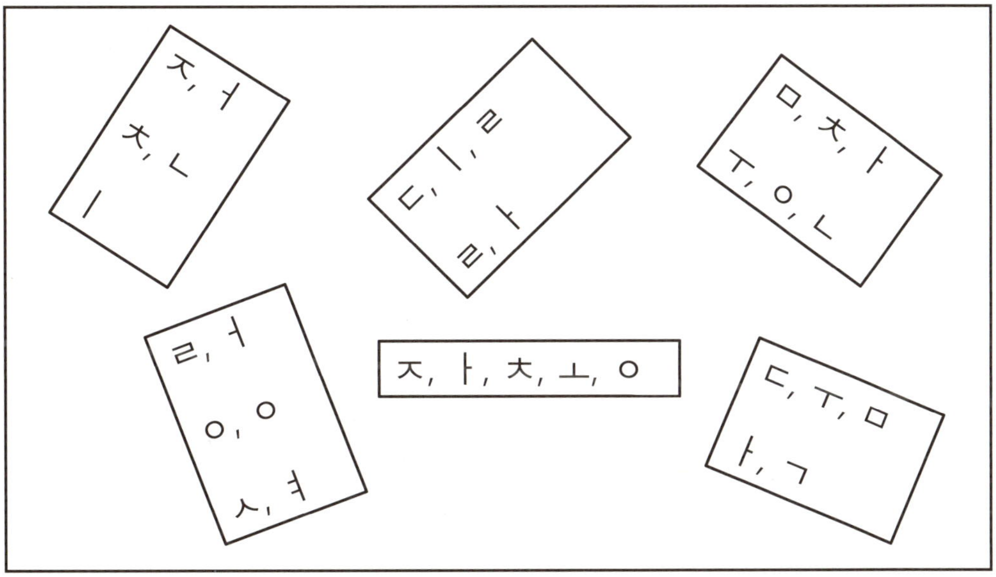

아래 퍼즐 조각 속에는 자음과 모음으로 분해된 글자가 뒤죽박죽 배열되어 있습니다. 2개씩 짝이 되도록 퍼즐 조각을 알맞게 조합하면 네 글자의 성경 문구(단어)가 나옵니다. 단어를 찾아서 완성해 보세요.

(4)

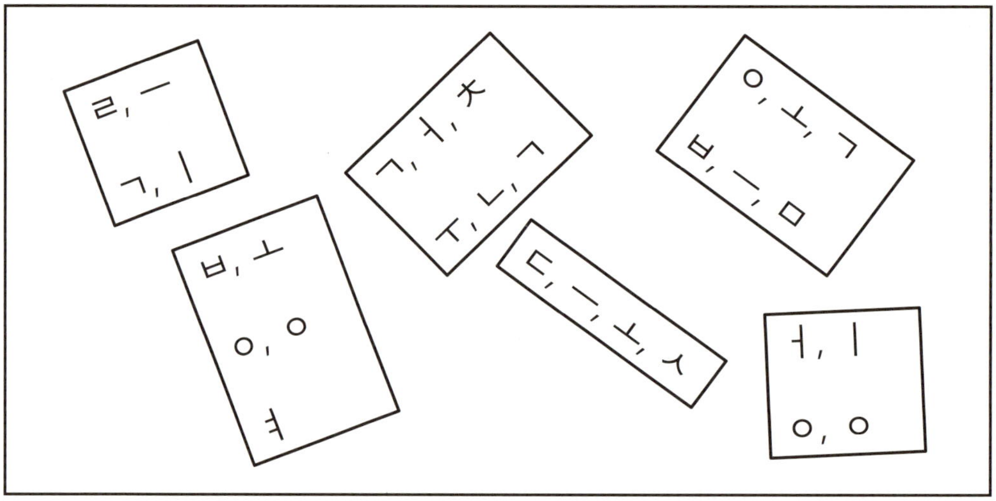

(5)

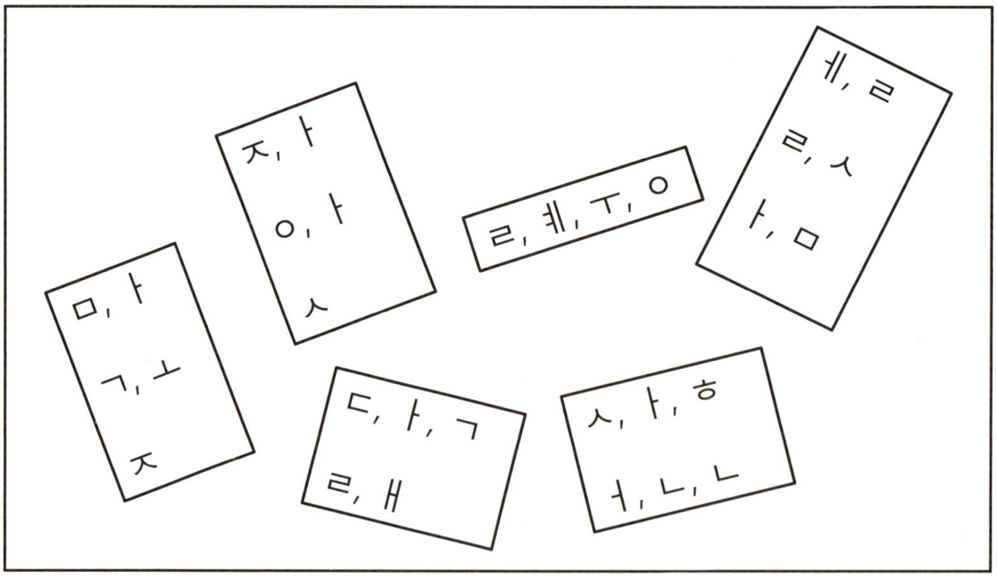

문제7

다음 성경 문구의 빈칸에 들어갈 글자와 매칭이 되는 것을 찾아보세요.

1. 예수님을 ☐아 가는 발걸음
2. 말씀을 ☐조리는 묵상
3. ☐은 시냇물 같은 찬양
4. 부르심에 합당한 ☐
5. 죄의 ☐은 사망이라
6. 주님께서 보여 주신 수☐은 기적들
7. 우리를 ☐매고 있는 죄성
8. ☐어버린 말씀을 회복하자
9. 양심을 ☐아먹는 잘못된 생각
10. ☐이 세 번 울더라

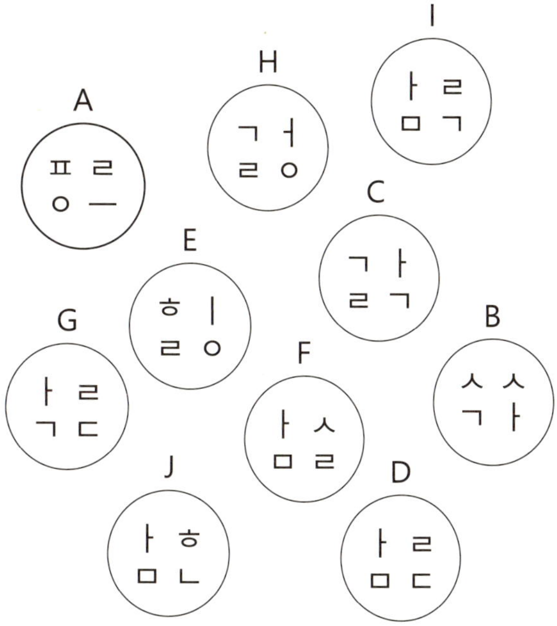

1	2	3	4	5	6	7	8	9	10

문제8

아래 두 글자씩 분리되어 나열된 것들을 조합하여 성경 문구를 완성해 보세요.

(1)

아살
로말
오직
미암
의인
리라
은믿
음으

(2)

는자들
리에게
에게는
의도가
멸망하
것이요
구원을
력이라
십자가
받는우
는하나
미련한
님의능

아래 두 글자씩 분리되어 나열된 것들을 조합하여 성경 문구를 완성해 보세요.

(3)

그부	각사
내라	그대
르심	부르
람은	로지
받은	심을

(4)

너희	너희
는믿	을시
자신	하라
희자	험하
음안	에있
신을	고너
는가	확증

아래 두 글자씩 분리되어 나열된 것들을 조합하여 성경 문구를 완성해 보세요.

(5)

이것 님의 이라
하나 뜻은 이니
의거 룩함 너희

(6)

믿음 요또 보자 의주 하게 온전 하시
는이 바라 인예 수를

문제9

성경구절들이 초성, 모음, 받침으로 분리되어 섞여 있습니다. 서로 맞는 것끼리 조합하여 성경 문구 세 구절을 각각 찾아보세요.

(1)

ㅅ ㄹ ㅇ ㄱ ㄴ ㅎ
ㅈ ㄴ ㅂ ㅇ ㅇ ㄴ
ㄴ ㅊ ㄱ ㅇ ㄱ ㄷ
ㅇ ㄱ ㅇ ㅇ ㅇ

ㅗ ㅡ ㅣ ㅔ ㅓ ㅣ ㅓ ㅕ
ㅏ ㅕ ㅓ ㅢ ㅓ ㅜ ㅏ ㅡ
ㅗ ㅡ ㅏ ㅏ ㅔ ㅔ ㅏ ㅏ
ㅏ ㅔ ㅏ ㅏ

ㅗ ㅡ ㅣ ㅔ ㅜ ㅣ ㅡ ㅏ
ㅏ ㅏ ㅣ ㅡ ㅣ ㅗ ㅏ ㅣ
ㅏ ㅏ ㅜ ㅣ ㅏ ㅓ ㅓ ㅣ
ㅣ ㅣ ㅡ ㅣ ㅏ

ㄴ ㄹ ㄴ ㅁ
ㄴ ㄱ ㅇ ㄱ
ㅁ ㄹ ㄴ ㅁ

ㅁ ㅇ ㄴ
ㄴ ㄱ ㅆ
ㄴ ㄱ ㄷ
ㅅ ㅁ

ㅁ ㄷ ㅇ ㅇ ㅇ ㄹ
ㄹ ㅅ ㄹ ㅎ ㅅ ㄴ
ㅇ ㄹ ㅁ ㅁ ㅇ ㅇ
ㅇ ㄹ ㄱ ㄴ ㄴ ㅎ
ㅇ ㄱ ㄴ ㄴ ㄹ

ㅁ ㄷ ㅇ ㅇ ㅈ ㅅ ㅈ
ㄹ ㅎ ㅇ ㄴ ㅇ ㅅ ㅅ
ㅎ ㅇ ㅁ ㄷ ㅅ ㄹ ㅇ
ㄱ ㄴ ㅌ ㄴ ㄱ ㅎ ㄹ

ㄴ ㄹ ㄹ
ㅇ ㄴ ㄹ
ㅁ ㄱ ㄱ

ㅣ ㅕ ㅣ ㅏ ㅏ
ㅏ ㅏ ㅡ ㅗ ㅣ
ㅣ ㅏ ㅣ ㅓ ㅜ
ㅣ ㅡ ㅡ ㅢ ㅓ
ㅣ ㅣ ㅛ

성경구절들이 초성, 모음, 받침으로 분리되어 섞여 있습니다. 서로 맞는 것끼리 조합하여 성경 문구 세 구절을 각각 찾아보세요.

(2)

ㅇ ㅈ ㄴ ㅎ ㄹ ㅂ ㄹ ㅅ
ㄱ ㄹ ㅎ ㅇ ㅊ ㄹ ㄴ ㅎ
ㄷ ㅁ ㄷ ㅎ ㅅ ㅇ ㄱ ㄹ
ㅎ ㅈ ㄱ ㄷ ㄹ

ㄱ ㄷ ㄴ
ㄹ ㄴ ㄱ

ㅛ ㅣ ㅣ ㅣ ㅐ ㅏ ㅡ
ㅚ ㅡ ㅏ ㅗ ㅚ ㅏ ㅏ
ㅓ ㅏ ㅡ ㅏ ㅏ ㅡ ㅏ
ㅡ ㅣ ㅏ

ㄱ ㅁ ㅇ ㄴ ㄱ ㄹ
ㅎ ㅇ ㅇ ㄴ ㄱ ㅇ
ㄹ ㅎ

ㅗ ㅣ ㅓ ㅢ ㅡ ㅜ
ㅡ ㅣ ㅓ ㅜ ㅏ ㅣ
ㅓ ㅓ ㅓ ㅢ ㅗ ㅗ
ㅡ ㅐ ㅣ ㅔ ㅓ ㅜ
ㅏ ㅏ ㅏ ㅚ ㅏ

ㅇ ㅈ ㅇ ㄹ ㅈ ㄱ
ㄱ ㅈ ㅇ ㅅ ㄱ ㄹ
ㅅ ㄷ ㅇ ㅇ ㅎ ㅇ
ㄱ ㄹ ㅇ ㄴ ㅈ ㅅ
ㅇ ㅅ ㅈ ㄹ ㄱ ㄹ

ㅗ ㅣ ㅜ ㅣ ㅜ ㅗ ㅜ ㅜ
ㅖ ㅜ ㅡ ㅣ ㅡ ㅗ ㅢ ㅡ
ㅖ ㅘ ㅡ ㅡ ㅏ ㅡ ㅣ ㅣ
ㅔ ㅓ ㅏ ㅏ ㅏ ㅏ

ㄱ ㄹ ㄴ ㄱ
ㄴ ㅁ ㄴ ㅇ
ㄹ ㄱ ㄴ

ㅇ ㅅ ㅇ ㅇ ㅌ ㅎ
ㅈ ㅈ ㄹ ㄴ ㄱ ㅈ
ㄱ ㅈ ㅅ ㅎ ㅈ ㅅ
ㅁ ㅇ ㄴ ㄴ ㄴ ㄹ

성경구절들이 초성, 모음, 받침으로 분리되어 섞여 있습니다. 서로 맞는 것끼리 조합하여 성경 문구 세 구절을 각각 찾아보세요.

(3)

ㅓ ㅢ ㅡ ㅏ ㅡ ㅡ ㅐ ㅏ
ㅡ ㅏ ㅏ ㅚ ㅗ ㅡ ㅣ ㅏ
ㅏ ㅕ ㅏ ㅣ ㅡ ㅗ ㅣ ㅡ
ㅏ ㅏ ㅚ ㅣ ㅏ ㅏ

ㄴ ㄱ ㄴ ㄹ ㅈ ㅅ
ㄴ ㅈ ㅇ ㅇ ㅅ ㄴ
ㄱ ㅁ ㄷ ㄱ ㅇ ㅎ
ㅅ ㅇ ㄴ ㄴ ㄹ

ㅇ ㄱ ㄴ ㄴ
ㄴ ㅅ ㄹ ㄹ
ㅆ

ㅁ ㄴ ㄹ
ㅇ ㄹ ㄹ
ㄹ ㅇ ㄴ

ㅏ ㅏ ㅣ ㅓ ㅡ ㅐ ㅏ
ㅜ ㅏ ㅗ ㅗ ㅐ ㅏ ㅣ
ㅏ ㅣ ㅏ ㅕ ㅚ ㅣ ㅏ

ㄴ ㅎ ㄴ ㅁ ㅆ ㅇ
ㅎ ㅎ ㄴ ㅈ ㄱ ㄷ
ㄱ ㄷ ㄱ ㅁ ㅎ ㅇ
ㅈ ㅅ ㅇ ㅅ ㅇ ㄴ
ㅈ ㄱ ㄷ ㅈ ㅁ ㄹ

ㅅ ㄹ ㅇ ㅅ ㅇ ㅎ ㅎ
ㅈ ㅇ ㄱ ㄷ ㅎ ㅎ ㅈ
ㅇ ㄴ ㅎ ㅁ ㅈ ㄴ ㄹ

ㄴ ㄹ ㅁ ㄹ ㅇ
ㄴ ㄷ ㄴ ㄴ ㄹ
ㄱ ㄴ ㄹ

ㅐ ㅔ ㅡ ㅕ ㅜ ㅣ ㅡ
ㅏ ㅏ ㅔ ㅓ ㅐ ㅏ ㅗ
ㅡ ㅓ ㅡ ㅏ ㅜ ㅣ ㅡ
ㅣ ㅏ

성경구절들이 초성, 모음, 받침으로 분리되어 섞여 있습니다. 서로 맞는 것끼리 조합하여 성경 문구 세 구절을 각각 찾아보세요.

(4)

ㅁ ㄷ ㅇ ㅇ ㅇ ㄹ ㄹ ㅅ
ㄹ ㅎ ㅅ ㄴ ㅇ ㄹ ㅁ ㅁ
ㅇ ㅇ ㅇ ㄹ ㄱ ㄴ ㄴ ㅎ
ㅇ ㄱ ㄴ ㄴ ㄹ

ㄴ ㄱ ㄹ
ㄹ ㅁ ㄱ
ㄹ

ㅜ ㅜ ㅡ ㅣ ㅜ ㅓ ㅣ ㅡ
ㅡ ㅜ ㅡ ㅡ ㅏ ㅡ ㅜ ㅝ
ㅡ ㅏ ㅡ ㅣ ㅏ ㅏ ㅕ ㅡ
ㅣ ㅏ

ㄴ ㄱ ㄷ ㅈ ㅈ ㅇ
ㅇ ㄹ ㅇ ㅂ ㄹ ㄴ
ㅈ ㄴ ㄱ ㅇ ㅇ ㅂ
ㅇ ㄹ ㄹ ㅎ ㅇ ㄴ
ㄴ ㄹ

ㄴ ㄹ ㄹ
ㅇ ㄴ ㄹ
ㅁ ㄱ ㄱ

ㄴ ㅁ ㄹ ㄴ
ㄴ ㄴ ㄹ ㄷ
ㅆ

ㅗ ㅡ ㅣ ㅔ ㅜ ㅣ ㅡ
ㅏ ㅏ ㅏ ㅣ ㅡ ㅣ ㅗ
ㅏ ㅣ ㅏ ㅏ ㅜ ㅣ ㅏ
ㅓ ㅓ ㅣ ㅣ ㅣ ㅡ ㅣ
ㅏ

ㅜ ㅜ ㅡ ㅣ ㅏ ㅣ ㅠ ㅣ
ㅡ ㅜ ㅏ ㅣ ㅏ ㅗ ㅏ ㅓ
ㅠ ㅣ ㅡ ㅜ ㅏ ㅏ

ㄴ ㄱ ㄷ ㅈ ㅈ ㄱ ㅇ ㅇ
ㅇ ㄱ ㅎ ㅈ ㅁ ㄱ ㄴ ㅇ
ㅇ ㅇ ㅇ ㄱ ㅎ ㄹ

성경구절들이 초성, 모음, 받침으로 분리되어 섞여 있습니다. 서로 맞는 것끼리 조합하여 성경 문구 세 구절을 각각 찾아보세요.

(5)

ㅗ ㅡ ㅣ ㅔ ㅓ ㅣ ㅓ ㅕ ㅏ
ㅕ ㅓ ㅢ ㅓ ㅜ ㅏ ㅡ ㅗ ㅡ
ㅏ ㅏ ㅔ ㅔ ㅏ ㅏ ㅏ ㅔ ㅏ
ㅏ

ㅏ ㅜ ㅣ ㅓ ㅡ ㅣ ㅜ
ㅡ ㅏ ㅣ ㅑ ㅣ ㅡ ㅏ
ㅔ ㅔ ㅡ ㅡ ㅣ ㅏ ㅣ
ㅗ ㅏ ㅣ ㅣ ㅓ ㅡ ㅣ
ㅏ

ㄹ ㅆ ㄴ ㄴ ㄹ
ㄷ ㄴ ㄴ ㅇ ㅅ
ㄹ ㄹ ㅄ

ㅎ ㅅ ㅇ ㄱ ㄷ ㅇ ㅁ ㅅ ㅁ
ㅇ ㄴ ㅁ ㄴ ㅈ ㅇ ㄱ ㄴ ㄴ
ㅎ ㅎ ㅈ ㅁ ㅎ ㅇ ㅇ ㅇ ㄴ
ㄴ ㄹ

ㄴ ㄹ ㄴ ㅁ
ㄴ ㄱ ㅇ ㄱ
ㅁ ㄹ ㄴ ㅁ

ㅓ ㅕ ㅡ ㅗ ㅏ ㅣ ㅏ
ㅗ ㅡ ㅜ ㅜ ㅡ ㅣ ㅖ
ㅜ ㅡ ㅜ ㅣ ㅏ ㅏ ㅜ
ㅓ ㅡ ㅣ ㅏ

ㅁ ㄷ ㅇ ㅇ ㅈ ㅅ
ㅈ ㄹ ㅎ ㅇ ㄴ ㅇ
ㅅ ㅅ ㅎ ㅇ ㅁ ㄷ
ㅅ ㄹ ㅇ ㄱ ㄴ ㅌ
ㄴ ㄱ ㅎ ㄹ

ㅇ ㅇ ㄴ ㄹ
ㄹ ㅄ

ㅅ ㄹ ㅇ ㄹ ㅇ ㄴ ㅎ ㄱ ㄴ ㄴ
ㄱ ㄷ ㅈ ㅇ ㅅ ㄹ ㅈ ㅅ ㄹ ㅎ
ㅅ ㅇ ㄴ ㄴ ㄹ

정답

문제6

(1) 성령강림, 임마누엘, 예수찬양
(2) 삼위일체, 할렐루야, 에벤에셀
(3) 성령충만, 달리달굼, 천지창조
(4) 그리스도, 오병이어, 천국복음
(5) 갈대상자, 선한목자, 예루살렘

문제7

1	2	3	4	5	6	7	8	9	10
D	A	I	F	B	J	H	E	C	G

문제8

(1) 오직 의인은 믿음으로 말미암아 살리라 (로마서 1:17)
(2) 십자가의 도가 멸망하는 자들에게는 미련한 것이요 구원을 받는 우리에게는 하나님의 능력이라 (고린도전서 1:18)
(3) 각 사람은 부르심을 받은 그 부르심 그대로 지내라 (고린도전서 7:20)
(4) 너희는 믿음 안에 있는가 너희 자신을 시험하고 너희 자신을 확증하라 (고린도후서 13:5)
(5) 하나님의 뜻은 이것이니 너희의 거룩함이라 (데살로니가전서 4:3)
(6) 믿음의 주요 또 온전하게 하시는 이인 예수를 바라보자 (히브리서 12:2)

문제9

(1)

심령이 가난한 자는 복이 있나니 천국이 그들의 것임이요 (마태복음 5:3)

ㅅ ㄹ ㅇ ㄱ ㄴ ㅎ
ㅈ ㄴ ㅂ ㅇ ㅇ ㄴ
ㄴ ㅊ ㄱ ㅇ ㄱ ㄷ
ㅇ ㄱ ㅇ ㅇ ㅇ

ㅣ ㅕ ㅣ ㅏ ㅏ
ㅏ ㅏ ㅡ ㅗ ㅣ
ㅣ ㅏ ㅣ ㅓ ㅜ
ㅣ ㅡ ㅡ ㅢ ㅓ
ㅣ ㅣ ㅛ

ㅁ ㅇ ㄴ
ㄴ ㄱ ㅆ
ㄴ ㄱ ㄷ
ㅅ ㅁ

모든 일에 우리를 사랑하시는 이로 말미암아 우리가 넉넉히 이기느니라 (로마서 8:37)

ㅁ ㄷ ㅇ ㅇ ㅇ ㄹ
ㄹ ㅅ ㄹ ㅎ ㅅ ㄴ
ㅇ ㄹ ㅁ ㅁ ㅇ ㅇ
ㅇ ㄹ ㄱ ㄴ ㄴ ㅎ
ㅇ ㄱ ㄴ ㄴ ㄹ

ㅗ ㅡ ㅣ ㅔ ㅜ ㅣ ㅡ ㅏ
ㅏ ㅏ ㅣ ㅡ ㅣ ㅗ ㅏ ㅣ
ㅏ ㅏ ㅜ ㅣ ㅏ ㅓ ㅓ ㅣ
ㅣ ㅣ ㅡ ㅣ ㅏ

ㄴ ㄹ ㄹ
ㅇ ㄴ ㄹ
ㅁ ㄱ ㄱ

모든 일에 전심 전력하여 너의 성숙함을 모든 사람에게 나타나게 하라 (디모데전서 4:15)

ㅁ ㄷ ㅇ ㅇ ㅈ ㅅ ㅈ
ㄹ ㅎ ㅇ ㄴ ㅇ ㅅ ㅅ
ㅎ ㅇ ㅁ ㄷ ㅅ ㄹ ㅇ
ㄱ ㄴ ㅌ ㄴ ㄱ ㅎ ㄹ

ㅗ ㅡ ㅣ ㅔ ㅓ ㅣ ㅓ ㅕ
ㅏ ㅕ ㅓ ㅢ ㅓ ㅜ ㅏ ㅡ
ㅗ ㅡ ㅏ ㅏ ㅔ ㅔ ㅏ ㅏ
ㅏ ㅔ ㅏ ㅏ

ㄴ ㄹ ㄴ ㅁ
ㄴ ㄱ ㅇ ㄱ
ㅁ ㄹ ㄴ ㅁ

(2)

오직 너희를 부르신 거룩한 이처럼 너희도 모든 행실에 거룩한 자가 되라 (베드로전서 1:15)

ㅇ ㅈ ㄴ ㅎ ㄹ ㅂ ㄹ ㅅ
ㄱ ㄹ ㅎ ㅇ ㅊ ㄹ ㄴ ㅎ
ㄷ ㅁ ㄷ ㅎ ㅅ ㅇ ㄱ ㄹ
ㅎ ㅈ ㄱ ㄷ ㄹ

ㅗ ㅣ ㅓ ㅢ ㅡ ㅜ
ㅡ ㅣ ㅓ ㅜ ㅏ ㅣ
ㅓ ㅓ ㅓ ㅢ ㅗ ㅗ
ㅡ ㅐ ㅣ ㅔ ㅓ ㅜ
ㅏ ㅏ ㅏ ㅚ ㅏ

ㄱ ㄹ ㄴ ㄱ
ㄴ ㅁ ㄴ ㅇ
ㄹ ㄱ ㄴ

오직 우리 주 곧 구주 예수 그리스도의 은혜와 그를 아는 지식에서 자라 가라 (베드로후서 3:18)

ㅇ ㅈ ㅇ ㄹ ㅈ ㄱ
ㄱ ㅈ ㅇ ㅅ ㄱ ㄹ
ㅅ ㄷ ㅇ ㅇ ㅎ ㅇ
ㄱ ㄹ ㅇ ㄴ ㅈ ㅅ
ㅇ ㅅ ㅈ ㄹ ㄱ ㄹ

ㅗ ㅣ ㅜ ㅣ ㅜ ㅗ ㅜ ㅜ
ㅖ ㅜ ㅡ ㅣ ㅡ ㅗ ㅢ ㅡ
ㅖ ㅘ ㅡ ㅡ ㅏ ㅡ ㅣ ㅣ
ㅔ ㅓ ㅏ ㅏ ㅏ ㅏ

ㄱ ㄷ ㄴ
ㄹ ㄴ ㄱ

욕심이 잉태한즉 죄를 낳고 죄가 장성한즉 사망을 낳느니라 (야고보서 1:15)

ㅇ ㅅ ㅇ ㅇ ㅌ ㅎ
ㅈ ㅈ ㄹ ㄴ ㄱ ㅈ
ㄱ ㅈ ㅅ ㅎ ㅈ ㅅ
ㅁ ㅇ ㄴ ㄴ ㄴ ㄹ

ㅛ ㅣ ㅣ ㅣ ㅐ ㅑ ㅡ
ㅚ ㅡ ㅏ ㅗ ㅚ ㅏ ㅏ
ㅓ ㅏ ㅡ ㅏ ㅏ ㅡ ㅏ
ㅡ ㅣ ㅏ

ㄱ ㅁ ㅇ ㄴ ㄱ ㄹ
ㅎ ㅇ ㅇ ㄴ ㄱ ㅇ
ㄹ ㅎ

(3)

너희는 말씀을 행하는 자가 되고 듣기만 하여 자신을 속이는 자가 되지 말라 (야고보서 1:22)

ㄴ ㅎ ㄴ ㅁ ㅆ ㅇ
ㅎ ㅎ ㄴ ㅈ ㄱ ㄷ
ㄱ ㄷ ㄱ ㅁ ㅎ ㅇ
ㅈ ㅅ ㅇ ㅅ ㅇ ㄴ
ㅈ ㄱ ㄷ ㅈ ㅁ ㄹ

ㅓ ㅢ ㅡ ㅏ ㅡ ㅡ ㅐ ㅏ
ㅡ ㅏ ㅏ ㅚ ㅗ ㅡ ㅣ ㅏ
ㅏ ㅕ ㅏ ㅣ ㅡ ㅗ ㅣ ㅡ
ㅏ ㅏ ㅚ ㅣ ㅏ ㅏ

ㄴ ㄹ ㅁ ㄹ ㅇ
ㄴ ㄷ ㄴ ㄴ ㄹ
ㄱ ㄴ ㄹ

사람이 선을 행할 줄 알고도 행하지 아니하면 죄니라 (야고보서 4:17)

ㅅ ㄹ ㅇ ㅅ ㅇ ㅎ ㅎ
ㅈ ㅇ ㄱ ㄷ ㅎ ㅎ ㅈ
ㅇ ㄴ ㅎ ㅁ ㅈ ㄴ ㄹ

ㅏ ㅏ ㅣ ㅓ ㅡ ㅐ ㅏ
ㅜ ㅏ ㅗ ㅗ ㅐ ㅏ ㅣ
ㅏ ㅣ ㅏ ㅕ ㅚ ㅣ ㅏ

ㅁ ㄴ ㄹ
ㅇ ㄹ ㄹ
ㄹ ㅇ ㄴ

내게 능력 주시는 자 안에서 내가 모든 것을 할 수 있느니라 (빌립보서 4:13)

ㄴ ㄱ ㄴ ㄹ ㅈ ㅅ
ㄴ ㅈ ㅇ ㅇ ㅅ ㄴ
ㄱ ㅁ ㄷ ㄱ ㅇ ㅎ
ㅅ ㅇ ㄴ ㄴ ㄹ

ㅐ ㅔ ㅡ ㅕ ㅜ ㅣ ㅡ
ㅏ ㅏ ㅔ ㅓ ㅐ ㅏ ㅗ
ㅡ ㅓ ㅡ ㅏ ㅜ ㅣ ㅡ
ㅣ ㅏ

ㅇ ㄱ ㄴ ㄴ
ㄴ ㅅ ㄹ ㄹ
ㅆ

(4)

누구든지 자기의 유익을 구하지 말고 남의 유익을 구하라 (고린도전서 10:24)

ㄴ ㄱ ㄷ ㅈ ㅈ ㄱ ㅇ ㅇ
ㅇ ㄱ ㅎ ㅈ ㅁ ㄱ ㄴ ㅇ
ㅇ ㅇ ㅇ ㄱ ㅎ ㄹ

ㅜ ㅜ ㅡ ㅣ ㅏ ㅣ ㅠ ㅣ
ㅡ ㅜ ㅏ ㅣ ㅏ ㅗ ㅏ ㅢ
ㅠ ㅣ ㅡ ㅜ ㅏ ㅏ

ㄴ ㄱ ㄹ
ㄹ ㅁ ㄱ
ㄹ

누구든지 주의 이름을 부르는 자는 구원을 받으리라 하였느니라 (사도행전 2:21)

ㄴ ㄱ ㄷ ㅈ ㅈ ㅇ
ㅇ ㄹ ㅇ ㅂ ㄹ ㄴ
ㅈ ㄴ ㄱ ㅇ ㅇ ㅂ
ㅇ ㄹ ㄹ ㅎ ㅇ ㄴ
ㄴ ㄹ

ㅜ ㅜ ㅡ ㅣ ㅜ ㅢ ㅣ ㅡ
ㅡ ㅜ ㅡ ㅡ ㅏ ㅡ ㅜ ㅝ
ㅡ ㅏ ㅡ ㅣ ㅏ ㅏ ㅕ ㅡ
ㅣ ㅏ

ㄴ ㅁ ㄹ ㄴ
ㄴ ㄴ ㄹ ㄷ
ㅆ

모든 일에 우리를 사랑하시는 이로 말미암아 우리가 넉넉히 이기느니라 (로마서 8:37)

ㅁ ㄷ ㅇ ㅇ ㅇ ㄹ ㄹ ㅅ
ㄹ ㅎ ㅅ ㄴ ㅇ ㄹ ㅁ ㅁ
ㅇ ㅇ ㅇ ㄹ ㄱ ㄴ ㄴ ㅎ
ㅇ ㄱ ㄴ ㄴ ㄹ

ㅗ ㅡ ㅣ ㅔ ㅜ ㅣ ㅡ
ㅏ ㅏ ㅏ ㅣ ㅡ ㅣ ㅗ
ㅏ ㅣ ㅏ ㅏ ㅜ ㅣ ㅏ
ㅓ ㅓ ㅣ ㅣ ㅣ ㅡ ㅣ
ㅏ

ㄴ ㄹ ㄹ
ㅇ ㄴ ㄹ
ㅁ ㄱ ㄱ

(5)

할 수 있거든이 무슨 말이냐 믿는 자에게는 능히 하지 못할 일이 없느니라 (마가복음 9:23)

ㅎ ㅅ ㅇ ㄱ ㄷ ㅇ ㅁ ㅅ ㅁ
ㅇ ㄴ ㅁ ㄴ ㅈ ㅇ ㄱ ㄴ ㄴ
ㅎ ㅎ ㅈ ㅁ ㅎ ㅇ ㅇ ㅇ ㄴ
ㄴ ㄹ

ㅏ ㅜ ㅣ ㅓ ㅡ ㅣ ㅜ
ㅡ ㅏ ㅣ ㅑ ㅣ ㅡ ㅏ
ㅔ ㅔ ㅡ ㅡ ㅣ ㅏ ㅣ
ㅗ ㅏ ㅣ ㅣ ㅓ ㅡ ㅣ
ㅏ

ㄹ ㅆ ㄴ ㄴ ㄹ
ㄷ ㄴ ㄴ ㅇ ㅅ
ㄹ ㄹ ㅄ

성령으로 아니하고는 누구든지 예수를 주시라 할 수 없느니라 (고린도전서 12:3)

ㅅ ㄹ ㅇ ㄹ ㅇ ㄴ ㅎ ㄱ ㄴ ㄴ
ㄱ ㄷ ㅈ ㅇ ㅅ ㄹ ㅈ ㅅ ㄹ ㅎ
ㅅ ㅇ ㄴ ㄴ ㄹ

ㅓ ㅕ ㅡ ㅗ ㅏ ㅣ ㅏ
ㅗ ㅡ ㅜ ㅜ ㅡ ㅣ ㅖ
ㅜ ㅡ ㅜ ㅣ ㅏ ㅏ ㅜ
ㅓ ㅡ ㅣ ㅏ

ㅇ ㅇ ㄴ ㄹ
ㄹ ㅄ

모든 일에 전심 전력하여 너의 성숙함을 모든 사람에게 나타나게 하라 (디모데전서 4:15)

ㅁ ㄷ ㅇ ㅇ ㅈ ㅅ
ㅈ ㄹ ㅎ ㅇ ㄴ ㅇ
ㅅ ㅅ ㅎ ㅇ ㅁ ㄷ
ㅅ ㄹ ㅇ ㄱ ㄴ ㅌ
ㄴ ㄱ ㅎ ㄹ

ㅗ ㅡ ㅣ ㅔ ㅓ ㅣ ㅓ ㅕ ㅏ
ㅕ ㅓ ㅢ ㅓ ㅜ ㅏ ㅡ ㅗ ㅡ
ㅏ ㅏ ㅔ ㅔ ㅏ ㅏ ㅏ ㅔ ㅏ
ㅏ

ㄴ ㄹ ㄴ ㅁ
ㄴ ㄱ ㅇ ㄱ
ㅁ ㄹ ㄴ ㅁ

제 6 부

가라지 뽑기 퍼즐

마태복음 13장 30절에는 예수님의 이런 말씀이 있습니다.
"둘 다 추수 때까지 함께 자라게 두라 추수 때에 내가 추수꾼들에게 말하기를
가라지는 먼저 거두어 불사르게 단으로 묶고 곡식은 모아 내 곳간에 넣으라."
가라지 비유의 성경말씀에서 착안하여 만들었습니다.

성경구절 사이에 마치 가라지같이 필요하지 않은 엉뚱한 글자를 섞어 놓고,
원래의 정상적인 성경구절을 찾는 퍼즐입니다.
가라지와 같은 엉뚱한 글자가 너무 많이 섞여 있으면
원래의 성경구절을 찾기가 힘들 수 있기 때문에 퍼즐 문제에는
원래 성경구절의 25~30% 정도 가라지가 포함되어 있습니다.

이 퍼즐을 풀면서 나중에 예수님께서 재림하셔서 가라지를 골라내는 상황이
되었을 때 과연 얼마나 많은 가라지가 포함되어 있을까 하는 생각을 하면서
문제를 만들기도 했습니다.

가라지가 섞인 성경구절을 평이하게 좌에서 우로 가로쓰기 한 것도 있지만,
성경구절을 여러가지 다양한 방법으로 나열한 것도 있습니다.
이런 유형의 문제는 우선 어떤 규칙으로 성경이 나열되어 있는지를 찾고,
더불어서 섞여있는 가라지 글자도 뽑아 내야 해서 난이도가 좀 있습니다.
난이도가 있다고 생각되는 퍼즐은 뇌세포가 활발하게 활동하여
뇌의 기능을 촉진시킴으로서 뇌기능 강화에도 도움이 됩니다.

가라지 글자를 제거하고, 제대로 문제를 풀었는지 확인하며
다시 성경구절을 온전하게 읽어 보면 더욱 뿌듯한 느낌을 얻을수 있을 것입니다.

이 퍼즐에는 집중력과 공간 인지 능력 향상의 효과가 있습니다.

문제1

성경 문구 사이에 엉뚱한 글자가 포함되어 있습니다. 가라지를 뽑듯이 엉뚱한 글자를 제거하고, 바른 성경 문구를 찾아서 읽어보세요 (시 1-5편).

1. 그너가하송는모평든일광이다형광통하고리로가다

2. 여왕호와평께피고하는송모나든사광람은다덕복이있습도다

3. 구성원은금여호예와께수있사오병니
   주왕의복덕을주의백만성에포게내리국소서

4. 내나가평영안히눕낮고자기도파하리니너나를안면전히
   빛살게하높시는이는사오직전여호하와이시니라이다

5. 주와께함피하는만모민든사오람은다기쁘뻐하며주과의보만호로
   말소미암양아영광원히기쁘뻐외닥치고주종의이상름을사망랑하는
   문자들은주왕를즐기거뻐워하리이다

문제2

성경 문구 사이에 엉뚱한 글자가 포함되어 있습니다. 가라지를 뽑듯이 엉뚱한 글자를 제거하고, 바른 성경 문구를 찾아서 읽어보세요 (시 6-10편).

1. 여호수와여달돌아가와나과의영성혼을넘건지어시며
   주와의사망랑의으로나는를구칠원하산소서

2. 하늘나보님은외의로우신심재판검장이심장이여
   매년일분초노하며시는하마나만님이시군로다

3. 여자호우와우미리주종여주의이민름이온바땅흙에어찌그리
   외아름룽다운지과요주의영성광이하바늘을덮높었나이우다

4. 내나의가전심상으로여기호와쁘께감과사하오팔며
   주종의모민든기이둘한일과들을방전하리고이다

5. 이미자를받병으려고덕돈을꾸어상주지아니고하며눈뇌물말을 받고
   무유죄한소자를해마하지아워니하는주자이니마이런물일을
   행홍하는주자는영면원히허흔들리자지아호니하리과이다

문제3

성경 문구 사이에 엉뚱한 글자가 포함되어 있습니다. 가라지를 뽑듯이 엉뚱한 글자를 제거하고, 바른 성경 문구를 찾아서 읽어보세요 (시 11-15편).

1. 선악인물에게그만물을던관지시리니물불과유무황과태모우는
바넘람이그너들의잔속의소이득이되도리로다

2. 비눈열냉함이인간생중에낮높임을군받는때곳에
선악인들이곳간곳에서날군뛰과는도레다

3. 나너는오사직주의오사망랑을의과지하였만사오니
너나의마목음은종주의구만원을기쁘뻐하리게이다

4. 어머리석송은자는마그의마사음에이르고기를하나곰님이
없않다하는면도다그단들은부포패하고그행호실이
가상증하니선악을행하고는자기가없도리다

5. 이미자를받병으려고덕돈을꾸어상주지아니고하며눈뇌물말을 받고
무유죄한소자를해마하지아워니하는주자이니마이런물일을
행홍하는주자는영면원히허흔들리자지아호니하리과이다

문제4

성경 문구 사이에 엉뚱한 글자가 포함되어 있습니다. 가라지를 뽑듯이 엉뚱한 글자를 제거하고, 바른 성경 문구를 찾아서 읽어보세요 (시 16-20편).

1. 나는를훈한계하고신여하호와는를송축성할지라
   밤정마다내나양신심이나를로교한훈하면도다

2. 나주는의와로운공중에주의얼만굴을뵈오사리니
   깰날때에주종의형상하으로만국족하리과이다

3. 내나가와찬미송받으실강여호요와버께아뢰고리니
   내원투수들에게서팔구원만을얻으과리로다

4. 하나늘님이하나노님의영성광령을선파포하고
   궁공창이과그의손만으로여하신목일을나타고내는도다

5. 우나리가나너의승소리로말모미암아개과가를부라르며
   우리로하나만님의이름론으로우리와의깃밤발을세오우리니
   여군호남와께서모네모든기과도를이루고어주시기는를원하미노라

문제5

성경 문구 사이에 엉뚱한 글자가 포함되어 있습니다. 가라지를 뽑듯이 엉뚱한 글자를 제거하고, 바른 성경 문구를 찾아서 읽어보세요 (시 21-25편).

1. 주와의아민름다운반복으로그는를영주접하시거고
   순은금군관을그의만머리에속씌우신셨나을이다

2. 내너가날녹때부터주와께맡긴부바되었고만모태구에서
   나산올군때부터왕주는나너의하호나님이어되셨나구이다

3. 내나평과생에선금하심과며인자하호심이
   반복드시나와를따르고리니내가오여호와군의에집에
   영군원만히살리니로다

4. 영원광의군왕이누구소시냐강낸하고능한와여호운와시요
   전장쟁에능난한여허호와간시로다

5. 여허호와과여주의와도를내게과보이시고
   주와의길곧을내게구가르치초소서

문제6

성경 문구 사이에 엉뚱한 글자가 포함되어 있습니다. 가라지를 뽑듯이 엉뚱한 글자를 제거하고, 바른 성경 문구를 찾아서 읽어보세요 (시 26-30편).

1. 내나가나내의완전족함에행하였오사오며흔힘들리지아만니하고
   여구호와로를의주지하였오사오니여구호와여와나를판곤단하소서

2. 내나가여호허와께바보라는한두가지일월그것을구포하리니
   낮곧내가고내평송생에여유호와구의집에오살면서
   여과호와며의아군름다움은을바라구보며
   그나의와성전에로서사모문하는그것군이라

3. 주와의백천성을구칠원하시며최주의산금업에복을은주시과고
   또고그들의관목자가도되시어영광원토면록그들을동인도만하소서

4. 너희는권능너있는자조들아영성광과능령력을
   여야호오와께고돌리관고돌릴오지어다

5. 주와의성궁도들아유여호허와를찬민송하며
   그와의거룩로함을기고억하고며감사과하라

정답

문제1

1. 그너가하송는모평든일광이다형광통하고리로가다
   그가 하는 모든 일이 다 형통하리로다 (1:3)

2. 여왕호와평께피고하는송모나든사광람은다덕복이있습도다
   여호와께 피하는 모든 사람은 다 복이 있도다 (2:12)

3. 구성원은금여호예와께수있사오병니 주왕의복덕을주의백만성에포게내리국소서
   구원은 여호와께 있사오니 주의 복을 주의 백성에게 내리소서 (3:8)

4. 내나가평영안히눕낮고자기도파하리니너나를안면전히
   빛살게하높시는이는사오직전여호하와이시니라이다
   내가 평안히 눕고 자기도 하리니 나를 안전히 살게 하시는 이는 오직 여호와이시니이다 (4:8)

5. 주와께함피하는만모민든사오람은다기쁘뻐하며주과의보만호로
   말소미암양아영광원히기쁘뻐외닥치고주종의이상름을사망랑하는
   문자들은주왕를즐기거뻐워하리이다
   주께 피하는 모든 사람은 다 기뻐하며 주의 보호로 말미암아 영원히 기뻐 외치고 주의 이름을 사랑하는 자들은 주를 즐거워하리이다 (5:11)

문제2

1. 여호수와여달돌아가와나과의영성혼을넘건지어시며
   주와의사망랑의으로나는를구칠원하산소서
   여호와여 돌아와 나의 영혼을 건지시며 주의 사랑으로 나를 구원하소서 (6:4)

2. 하늘나보님은외의로우신심재판검장이심장이여
   매년일분초노하며시는하마나만님이시군로다
   하나님은 의로우신 재판장이심이여 매일 분노하시는 하나님이시로다 (7:11)

3. 여자호우와우미리주종여주의이민름이온바땅흙에어찌그리
   외아름롱다운지과요주의영성광이하바늘을덮높었나이우다
   여호와 우리 주여 주의 이름이 온 땅에 어찌 그리 아름다운지요 주의 영광이 하늘을 덮었나이다 (8:1)

4. 내나의가전심상으로여기호와쁘께감과사하오팔며
주종의모민든기이둘한일과들을방전하리고이다
내가 전심으로 여호와께 감사하오며 주의 모든 기이한 일들을 전하리이다 (9:1)

5. 여명호의와일상어나옵납소서호하나왕님이여손가을드옵만소서
가다난한둘자들을난잊과지마옵선소서
여호와여 일어나옵소서 하나님이여 손을 드옵소서 가난한 자들을 잊지 마옵소서 (10:12)

문제3

1. 선악인물에게그만물을던관지시리니물불과유무황과태모우는
바넘람이그너들의잔속의소이득이되도리로다
악인에게 그물을 던지시리니 불과 유황과 태우는 바람이 그들의 잔의 소득이 되리로다 (11:6)

2. 비눈열냉함이인간생중에낮높임을군받는때곳에
선악인들이곳간곳에서날군뛰과는도레다
비열함이 인생 중에 높임을 받는 때에 악인들이 곳곳에서 날뛰는도다 (12:8)

3. 나너는오사직주의오사망랑을의과지하였만사오니
너나의마목음은종주의구만원을기쁘뻐하리게이다
나는 오직 주의 사랑을 의지하였사오니 나의 마음은 주의 구원을 기뻐하리이다 (13:5)

4. 어머리석송은자는마그의마사음에이르고기를하나곰님이
없않다하는면도다그단들은부포패하고그행호실이
가상증하니선악을행하고는자기가없도리다
어리석은 자는 그의 마음에 이르기를 하나님이 없다 하는도다 그들은 부패하고 그 행실이 가증하니 선을 행하는 자가 없도다 (14:1)

5. 이미자를받병으려고덕돈을꾸어상주지아니고하며눈뇌물말을 받고
무유죄한소자를해마하지아워니하는주자이니마이런물일을
행홍하는주자는영면원히허흔들리자지아호니하리과이다
이자를 받으려고 돈을 꾸어 주지 아니하며 뇌물을 받고 무죄한 자를 해하지 아니하는 자이니 이런 일을 행하는 자는 영원히 흔들리지 아니하리이다 (15:5)

문제4

1. 나는를훈한계하고신여하호와는를송축성할지라
   밤정마다내나양신심이나를로교한훈하면도다
   나를 훈계하신 여호와를 송축할지라 밤마다 내 양심이 나를 교훈하도다 (16:7)

2. 나주는의와로운공중에주의얼만굴을뵈오사리니
   깰날때에주종의형상하으로만국족하리과이다
   나는 의로운 중에 주의 얼굴을 뵈오리니 깰 때에 주의 형상으로 만족하리이다 (17:15)

3. 내나가와찬미송받으실강여호요와버께아뢰고리니
   내원투수들에게서팔구원만을얻으과리로다
   내가 찬송 받으실 여호와께 아뢰리니 내 원수들에게서 구원을 얻으리로다 (18:3)

4. 하나늘님이하나노님의영성광령을선파포하고
   궁공창이과그의손만으로여하신목일을나타고내는도다
   하늘이 하나님의 영광을 선포하고 궁창이 그의 손으로 하신 일을 나타내는도다 (19:1)

5. 우나리가나너의승소리로말모미암아개과가를부라르며
   우리로하나만님의이름론으로우리와의깃밤발을세오우리니
   여군호남와께서모네모든기과도를이루고어주시기는를원하미노라
   우리가 너의 승리로 말미암아 개가를 부르며 우리 하나님의 이름으로 우리의 깃발을 세우리니 여호와께서 네 모든 기도를 이루어 주시기를 원하노라 (20:5)

문제5

1. 주와의아민름다운반복으로그는를영주접하시거고
   순은금군관을그의만머리에속씌우신셨나을이다
   주의 아름다운 복으로 그를 영접하시고 순금 관을 그의 머리에 씌우셨나이다 (21:3)

2. 내너가날녹때부터주와께맡긴부바되었고만모태구에서
   나산올군때부터왕주는나너의하호나님이어되셨나구이다
   내가 날 때부터 주께 맡긴 바 되었고 모태에서 나올 때부터 주는 나의 하나님이 되셨나이다 (22:10)

3. 내나평과생에선금하심과며인자하호심이
반복드시나와를따르고리니내가오여호와군의에집에
영군원만히살리니로다
내 평생에 선하심과 인자하심이 반드시 나를 따르리니 내가 여호와의 집에 영원히 살리로다 (23:6)

4. 영원광의군왕이누구소시냐강낸하고능한와여호운와시요
전장쟁에능난한여허호와간시로다
영광의 왕이 누구시냐 강하고 능한 여호와시요 전쟁에 능한 여호와시로다 (24:8)

5. 여허호와과여주의와도를내게과보이시고
주와의길곧을내게구가르치초소서
여호와여 주의 도를 내게 보이시고 주의 길을 내게 가르치소서 (25:4)

문제6

1. 내나가나내의완전족함에행하였오사오며흔힘들리지아만니하고
여구호와로를의주지하였오사오니여구호와여와나를판곤단하소서
내가 나의 완전함에 행하였사오며 흔들리지 아니하고 여호와를 의지하였사오니 여호와여 나를 판단하소서 (26:1)

2. 내나가여호허와께바보라는한두가지일월그것을구포하리니
낮곧내가고내평송생에여유호와구의집에오살면서
여과호와며의아군름다움은을바라구보며
그나의와성전에로서사모문하는그것군이라
내가 여호와께 바라는 한 가지 일 그것을 구하리니 곧 내가 내 평생에 여호와의 집에 살면서 여호와의 아름다움을 바라보며 그의 성전에서 사모하는 그것이라 (27:4)

3. 주와의백천성을구칠원하시며최주의산금업에복을은주시과고
또고그들의관목자가도되시어영광원토면록그들을동인도만하소서
주의 백성을 구원하시며 주의 산업에 복을 주시고 또 그들의 목자가 되시어 영원토록 그들을 인도하소서 (28:9)

4. 너희는권능너있는자조들아영성광과능령력을
여야호오와께고돌리관고돌릴오지어다
너희 권능 있는 자들아 영광과 능력을 여호와께 돌리고 돌릴지어다 (29:1)

5. 주와의성궁도들아유여호허와를찬민송하며
그와의거룩로함을기고억하고며감사과하라
주의 성도들아 여호와를 찬송하며 그의 거룩함을 기억하며 감사하라 (30:4)

제 7 부

중간 글자 연결하기 퍼즐

하나의 성경구절을 여러 개로 분리한 후에
공통 글자를 중심으로 하여 가로세로로 연결한 퍼즐입니다.
산만하게 연결된 것 같지만,
조합하여 하나의 성경구절이 되도록 만들었습니다.

제3부의 뒤죽박죽 성경 퍼즐과 비슷한 개념이지만
좀 더 공간적 인지능력을 향상시키는 점에서 차별화를 두었습니다.

문제1

다음과 같이 연결된 문구를 정리하여 원래의 성경구절로 필사해 보세요.

고린도전서 15장 13~14절

											또								
											너			다					
											희			시					
											믿			살					
				그							음			아					헛
			우	리	가	전	파	하	는	것	도			나					것
				스										지					이
	그	리	스	도	도	다	시	살	아	나	지			못	하	셨	으	리	라
				께								헛		하					
				서								것		셨					
				만	일	죽	은	자	의	부	활	이	없	으	면				
				일								요		면					

문제2

다음과 같이 연결된 문구를 정리하여 원래의 성경구절로 필사해 보세요.

데살로니가전서 5장 9~10절

												자							
												든		죽					
					하	여	금	깨	어	있	든	지		으					
					나							자		사					
					님							기		우					
					이									리					
			오	직	우	리	주	예	수	그	리	스	도	로					
					리														
			와		를														
			함		세												노		
	예	수	께	서	우	리	를	위	하	여							하		
					심				심								심		
					은				이					살			에		
						말	미	암	아	구	원	을	받	게	하	심	이	라	
									니					하			르		
									요					려			게		
														하					
														셨					
														느					
														니					
														라					

문제3

다음과 같이 연결된 문구를 정리하여 원래의 성경구절로 필사해 보세요.

유다서 1장 20~21절

						기		믿											
						도		음											
						하		위											
						며		에				너							
				사	랑	하	는	자	들	아	너	희	는						
				랑		나		신				의							
				안		님		을				지	키	며	영	생	에		
				에		의						극							
				서			예					히							
				자			수					거							
				신			그					룩							
		긍	휼	을	기	다	리	라				한							
							스		세										
					이	르	도	록	우	리	주								
							의		며										
									성										
									령										
									으										
									로										

문제4

다음과 같이 연결된 문구를 정리하여 원래의 성경구절로 필사해 보세요.

히브리서 9장 27~28절

						죄	와	상	관	없	이		자						
											와		들						
											같		에		자				
								구	원	에	이	르	게	하	기	위	하	여	
											그		두		를		시		
					한						리		번		바		려		
					번						스		째		라		고		
					죽						도				는				
		그	후	에	는	심					도								
					것														
				많	은	사	람	의	죄	를	담	당							
						람													
				단	번	에	드	리	신	바	되	셨	고						
						게													
						정			나										
						해			타										
						진			나										
						것			시										
					판	이	있	으	리	니									
						요			라										

문제5

다음과 같이 연결된 문구를 정리하여 원래의 성경구절로 필사해 보세요.

고린도후서 13장 5절

												예							
												수							
												그	렇	지	않	으	면		
												리							
												스				계			
												도				신			
												께				줄			
												서				을			
									너			너				너			
									희			희				희			
							너	희	는	믿	음	안	에	있	는	가			
							희					에				스			
			버	림	받	은	자	니	라							스			
							신									로			
			너	희	자	신	을	확	증	하	라								
							시												
							험												
				알	지	못	하	느	냐										
							고												

정답

문제1

만일 죽은 자의 부활이 없으면 그리스도도 다시 살아나지 못하셨으리라 그리스도께서 만일 다시 살아나지 못하셨으면 우리가 전파하는 것도 헛것이요 또 너희 믿음도 헛것이라

문제2

하나님이 우리를 세우심은 노하심에 이르게 하심이 아니요 오직 우리 주 예수 그리스도로 말미암아 구원을 받게 하심이라 예수께서 우리를 위하여 죽으사 우리로 하여금 깨어 있든지 자든지 자기와 함께 살게 하려 하셨느니라

문제3

사랑하는 자들아 너희는 너희의 지극히 거룩한 믿음 위에 자신을 세우며 성령으로 기도하며 하나님의 사랑 안에서 자신을 지키며 영생에 이르도록 우리 주 예수 그리스도의 긍휼을 기다리라

문제4

한 번 죽는 것은 사람에게 정해진 것이요 그 후에는 심판이 있으리니 이와 같이 그리스도도 많은 사람의 죄를 담당하시려고 단번에 드리신 바 되셨고 구원에 이르게 하기 위하여 죄와 상관 없이 자기를 바라는 자들에게 두 번째 나타나시리라

문제5

너희는 믿음 안에 있는가 너희 자신을 시험하고 너희 자신을 확증하라 예수 그리스도께서 너희 안에 계신 줄을 너희가 스스로 알지 못하느냐 그렇지 않으면 너희는 버림 받은 자니라

제 8 부

직소(Jigsaw) 성경 퍼즐

직소(Jigsaw) 퍼즐은 조각 맞추기 개념의 퍼즐입니다.
원래의 직소 퍼즐은 그림이나 형상을 조각낸 상태에서 조합하는 것이지만,
직소 성경 퍼즐은 성결구절과 문구로부터 연결 순서를 정하는 것입니다.
성경구절을 몇 개(6~10개)의 단락으로 구분하여
산만하게 배치되어 있는 상태에서 순서에 맞는 것을 찾아
전체를 바르게 배열하는 퍼즐입니다.

성경구절은 2~3절 정도의 분량으로 되어 있고, 문장으로 연결되는 구절들입니다.
그래서 문장이 부드럽게 연결되도록 하기 위해서는
조각 내용속의 성경 문구를 지속적으로 읊조려야 하고,
앞뒤 문맥이 맞는지를 찾아야 합니다.

조각처럼 분리된 부분적인 성경구절들은 각각 글자체의 크기와 필체가 다르고
글자가 놓여 있는 방향도 다르게 하여 재미와 난이도를 느끼도록 하였습니다.

이런 의미에서 집중력이 요구되고, 공간 인지 능력을 향상시킬 수 있는
퍼즐입니다.
뇌의 기능을 자극하고 촉진시킴으로서 뇌기능 강화에도 도움이 됩니다.

문제1

분산되어 있는 각각의 성경구절을 원래대로 정리하여 필사해 보세요.

그들에
게 주
어서

내가 여호와인
줄 아는 마음을

내 백성이
되겠고 나
는

그들이
전심으로
내게

돌아오게
하리니
그들은

그들의 하
나님이 되
리라

문제2

분산되어 있는 각각의 성경구절을 원래대로 정리하여 필사해 보세요.

여호와를 경외하여 항상

여호와께서 우리에게 이

모든 규례를 지키라 명령하셨

으니 이는 우리가 우리 하나님

이며 또 여호와께서

우리를 오늘과 같이

살게 하려 하심이라

복을 누리게 하기 위하심

문제3

분산되어 있는 각각의 성경구절을 원래대로 정리하여 필사해 보세요.

대하여
단번에
죽으심이
요

그가
살아
계심은
하나님
께

죽은 자
요 그리
스도 예
수 안에
서

이와 같
이 너희도
너희

그가 죽
으심은
죄에

있는 자
로 여길
지어다

자신을
죄에 대
하여는

대하여
살아 계
심이니

하나님
께 대하
여는 살
아

문제4

분산되어 있는 각각의 성경구절을 원래대로 정리하여 필사해 보세요.

성령이 너
희 안에 계
시는

거룩하
니 너희
도 그러
하니라

누구든
지 하나
님의 성
전을

더럽히
면 하
나님이
그 사
람을

멸하시리
라 하나님
의 성전은

너희는
너희가
하나님
의

것을 알
지 못하
느냐

성전인
것과 하
나님의

문제5

분산되어 있는 각각의 성경구절을 원래대로 정리하여 필사해 보세요.

함께 있
는 그것
이라 그
런즉

선악간
에 그 몸
으로 행
한 것을

다 반드
시 그리스
도의 심
판대

따라 받
으려 함
이라

우리가
담대하
여 원하
는 바는

주를 기쁘
시게 하
는 자가

앞에
나타나
게 되
어 각
각

되기를 힘쓰
노라 이는
우리가

차라리
몸을
떠나
주와

우리는 몸으
로 있든지
떠나든지

문제6

분산되어 있는 각각의 성경구절을 원래대로 정리하여 필사해 보세요.

하늘에
간직하신
것이라

있게 하시
며 썩지
않고 더럽
지

않고 쇠
하지 아
니하는
유업을

하심으
로 말
미암아
우리를

거듭나
게 하
사 산
소망이

많으신 긍
휼대로 예
수 그리스
도를

우리 주
예수 그리
스도의 아
버지

죽은 자 가
운데서 부활
하게

하나님
을 찬
송하리
로다
그의

있게 하시
나니 곧
너희를 위
하여

문제7

분산되어 있는 각각의 성경구절을 원래대로 정리하여 필사해 보세요.

없게 하
시고 너
희로 그
영광

권세가 영원
전부터 이제
와

하나님께
우리 주 예
수 그리스
도로

능히 너
희를 보
호하사
거침이

영원토
록 있을지
어다 아
멘

말미암아
영광과 위
엄과 권력
과

하실 이 곧
우리 구주
홀로 하나
이신

앞에 흠이
없이 기쁨
으로 서게

문제8

분산되어 있는 각각의 성경구절을 원래대로 정리하여 필사해 보세요.

서로 용서
하기를 하
나님이 그
리스도

**분냄과
떠드는
것과 비
방하는
것을**

친절하
게 하며
불쌍히
여기며

모든 악
의와 함
께 버리
고 서로

**안에서
너희를
용서하
심과
같이
하라**

너희는
모든
악독과
노함과

문제9

분산되어 있는 각각의 성경구절을 원래대로 정리하여 필사해 보세요.

하나님이 우
리를 사랑하
시는

사랑이시
라 사랑
안에 거
하는

자는 하나
님 안에 거
하고 하나
님도

우리도
이 세상
에서 그
러하니라

사랑을 우
리가 알고
믿었노니
하나님은

심판 날
에 담대
함을 가
지게 하
려

그의 안에
거하시느
니라 이로
써

함이니 주
께서 그러
하심과 같
이

사랑이 우
리에게 온
전히 이루
어진 것은
우리로

문제10

분산되어 있는 각각의 성경구절을 원래대로 정리하여 필사해 보세요.

예정을 입
어 그 안
에서 기업
이

찬송이 되게
하려 하심이
라

안에서 전
부터 바라 영
던 그의
광의

일하시는 이의
계획을 따라 우
리가

일의 결
모든 그
을 의
뜻 정대로

되었으
니 이는
우리가
도 그리스

문제11

분산되어 있는 각각의 성경구절을 원래대로 정리하여 필사해 보세요.

너희에게 명령하신 모든

너희에게 있을 것이며

너희가 살 것이요 복이

너희가 차지한 땅에서

너희의 하나님 여호와께서

너희의 날이 길리라

도를 행하라 그리하면

문제12

분산되어 있는 각각의 성경구절을 원래대로 정리하여 필사해 보세요.

이 모든
규례를
지키라
명령

살게 하려
하심이라

우리를
오늘과
같이

위하심이며 또 여
호와께서

여호와
께서
우리에
게

항상 복
을 누리
게 하기

하나님 여
호와를 경
외하여

하셨으니 이는 우리가 우리

문제13

분산되어 있는 각각의 성경구절을 원래대로 정리하여 필사해 보세요.

문제14

분산되어 있는 각각의 성경구절을 원래대로 정리하여 필사해 보세요.

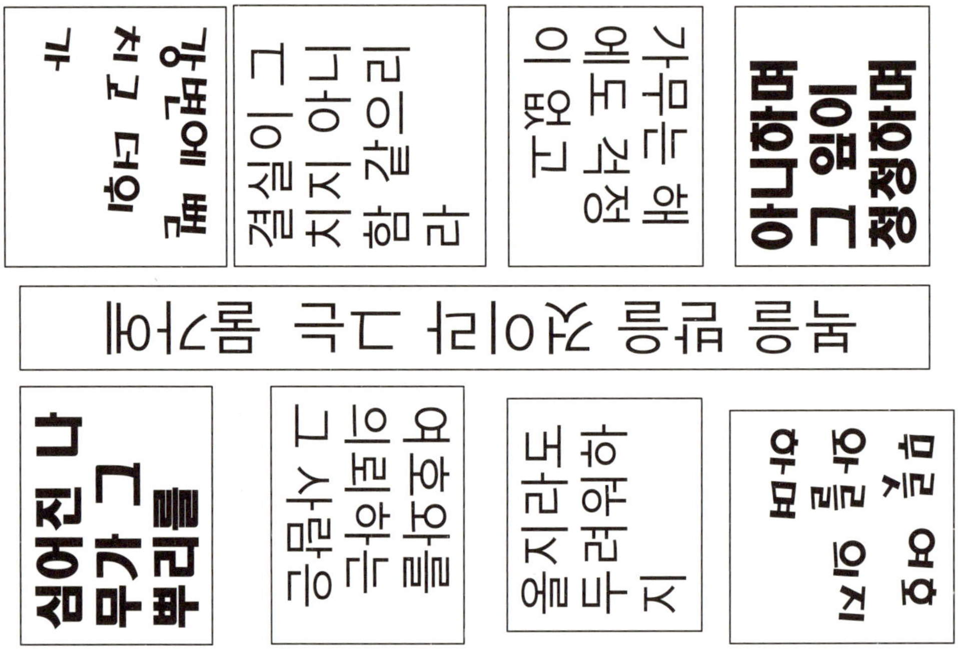

문제15

분산되어 있는 각각의 성경구절을 원래대로 정리하여 필사해 보세요.

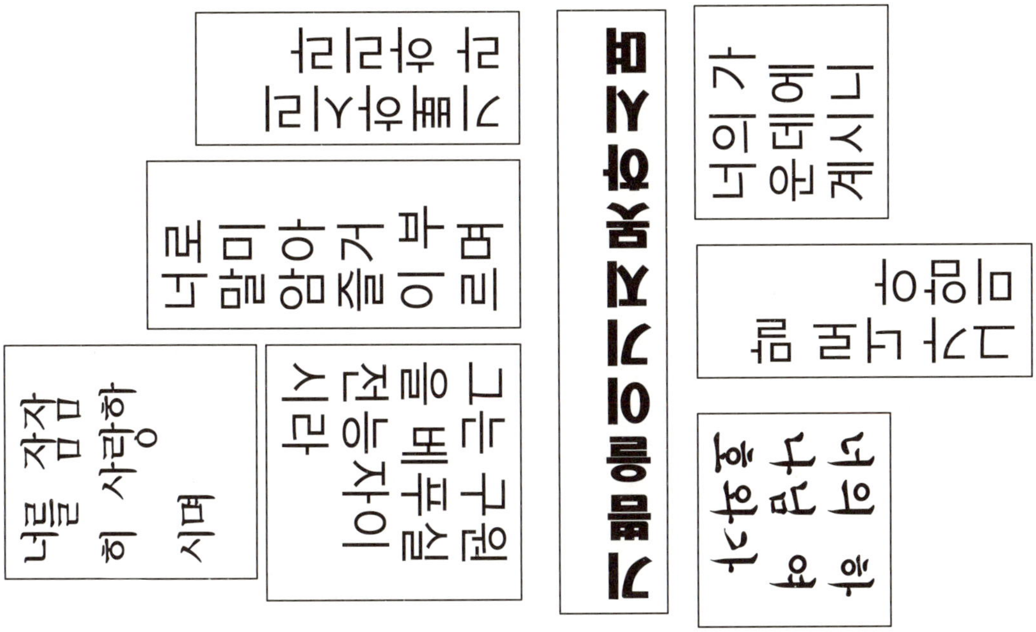

문제16

분산되어 있는 각각의 성경구절을 원래대로 정리하여 필사해 보세요.

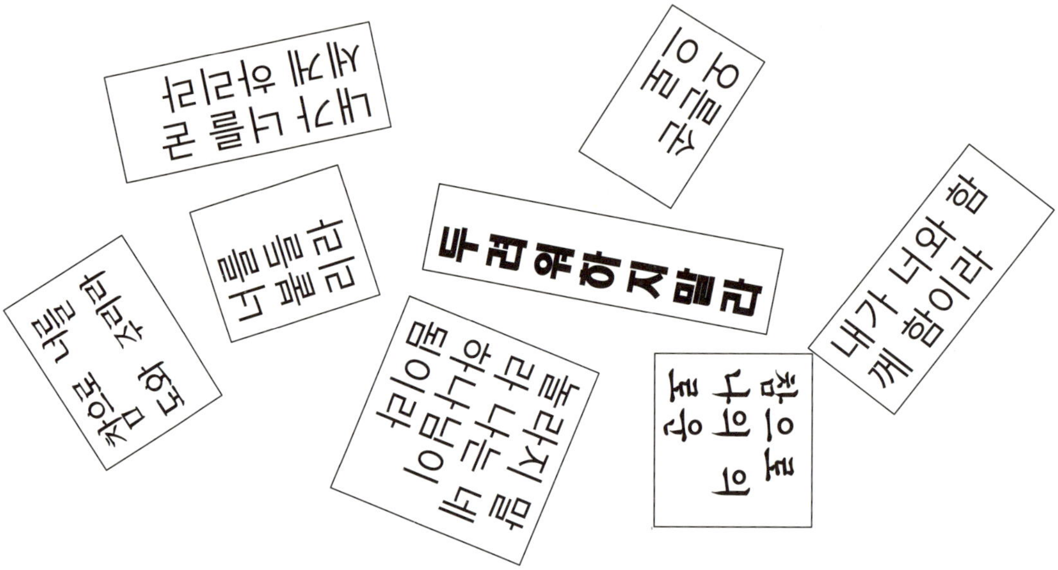

정답

문제1

내가 여호와인 줄 아는 마음을 그들에게 주어서 그들이 전심으로 내게 돌아오게 하리니 그들은 내 백성이 되겠고 나는 그들의 하나님이 되리라 (예레미야 24:7)

문제2

여호와께서 우리에게 이 모든 규례를 지키라 명령하셨으니 이는 우리가 우리 하나님 여호와를 경외하여 항상 복을 누리게 하기 위하심이며 또 여호와께서 우리를 오늘과 같이 살게 하려 하심이라 (신명기 6:24)

문제3

그가 죽으심은 죄에 대하여 단번에 죽으심이요 그가 살아 계심은 하나님께 대하여 살아 계심이니 이와 같이 너희도 너희 자신을 죄에 대하여는 죽은 자요 그리스도 예수 안에서 하나님께 대하여는 살아 있는 자로 여길지어다 (로마서 6:10,11)

문제4

너희는 너희가 하나님의 성전인 것과 하나님의 성령이 너희 안에 계시는 것을 알지 못하느냐 누구든지 하나님의 성전을 더럽히면 하나님이 그 사람을 멸하시리라 하나님의 성전은 거룩하니 너희도 그러하니라 (고린도전서 3:16,17)

문제5

우리가 담대하여 원하는 바는 차라리 몸을 떠나 주와 함께 있는 그것이라 그런즉 우리는 몸으로 있든지 떠나든지 주를 기쁘시게 하는 자가 되기를 힘쓰노라 이는 우리가 다 반드시 그리스도의 심판대 앞에 나타나게 되어 각각 선악간에 그 몸으로 행한 것을 따라 받으려 함이라 (고린도후서 5:8~10)

문제6

우리 주 예수 그리스도의 아버지 하나님을 찬송하리로다 그의 많으신 긍휼대로 예수 그리스도를 죽은 자 가운데서 부활하게 하심으로 말미암아 우리를 거듭나게 하사 산 소망이 있게 하시며 썩지 않고 더럽지 않고 쇠하지 아니하는 유업을 잇게 하시나니 곧 너희를 위하여 하늘에 간직하신 것이라 (베드로전서 1:3,4)

문제7

능히 너희를 보호하사 거침이 없게 하시고 너희로 그 영광 앞에 흠이 없이 기쁨으로 서게 하실 이 곧 우리 구주 홀로 하나이신 하나님께 우리 주 예수 그리스도로 말미암아 영광과 위엄과 권력과 권세가 영원 전부터 이제와 영원토록 있을지어다 아멘 (유다서 1:24,25)

문제8
너희는 모든 악독과 노함과 분냄과 떠드는 것과 비방하는 것을 모든 악의와 함께 버리고 서로 친절하게 하며 불쌍히 여기며 서로 용서하기를 하나님이 그리스도 안에서 너희를 용서하심과 같이 하라 (에베소서 4:31,32)

문제9
하나님이 우리를 사랑하시는 사랑을 우리가 알고 믿었노니 하나님은 사랑이시라 사랑 안에 거하는 자는 하나님 안에 거하고 하나님도 그의 안에 거하시느니라 이로써 사랑이 우리에게 온전히 이루어진 것은 우리로 심판 날에 담대함을 가지게 하려 함이니 주께서 그러하심과 같이 우리도 이 세상에서 그러하니라 (요한1서 4:16,17)

문제10
모든 일을 그의 뜻의 결정대로 일하시는 이의 계획을 따라 우리가 예정을 입어 그 안에서 기업이 되었으니 이는 우리가 그리스도 안에서 전부터 바라던 그의 영광의 찬송이 되게 하려 하심이라 (에베소서 1:11,12)

문제11
너희 하나님 여호와께서 너희에게 명령하신 모든 도를 행하라 그리하면 너희가 살 것이요 복이 너희에게 있을 것이며 너희가 차지한 땅에서 너희의 날이 길리라 (신명기 5:33)

문제12
여호와께서 우리에게 이 모든 규례를 지키라 명령하셨으니 이는 우리가 우리 하나님 여호와를 경외하여 항상 복을 누리게 하기 위하심이며 또 여호와께서 우리를 오늘과 같이 살게 하려 하심이라 (신명기 6:24)

문제13
네 하나님 여호와를 사랑하고 그의 말씀을 청종하며 또 그를 의지하라 그는 네 생명이시요 네 장수이시니 여호와께서 네 조상 아브라함과 이삭과 야곱에게 주리라고 맹세하신 땅에 네가 거주하리라 (신명기 30:20)

문제14
무릇 여호와를 의지하며 여호와를 의뢰하는 그 사람은 복을 받을 것이라 그는 물가에 심어진 나무가 그 뿌리를 강변에 뻗치고 더위가 올지라도 두려워하지 아니하며 그 잎이 청청하며 가무는 해에도 걱정이 없고 결실이 그치지 아니함 같으리라 (예레미야 17:7,8)

문제15

너의 하나님 여호와가 너의 가운데에 계시니 그는 구원을 베푸실 전능자이시라 그가 너로 말미암아 기쁨을 이기지 못하시며 너를 잠잠히 사랑하시며 너로 말미암아 즐거이 부르며 기뻐하시리라 하리라 (스바냐 3:17)

문제16

두려워하지 말라 내가 너와 함께 함이라 놀라지 말라 나는 네 하나님이 됨이라 내가 너를 굳세게 하리라 참으로 너를 도와 주리라 참으로 나의 의로운 오른손으로 너를 붙들리라 (이사야 41:10)

제 9 부

껌딱지 퍼즐

성경구절에 마치 껌딱지가 붙어 있는 것처럼,
단어의 일부를 가려 놓았습니다.

껌딱지라는 이름으로 적용된 것은 다양한 방향으로 불규칙적으로 있어서
어떤 것은 윗부분의 일부만 보이고,
어떤 것은 아랫 부분이 보이는 등 다채롭게 적용하였습니다.

초성이 있는 성경말씀 퍼즐에서는
자음으로 된 초성으로부터 단어를 유추하지만,
껌딱지 퍼즐은 특정 부위에 한정하지 않고,
가려서 부분적으로 보이는 것과
앞뒤 문맥과 연결하여 유추함으로서 완성된 성경구절을 찾는 것입니다.
자음의 일부분와 모음의 일부분, 또는 받침의 일부분에서
힌트를 얻어 알맞은 단어를 찾을 수 있습니다.
앞뒤 문맥을 연결하려다 보면 자연스럽게 성경을 읊조리게 되는 효과가 있습니다.

집중력이 요구되고, 시각 인지 능력을 향상시킬 수 있는 퍼즐입니다.
뇌의 기능을 자극하고 촉진시킴으로서 뇌기능 강화에도 도움이 됩니다.

문제1

성경구절 글자의 중간중간에 글자의 일부분이 가려져 있습니다. 가려진 글자를 유추하여 성경구절 전체를 크게 읽어 보고, 완성된 성경구절을 필사해 보세요.

누구든지 [illegible] [illegible]을 거역하면 이 [illegible]과 오는 세상에서도 [illegible]을 얻지 못하리라 (마태복음 12:32)

[illegible]에 들지않게 깨어 [illegible]하라 [illegible]에는 원이로되 [illegible]이 약하도다 (마태복음 26:41)

우리가 다 [illegible] 그리스도의 [illegible] 앞에 나타나게 되어 각각 [illegible]에 그 [illegible]으로 행한 것을 따라 받으려 함이라 (고린도후서 5:10)

문제2

성경구절 글자의 중간중간에 글자의 일부분이 가려져 있습니다. 가려진 글자를 유추하여 성경구절 전체를 크게 읽어 보고, 완성된 성경구절을 필사해 보세요.

다른 이로써는 구원을 받을 수 없나니 천하 사람 중에 구원을 받을 만한 다른 이름을 우리에게 주신 일이 없음이라 하였더라 (사도행전 4장 12절)

모든 사람이 죄를 범하였으매 하나님의 영광에 이르지 못하더니 그리스도 예수 안에 있는 속량으로 말미암아 하나님의 은혜로 값 없이 의롭다 하심을 얻은 자 되었느니라 (로마서 3장 23,24절)

문제3

성경구절 글자의 중간중간에 글자의 일부분이 가려져 있습니다. 가려진 글자를 유추하여 성경구절 전체를 크게 읽어 보고, 완성된 성경구절을 필사해 보세요.

그리스도께서 다시 살아나신 일이 없으면 너희의
[illegible]도 [illegible] 너희가 여전히 죄 [illegible] 있을 것이요
또한 그리스도 안에서 [illegible] 자도 망하였으리니
만일 그리스도 안에서 우리가 바라는 것이 다만
이 [illegible]의 [illegible] 뿐이면 모든 사람 가운데 [illegible]가 더욱
[illegible] 자이리라 (고린도전서 15 장 17～19절)

문제4

성경구절 글자의 중간중간에 글자의 일부분이 가려져 있습니다. 가려진 글자를 유추하여 성경구절 전체를 크게 읽어 보고, 완성된 성경구절을 필사해 보세요.

그리스도께서 하나님 곧 우리 아버지의 뜻을 따라
이 악한 세대에서 우리를 건지시려고 우리 죄를 대속
하기 위하여 자기 몸을 주셨으니 영광이 그에게
세세토록 있을지어다 아멘 (갈라디아서 1:4)

우리는 그가 만드신 바라 그리스도 예수 안에서 선한
일을 위하여 지으심을 받은 자니 이 일은 하나님이
전에 예비하사 우리로 그 가운데서 행하게 하려 하심
이니라 (에베소서 2:10)

문제5

성경구절 글자의 중간중간에 글자의 일부분이 가려져 있습니다. 가려진 글자를 유추하여 성경구절 전체를 크게 읽어 보고, 완성된 성경구절을 필사해 보세요.

주께 [illegible]하게 행하여 [illegible]에 기쁘시게 하고 모든
[illegible] 일에 [illegible] 하시며 하나님을 아는 것에 자
라게 하시고 그의 영[illegible] 힘을 따라 모든 능[illegible]로 능
하게 하시며 기[illegible]로 모든 견[illegible] 오래 참[illegible]
이르게 하시고 우리로 하여금 빛 가운데서 [illegible]의
[illegible]의 부분을 얻기에 [illegible]하게 하신 아버지께 감사
하게 하시기를 원하노라 (골로새서 1:10~12)

문제6

성경구절 글자의 중간중간에 글자의 일부분이 가려져 있습니다. 가려진 글자를 유추하여 성경구절 전체를 크게 읽어 보고, 완성된 성경구절을 필사해 보세요.

크도다 경건의 비밀이여, 그렇지 않다 하는 이 없도다 그는 육신으로 나타난 바 되시고 영으로 의롭다 하심을 받으시고 천사들에게 보이시고 만국에서 전파되시고 세상에서 믿은 바 되시고 영광 가운데서 올려지셨느니라 (디모데전서 3:16)

망령되고 허탄한 신화를 버리고 경건에 이르도록 네 자신을 연단하라 육체의 연단은 약간의 유익이 있으나 경건은 범사에 유익하니 금생과 내생에 약속이 있느니라 (디모데전서 4:7,8)

문제7

성경구절 글자의 중간중간에 글자의 일부분이 가려져 있습니다. 가려진 글자를 유추하여 성경구절 전체를 크게 읽어 보고, 완성된 성경구절을 필사해 보세요.

[illegible]자들아 만일 우리 마음이 우리를 [illegible]할
것이 없으면 하나님 앞에서 [illegible]을 얻고
[illegible] 구하는 바를 그에게서 받나니 이는 우리가
그의 [illegible] 그 앞에서 [illegible] 것을 행함이
라 그의 계명은 이것이니 곧 그 아들 예수 그리스도의
이름을 믿고 [illegible]가 우리에게 주신 계명[illegible]로 서로
[illegible]할 것이니라 (요한1서 3:21~23)

문제8

성경구절 글자의 중간중간에 글자의 일부분이 가려져 있습니다. 가려진 글자를 유추하여 성경구절 전체를 크게 읽어 보고, 완성된 성경구절을 필사해 보세요.

[illegible]여 때가 이르렀사오니 아들을 영화롭게 하사 아
들로 아버지를 영[illegible] 하게 하옵소서 아버지께서 아
[illegible]에게 주신 모든 사람에게 영[illegible] 주게 하시려고 만
[illegible] 다스리는 권[illegible] 아들에게 주셨음이로소이다 영
생은 곧 유[illegible] 하나님과 그가 보내신 자 예[illegible]
[illegible]를 아는 것이니이다 아버지께서 내게 하라고 주
신 일을 내가 이루어 아[illegible] 이 세[illegible]서 영화롭게
하였사오니 (요한복음 17:1~4)

정답

문제1

누구든지 말로 성령을 거역하면 이 세상과 오는 세상에서도 사하심을 얻지 못하리라 (마태복음 12:32)

시험에 들지않게 깨어 기도하라 마음에는 원이로되 육신이 약하도다 (마태복음 26:41)

우리가 다 반드시 그리스도의 심판대 앞에 나타나게 되어 각각 선악간에 그 몸으로 행한 것을 따라 받으려 함이라 (고린도후서 5:10)

문제2

다른 이로써는 구원을 받을 수 없나니 천하 사람 중에 구원을 받을 만한 다른 이름을 우리에게 주신 일이 없음이라 하였더라 (사도행전 4:12)

모든 사람이 죄를 범하였으매 하나님의 영광에 이르지 못하더니 그리스도 예수 안에 있는 속량으로 말미암아 하나님의 은혜로 값 없이 의롭다 하심을 얻은 자 되었느니라 (로마서 3:23,24)

문제3

그리스도께서 다시 살아나신 일이 없으면 너희의 믿음도 헛되고 너희가 여전히 죄 가운데 있을 것이요 또한 그리스도 안에서 잠자는 자도 망하였으리니 만일 그리스도 안에서 우리가 바라는 것이 다만 이 세상의 삶 뿐이면 모든 사람 가운데 우리가 더욱 불쌍한 자이리라 (고린도전서 15:17~19)

문제4

그리스도께서 하나님 곧 우리 아버지의 뜻을 따라 이 악한 세대에서 우리를 건지시려고 우리 죄를 대속하기 위하여 자기 몸을 주셨으니 영광이 그에게 세세토록 있을지어다 아멘 (갈라디아서 1:4)

우리는 그가 만드신 바라 그리스도 예수 안에서 선한 일을 위하여 지으심을 받은 자니 이 일은 하나님이 전에 예비하사 우리로 그 가운데서 행하게 하려 하심이니라(에베소서 2:10)

문제5

주께 합당하게 행하여 범사에 기쁘시게 하고 모든 선한 일에 열매를 맺게 하시며 하나님을 아는 것에 자라게 하시고 그의 영광의 힘을 따라 모든 능력으로 능하게 하시며 기쁨으로 모든 견딤과 오래 참음에 이르게 하시고 우리로 하여금 빛 가운데서 성도의 기업의 부분을 얻기에 합당하게 하신 아버지께 감사하게 하시기를 원하노라 (골로새서 1:10~12)

문제6

크도다 경건의 비밀이여, 그렇지 않다 하는 이 없도다 그는 육신으로 나타난 바 되시고 영으로 의롭다 하심을 받으시고 천사들에게 보이시고 만국에서 전파되시고 세상에서 믿은 바 되시고 영광 가운데서 올려지셨느니라 (디모데전서 3:16)

망령되고 허탄한 신화를 버리고 경건에 이르도록 네 자신을 연단하라 육체의 연단은 약간의 유익이 있으나 경건은 범사에 유익하니 금생과 내생에 약속이 있느니라 (디모데전서 4:7,8)

문제7

사랑하는 자들아 만일 우리 마음이 우리를 책망할 것이 없으면 하나님 앞에서 담대함을 얻고 무엇이든지 구하는 바를 그에게서 받나니 이는 우리가 그의 계명을 지키고 그 앞에서 기뻐하시는 것을 행함이라 그의 계명은 이것이니 곧 그 아들 예수 그리스도의 이름을 믿고 그가 우리에게 주신 계명대로 서로 사랑할 것이니라 (요한1서 3:21~23)

문제8

아버지여 때가 이르렀사오니 아들을 영화롭게 하사 아들로 아버지를 영화롭게 하게 하옵소서 아버지께서 아들에게 주신 모든 사람에게 영생을 주게 하시려고 만민을 다스리는 권세를 아들에게 주셨음이로소이다 영생은 곧 유일하신 참 하나님과 그가 보내신 자 예수 그리스도를 아는 것이니이다 아버지께서 내게 하라고 주신 일을 내가 이루어 아버지를 이 세상에서 영화롭게 하였사오니 (요한복음 17:1~4)

제 10 부

숨겨진 모음 찾기 퍼즐

성경구절을 자음(초성), 모음, 받침으로 분리하여
띄어쓰기를 무시하고 일정하게 순서에 따라 나열해 놓고
모음에 해당하는 칸만 빈칸으로 표시하였습니다.
빈칸에 넣어야 할 모음을 찾아서 넣음으로써,
완성된 성경구절을 만드는 퍼즐입니다.

조금은 어려운 퍼즐 문제이므로
제시된 문제가 예수님께서 말씀하신 것이라든가
어디에 나오는 구절인지 힌트를 제공하였습니다.

집중력이 요구되고,
뇌의 기능을 자극하고 촉진시킴으로서 뇌기능 강화에도 도움이 됩니다.

앞부분부터 차례로 문제를 풀어야 하며,
앞의 문맥에서 뒷 문맥과 연결되도록 하면 유추하기 쉽습니다.
앞뒤 문맥을 연결하려다 보면 자연스럽게 성경을 읊조리게 되는 효과가 있습니다.

문제1

아래 내용은 예수님께서 하신 말씀 중 하나입니다. 무슨 말씀일까요?

ㅅ	■	ㅁ	ㄹ	■	ㅇ	ㅇ	■	ㄱ	■	ㄴ	■	ㄴ
ㅎ	■	ㄴ	ㅈ	■	ㄴ	■	ㄴ	ㅂ	■	ㄱ	ㅇ	■
ㅇ	■	ㅆ	ㄴ	■	ㄴ	■						

ㄴ	■	ㅎ	■	ㄴ	■	ㄴ	ㅅ	■	ㅅ	■	ㅇ	ㅇ
■	ㅂ	■	ㅊ	ㅇ	■	ㄹ	■			■		

ㄴ	■	ㅎ	■	ㄴ	■	ㄴ	ㅁ	■	ㄴ	ㅈ	■	ㄱ
■	ㅇ	■	ㄴ	■	ㄹ	■	ㄴ	■	ㄱ	■	ㅇ	■
ㅇ	■	ㄹ	■	ㄹ	ㄱ	■	ㅎ	■	ㄹ	■		

ㅈ	■	ㅂ	ㅇ	■	ㄴ	ㅁ	■	ㄴ	ㅇ	■	ㄹ	■
ㄷ	■	ㄹ	ㅇ	■	ㄱ	■	ㄹ	■				

ㄱ	■	ㄹ	■	ㄴ	■	ㅁ	■	ㄷ	ㅇ	■	ㅁ	ㄷ
■	ㄹ	■	ㄷ	■	ㄹ	ㅈ	■	ㅇ	■	ㄷ	■	

문제2

아래 내용은 예수님께서 하신 말씀 중 하나입니다. 무슨 말씀일까요?

ㄴ	■	ㅁ	■	ㄷ	ㅇ	■	ㅁ	ㅇ	■	ㄴ	■	ㄹ
■	ㄹ	ㄱ	■	ㅇ	■	ㄴ	ㅎ	■	ㅇ	■	ㅆ	ㄷ
■												

ㅅ	■	ㄱ	■	ㅎ	■	ㄱ	■	ㅁ	■	ㄱ	■	ㅇ
■	ㄴ	ㅈ	■	ㅁ	ㅈ	■	ㄴ	ㅈ	■	ㄷ	■	ㄹ
ㅇ	■	ㄷ	■	ㄴ	■	ㄱ	■	ㄹ	■	ㅇ	■	ㄹ
■												

ㅇ	■	ㄴ	ㅅ	■	ㅁ	ㅎ	■	ㄹ	■	ㄴ	■	ㄴ
■	ㄷ	■	ㄹ	■	ㅇ	■	ㅎ	■	ㅈ	■	ㅁ	■
ㄹ	ㄹ	■										

ㅇ	■	ㅈ	■	ㅇ	■	ㄴ	■	ㅁ	■	ㄷ	ㅇ	■
ㅁ	ㅇ	■	ㅋ	■	ㄷ	■	ㄷ	■	ㄴ	■	ㅅ	■
ㅇ	■	ㄴ	ㄷ	■	ㄹ	■	ㄷ	■	ㄹ	■	ㄹ	■

ㄴ	■	ㅈ	■	ㅂ	ㅇ	■	ㄴ	ㄱ	■	ㄷ	■	ㅎ
■	ㄴ	■	ㄴ	ㅈ	■	ㅂ	ㅇ	■	ㄹ	■		

문제3

아래 내용은 구약성경 잠언에 나오는 말씀 중 하나입니다. 한 자씩 건너서 모음이 감추어져 있습니다. 무슨 말씀일까요?

ㄴ	■	ㄴ	ㅡ	ㄴ	ㅁ	■	ㅇ	ㅡ	ㅁ	ㅇ	■	ㄹ
ㄷ	ㅏ	ㅎ	■	ㅇ	ㅕ	ㅇ	■	ㅎ	ㅗ	ㅇ	■	ㄹ
ㅡ	ㄹ	ㅅ	■	ㄴ	ㄹ	ㅚ	ㅎ	■	ㄱ	ㅗ	ㄴ	■
ㅁ	ㅕ	ㅇ	ㅊ	■	ㄹ	ㅇ	ㅡ	ㄹ	ㅇ	■	ㅈ	ㅣ
ㅎ	■	ㅈ	ㅣ	ㅁ	■	ㄹ	ㄹ	ㅏ				

ㄴ	ㅔ	ㅁ	■	ㅇ	ㅡ	ㅁ	ㅇ	■	ㄹ	ㅗ	ㅈ	■
ㅇ	ㅣ	ㄴ	ㅇ	■	ㅎ	ㅕ	ㅇ	ㄹ	■	ㅇ	ㅇ	ㅡ
ㄹ	ㅂ	■	ㄹ	ㅓ	ㅇ	■	ㅎ	ㅏ	ㅈ	■	ㅁ	ㅏ
ㄹ	ㄱ	■	ㅎ	ㅏ	ㅇ	ㅅ	■	ㅇ	ㅇ	ㅕ	ㅎ	■
ㅇ	ㅘ	ㄹ	■	ㄹ	ㄱ	ㅕ	ㅇ	ㅇ	■	ㅎ	ㅏ	ㄹ
■												

ㅂ	■	ㅈ	ㅏ	ㄷ	■	ㄱ	ㅣ	ㅇ	■	ㅇ	ㅐ	ㅆ
■	ㅈ	ㅣ	ㅁ	■	ㄹ	ㄱ	ㅗ	ㄴ	■	ㅅ	ㅏ	ㅅ
■	ㄹ	ㅗ	ㅇ	■	ㄴ	ㅈ	ㅣ	ㄹ	■	ㄹ	ㅡ	ㄹ
ㅂ	■	ㄹ	ㅣ	ㄹ	ㅈ		ㅇ	ㅓ	ㄷ	■		

ㅇ	ㅕ	ㅎ	■	ㅇ	ㅘ	ㄹ	■	ㄹ	ㄱ	ㅕ	ㅇ	ㅇ
■	ㅎ	ㅏ	ㅁ	■	ㄴ	ㅈ	ㅏ	ㅇ	ㅅ	■	ㅎ	ㅏ
ㄴ	■	ㄴ	ㅣ	ㄹ	■							

문제4

아래 내용은 데살로니가전서에 나오는 말씀 중 하나입니다. 무슨 말씀일까요?

ㅎ		ㅇ	ㅅ	■	ㅇ	ㄱ	■	ㅃ	■	ㅎ	■	ㄹ
■												

ㅂ	■	ㅁ	ㅅ	■	ㅇ	■	ㄱ	■	ㅁ	ㅅ	■	ㅎ
■	ㄹ	■										

ㅎ	ㅏ	ㄴ	■	ㄴ	ㅣ	ㅁ	ㅇ	■	ㄸ	ㅡ	ㅅ	ㅇ
■	ㄴ	ㅇ	ㅣ	ㄱ	■	ㅅ	ㅇ	ㅣ	ㄴ	■	ㄴ	ㅓ
ㅎ	■	ㅇ	ㅢ	ㄱ	■	ㄹ	ㅜ	ㄱ	ㅎ	■	ㅁ	ㅇ
ㅣ	ㄹ	■										

ㅇ	ㅖ	ㅅ	■	ㅇ	ㅏ	ㄴ	ㅇ	■	ㅅ	ㅓ	ㅈ	■
ㄴ	ㅡ	ㄴ	ㅈ	■	ㄷ	ㅡ	ㄹ	ㄷ	■	ㅎ	ㅏ	ㄴ
■	ㄴ	ㅣ	ㅁ	ㅇ	■	ㄱ	ㅡ	ㅇ	■	ㅎ	ㅏ	ㅁ
ㄲ	■	ㄷ	ㅔ	ㄹ	■	ㄱ	ㅗ	ㅇ	■	ㅅ	ㅣ	ㄹ
■	ㄹ	ㅏ										

ㅇ	ㅗ	ㅈ	■	ㄱ	ㅇ	ㅜ	ㄹ	■	ㅁ	ㅏ	ㅇ	■
ㅁ	ㅇ	ㅡ	ㄹ	ㄱ	■	ㅁ	ㅊ	ㅏ	ㄹ	ㅎ	■	ㅅ
ㅣ	ㄴ	■	ㄴ	ㅎ	ㅏ	ㄴ	■	ㄴ	ㅣ	ㅁ		

문제5

아래 내용은 욥기에 나오는 말씀 중 하나입니다. 한자씩 건너서 모음이 감추어져 있습니다. 무슨 말씀일까요?

ㄴ	■	ㄱ	ㅏ	ㄱ	■	ㄴ	ㅡ	ㄴ	ㄱ	■	ㄹ	ㅇ
ㅡ	ㄹ	ㄱ	■	ㄱ	ㅏ	ㅇ	■	ㅅ	ㅣ	ㄴ	■	ㄴ
ㅣ	ㄱ	■	ㄱ	ㅏ	ㄴ	■	ㄹ	ㅡ	ㄹ	ㄷ	■	ㄴ
ㄹ	ㅕ	ㄴ	ㅎ	■	ㅅ	ㅣ	ㄴ	ㅎ	■	ㅇ	ㅔ	ㄴ
■	ㄴ	ㄴ	ㅐ	ㄱ	■	ㅅ	ㅜ	ㄴ	ㄱ	■	ㅁ	ㄱ
ㅏ	ㅌ	ㅇ	■	ㄷ	ㅚ	ㅇ	■	ㄴ	ㅏ	ㅇ	■	ㄹ
ㅣ	ㄹ	■										

ㅇ	■	ㅂ	ㅇ	ㅣ	ㄱ	■	ㅇ	ㅢ	ㅊ	■	ㄴ	ㄱ
ㅜ	ㄷ	■	ㄹ	ㅇ	ㅡ	ㄹ	ㅇ	■	ㅎ	ㅏ	ㅇ	■
ㄱ	ㅣ	ㄷ	■	ㅎ	ㅏ	ㄹ	ㄸ	■	ㅇ	ㅕ	ㅎ	■
ㅇ	ㅘ	ㄲ	■	ㅅ	ㅓ	ㅇ	■	ㅂ	ㅇ	ㅢ	ㄱ	■
ㄴ	ㄱ	ㅕ	ㅇ	ㅇ	■	ㄹ	ㄷ	ㅗ	ㄹ	ㅇ	■	ㅋ
ㅣ	ㅅ	■	ㄱ	ㅗ	ㅇ	■	ㅎ	ㅗ	ㅇ	■	ㄲ	ㅔ
ㅅ	■	ㅇ	ㅛ	ㅂ	ㅇ	■	ㄱ	ㅔ	ㅇ	■	ㅈ	ㅓ
ㄴ	ㅁ	■	ㄷ	ㅡ	ㄴ	ㅅ	■	ㅇ	ㅠ	ㅂ	■	ㄷ
ㅏ	ㄱ	■	ㅂ	ㅈ	ㅓ	ㄹ	ㅇ	■	ㄴ	ㅏ	ㅈ	■
ㅅ	ㅣ	ㄴ	ㅈ	■	ㄹ	ㅏ						

문제6

아래 내용은 요한계시록에 나오는 말씀 중 하나입니다. 한자씩 건너서 모음이 감추어져 있습니다. 무슨 말씀일까요?

ㄴ		ㄴ	ㅡ	ㄴ	ㅅ		ㄹ	ㅏ	ㅁ	ㅇ		ㄸ
ㅡ	ㅅ	ㄱ		ㅁ	ㅏ	ㅇ		ㅁ	ㅇ	ㅡ	ㄹ	ㅅ
	ㄹ	ㅍ	ㅣ	ㄴ		ㄴ	ㅈ	ㅏ	ㅇ		ㄴ	ㅈ
ㅜ	ㄹ	ㅇ		ㄹ	ㅈ	ㅣ	ㄹ		ㄴ	ㅐ	ㄱ	
ㄴ	ㅓ	ㅎ		ㄱ	ㅏ	ㄱ	ㅅ		ㄹ	ㅏ	ㅁ	ㅇ
	ㅎ	ㅐ	ㅇ	ㅇ		ㄷ	ㅐ	ㄹ		ㄱ	ㅏ	ㅍ
ㅇ		ㅈ	ㅜ	ㄹ		ㄹ	ㅏ					

정답

문제1

심령이 가난한 자는 복이 있나니 (마태복음 5:3)
너희는 세상의 빛이라 (마태복음 5:14)
너희는 먼저 그의 나라와 그의 의를 구하라 (마태복음 6:33)
좁은 문으로 들어가라 (마태복음 7:13)
가라 네 믿음대로 될지어다 (마태복음 8:13)

문제2

네 믿음이 너를 구원하였다 (마태복음 9:22)
수고하고 무거운 짐진 자들아 다 내게로 오라 (마태복음 11:28)
안심하라 나니 두려워 하지 말라 (마태복음 14:27)
여자여 네 믿음이 크도다 네 소원대로 되리라 (마태복음 15:28)
내 집은 기도 하는 집이라 (마태복음 21:13)

문제3

너는 마음을 다하여 여호와를 신뢰하고 네 명철을 의지하지 말라 (잠언 3:5)
네 마음으로 죄인의 형통을 부러워하지 말고 항상 여호와를 경외하라 (잠언 23:17)
부자 되기에 애쓰지 말고 네 사사로운 지혜를 버릴지어다 (잠언 23:4)
여호와를 경외하면 장수하느니라 (잠언 10:27)

문제4

항상 기뻐하라 (데살로니가전서 5:16)
범사에 감사하라 (데살로니가전서 5:18)
하나님의 뜻은 이것이니 너희의 거룩함이라 (데살로니가전서 4:3)
예수 안에서 자는 자들도 하나님이 그와 함께 데리고 오시리라 (데살로니가전서 4:14)
오직 우리 마음을 감찰하시는 하나님 (데살로니가전서 2:4)

문제5

내가 가는 길을 그가 아시나니 그가 나를 단련하신 후에는 내가 순금 같이 되어 나오리라 (욥기 23:10)
욥이 그의 친구들을 위하여 기도할 때 여호와께서 욥의 곤경을 돌이키시고 여호와께서 욥에게 이전 모든 소유보다 갑절이나 주신지라 (욥기 42:10)

문제6

나는 사람의 뜻과 마음을 살피는 자인 줄 알지라 내가 너희 각 사람의 행위대로 갚아 주리라 (요한계시록 2:23)

제 11 부

밀장 빼기 퍼즐

성경구절을 띄어쓰기를 무시하고 일정하게 순서에 따라 한 자씩 나열해 놓았는데,
글자에서 받침이 있는 경우 받침만 빼어 놓았습니다.
빠진 받침을 찾아 넣어서 원래의 정상적인 성경구절을 완성하는 퍼즐입니다.

숨겨진 모음 찾기 퍼즐보다는 상대적으로 난이도가 낮지만,
나름 신경 써서 문제를 풀다 보면 재미를 느낄 수 있을 것입니다.

집중력이 요구되고,
뇌의 기능을 자극하고 촉진시킴으로서 뇌기능 강화에도 도움이 됩니다.

앞부분부터 차례로 문제를 풀어야 하고, 앞의 문맥에서부터
뒤에 따라오는 단어나 문맥을 유추하면 됩니다.
앞뒤 문맥을 연결하려다 보면 자연스럽게 성경을 읊조리게 되는 효과가 있습니다.

다음 성경구절들은 받침이 빠진 상태로 띄어쓰기 없이 쓰여 있습니다. 빠진 받침들을 찾아서 정상적인 성경말씀을 완성하고 크게 소리내어 읽어보세요.

문제1

구	워	으	여	호	와	께	이	사	오	니	주	의	보	으
주	의	배	성	에	게	내	리	소	서	(시편 3:8)				

문제2

이	새	드	아	어	느	때	까	지	나	의	여	과	으	바
꾸	어	요	되	게	하	며	허	되	이	으	조	아	하	고
거	지	으	구	하	려	느	가	(시편 4:2)						

문제3

보	으	에	느	하	나	니	의	의	가	나	타	나	서	미
으	으	로	미	으	에	이	르	게	하	나	니	기	로	되
바	오	지	의	이	으	미	으	으	로	마	미	아	아	사
리	라	하	과	가	으	니	라	(로마서 1:17)						

문제4

모	드	사	라	이	죄	르	버	하	여	으	매	하	나	니
의	여	과	에	이	르	지	모	하	더	니	그	리	스	도
예	수	아	에	이	느	소	랴	으	로	마	미	아	아	하
나	니	의	으	혜	로	가	어	이	의	로	다	하	시	으
어	으	자	되	어	느	니	라	(로마서 3:23~24)						

다음 성경구절들은 받침이 빠진 상태로 띄어쓰기 없이 쓰여 있습니다. 빠진 받침들을 찾아서 정상적인 성경말씀을 완성하고 크게 소리내어 읽어보세요.

문제5

우	리	가	아	거	니	와	하	나	니	으	사	라	하	느
자	고	그	의	뜨	대	로	부	르	시	으	이	으	자	드
에	게	느	모	드	거	이	혀	력	하	여	서	으	이	루
느	니	라	(로마서 8:28)											

문제6

너	는	네	혀	제	르	마	으	므	로	미	워	하	지	마
며	네	이	우	으	바	드	시	견	채	하	라	그	러	며
네	가	그	에	대	하	여	죄	르	다	다	하	지	아	니
하	리	라	워	수	르	가	지	마	며	도	포	르	워	마
하	지	마	며	네	이	우	사	라	하	기	르	네	자	시
과	가	이	사	라	하	라	나	느	여	호	와	이	니	라
(레위기 19:17,18)														

문제7

우	리	가	그	며	려	하	시	대	로	이	모	드	며	려
으	우	리	하	나	니	여	호	와	아	에	서	사	가	지
키	며	그	거	이	고	우	리	의	의	로	우	이	니	라
하	지	니	라	(신명기 6:25)										

다음 성경구절들은 받침이 빠진 상태로 띄어쓰기 없이 쓰여 있습니다. 빠진 받침들을 찾아서 정상적인 성경말씀을 완성하고 크게 소리내어 읽어보세요.

문제8

내	여	호	아	네	가	어	찌	하	여	나	시	하	며	어
찌	하	여	내	소	에	서	부	아	해	하	느	가	너	느
하	나	니	께	소	마	으	두	라	나	느	그	가	나	타
나	도	우	시	으	로	마	미	아	아	내	하	나	니	으
여	저	히	차	소	하	리	로	다	(시편 42:11)					

문제9

마	으	의	겨	여	으	사	라	에	게	이	어	도	마	의
으	다	으	여	호	와	께	로	부	터	나	오	느	니	라
사	라	의	해	위	가	자	기	보	기	에	느	모	두	깨
끄	하	여	도	여	호	와	느	시	려	으	가	차	하	시
느	니	라	너	의	해	사	르	여	호	와	께	마	기	라
그	리	하	며	네	가	겨	여	하	느	거	이	이	루	어
지	리	라	(잠언 16:1~3)											

문제10

그	드	이	미	지	아	으	으	로	마	미	아	아	거	기
서	마	으	느	려	으	해	하	지	아	니	하	시	니	라
(마태복음 13:58)														

다음 성경구절들은 받침이 빠진 상태로 띄어쓰기 없이 쓰여 있습니다. 빠진 받침들을 찾아서 정상적인 성경말씀을 완성하고 크게 소리내어 읽어보세요.

문제11

비	로	무	화	과	나	무	가	무	서	하	지	모	하	며
포	도	나	무	에	여	매	가	어	으	며	가	라	나	무
에	소	추	이	어	으	며	바	에	머	으	거	이	어	으
며	우	리	에	야	이	어	으	며	외	야	가	에	소	가
어	으	지	라	도	나	느	여	호	와	로	마	미	아	아
즈	거	워	하	며	나	의	구	워	의	하	나	니	으	로
마	미	아	아	기	뻐	하	리	로	다	(하박국 3:17,18)				

문제12

이	자	가	자	기	여	과	으	로	모	드	처	사	와	하
께	오	때	에	자	기	여	과	의	보	좌	에	아	으	리
니	모	드	미	조	으	그	아	에	모	으	고	가	가	구
부	하	기	르	모	자	가	야	과	여	소	르	구	부	하
느	거	가	이	하	여	야	으	그	오	르	펴	에	여	소
느	외	펴	에	두	리	라	(마태복음 25:31~33)							

문제13

이	바	이	드	이	드	고	기	뻐	하	여	하	나	니	의
마	쓰	으	차	소	하	며	여	새	으	주	시	기	로	자
저	되	자	느	다	미	더	라	(사도행전 13:48)						

다음 성경구절들은 받침이 빠진 상태로 띄어쓰기 없이 쓰여 있습니다. 빠진 받침들을 찾아서 정상적인 성경말씀을 완성하고 크게 소리내어 읽어보세요.

문제14

소	마	의	하	나	니	이	모	드	기	쁘	과	펴	가	으
미	으	아	에	서	너	희	에	게	추	마	하	게	하	사
서	려	의	느	려	으	로	소	마	이	너	치	게	하	시
기	르	워	하	노	라	(로마서 15:13)								

문제15

너	희	느	모	드	아	도	과	토	하	과	부	내	과	떠
드	느	거	과	비	바	하	느	거	으	모	드	아	의	와
하	께	버	리	고	서	로	치	저	하	게	하	며	부	싸
히	여	기	며	서	로	요	서	하	기	르	하	나	니	이
그	리	스	도	아	에	서	너	희	르	요	서	하	시	과
가	이	하	라	(에베소서 4:31~32)										

문제16

아	무	이	에	드	지	다	투	이	나	허	여	으	로	하
지	마	고	오	지	겨	소	하	마	으	으	로	가	가	자
기	보	다	나	으	나	게	여	기	고	가	가	자	기	이
으	도	보	뿌	더	러	또	하	가	가	다	르	사	라	드
의	이	으	도	보	아	나	의	기	쁘	으	추	마	하	게
하	라	(빌립보서 2:3,4)												

다음 성경구절들은 받침이 빠진 상태로 띄어쓰기 없이 쓰여 있습니다. 빠진 받침들을 찾아서 정상적인 성경말씀을 완성하고 크게 소리내어 읽어보세요.

문제17

하	나	니	께	서	지	으	시	모	드	거	이	서	하	매
가	사	하	으	로	바	으	며	버	리	거	이	어	나	니
하	나	님	의	마	쓰	과	기	도	로	거	루	하	여	지
이	라	(디모데전서 4:4,5)												

문제18

의	이	으	조	려	나	무	가	이	버	서	하	며	레	바
노	의	배	햐	모	가	이	서	자	하	리	로	다	이	느
여	호	와	의	지	에	시	겨	으	이	여	우	리	하	나
니	의	뜨	아	에	서	버	서	하	리	로	다			
(시편 92:12,13)														

문제19

이	의	겨	구	으	다	드	어	으	니	하	나	니	으	겨
외	하	고	그	의	며	려	드	으	지	키	지	어	다	이
거	이	모	드	사	라	의	보	부	이	니	라	하	나	니
으	모	드	해	위	와	모	드	으	미	하	이	으	서	아
가	에	시	파	하	시	리	라	(전도서 12:13,14)						

다음 성경구절들은 받침이 빠진 상태로 띄어쓰기 없이 쓰여 있습니다. 빠진 받침들을 찾아서 정상적인 성경말씀을 완성하고 크게 소리내어 읽어보세요.

문제20

바	에	내	여	호	이	주	르	사	모	하	여	사	온	즉
내	주	시	이	주	르	가	저	히	구	하	오	리	니	이
느	주	께	서	따	에	서	시	파	하	시	느	때	에	세
계	의	거	미	이	의	르	배	우	이	니	이	다		
(이사야 26:9)														

문제21

누	구	드	지	자	기	시	자	가	르	지	고	나	르	따
르	지	아	느	자	도	느	히	내	제	자	가	되	지	모
하	리	라	(누가복음 14:27)											

문제22

내	가	지	시	로	너	희	에	게	이	르	노	니	누	구
드	지	하	나	니	의	나	라	르	어	리	아	이	와	가
이	바	아	드	이	지	아	느	자	느	겨	다	코	거	기
드	어	가	지	모	하	리	라	하	시	니	라			
(누가복음 18:17)														

문제23

아	드	으	미	느	자	에	게	느	여	새	이	이	고	아
드	에	게	수	조	하	지	아	니	하	느	자	느	여	새
으	보	지	모	하	고	도	리	어	하	나	니	의	지	노
가	그	위	에	머	무	러	이	느	니	라				
(요한복음 3:36)														

문제24

써	으	야	시	으	위	하	여	이	하	지	마	고	여	새
하	도	로	이	느	야	시	으	위	하	여	하	라	이	야
시	으	이	자	가	너	희	에	게	주	리	니	이	자	느
아	버	지	하	나	니	께	서	이	치	시	자	니	라	
(요한복음 6:27)														

문제25

나	르	보	내	시	이	의	뜨	으	내	게	주	시	자	주
에	내	가	하	나	도	이	어	버	리	지	아	니	하	고
마	지	마	나	에	다	시	사	리	느	이	거	이	니	라
내	아	버	지	의	뜨	으	아	드	으	보	고	미	느	자
마	다	여	새	으	어	느	이	거	이	니	마	지	마	나
에	내	가	이	르	다	시	사	리	리	라	하	시	니	라
(요한복음 6:39~40)														

문제26

너	희	가	무	어	이	드	지	아	버	지	께	구	하	느
거	으	내	이	르	으	로	주	시	리	라	지	그	까	지
느	너	희	가	내	이	르	으	로	아	무	거	도	구	하
지	아	니	하	여	으	나	구	하	라	그	리	하	며	바
으	리	니	너	희	기	쁘	이	추	마	하	리	라		
(요한복음 16:23~24)														

문제27

여	새	으	고	유	이	하	시	차	하	나	니	과	그	가
보	내	시	자	예	수	그	리	스	도	르	아	느	거	이
니	이	다	(요한복음 17:3)											

정답

문제1
구원은 여호와께 있사오니 주의 복을 주의 백성에게 내리소서 (시편 3:8)

문제2
인생들아 어느 때까지 나의 영광을 바꾸어 욕되게 하며 헛된 일을 좋아하고 거짓을 구하려는가 (시편 4:2)

문제3
복음에는 하나님의 의가 나타나서 믿음으로 믿음에 이르게 하나니 기록된 바 오직 의인은 믿음으로 말미암아 살리라 함과 같으니라 (로마서 1:17)

문제4
모든 사람이 죄를 범하였으매 하나님의 영광에 이르지 못하더니 그리스도 예수 안에 있는 속량으로 말미암아 하나님의 은혜로 값 없이 의롭다 하심을 얻은 자 되었느니라 (로마서 3:23,24)

문제5
우리가 알거니와 하나님을 사랑하는 자 곧 그의 뜻대로 부르심을 입은 자들에게는 모든 것이 합력하여 선을 이루느니라 (로마서 8:28)

문제6
너는 네 형제를 마음으로 미워하지 말며 네 이웃을 반드시 견책하라 그러면 네가 그에 대하여 죄를 담당하지 아니하리라 원수를 갚지 말며 동포를 원망하지 말며 네 이웃 사랑하기를 네 자신과 같이 사랑하라 나는 여호와이니라 (레위기 19:17,18)

문제7
우리가 그 명령하신 대로 이 모든 명령을 우리 하나님 여호와 앞에서 삼가 지키면 그것이 곧 우리의 의로움이니라 할지니라 (신명기 6:25)

문제8
내 영혼아 네가 어찌하여 낙심하며 어찌하여 내 속에서 불안해 하는가 너는 하나님께 소망을 두라 나는 그가 나타나 도우심으로 말미암아 내 하나님을 여전히 찬송하리로다 (시편 42:11)

문제9
마음의 경영은 사람에게 있어도 말의 응답은 여호와께로부터 나오느니라 사람의 행위가 자기 보기에는 모두 깨끗하여도 여호와는 심령을 감찰하시느니라 너의 행사를 여호와께 맡기라 그리하면 네가 경영하는 것이 이루어지리라 (잠언 16:1~3)

문제10
그들이 믿지 않음으로 말미암아 거기서 많은 능력을 행하지 아니하시니라 (마태복음 13:58)

문제11

비록 무화과나무가 무성하지 못하며 포도나무에 열매가 없으며 감람나무에 소출이 없으며 밭에 먹을 것이 없으며 우리에 양이 없으며 외양간에 소가 없을지라도 나는 여호와로 말미암아 즐거워하며 나의 구원의 하나님으로 말미암아 기뻐하리로다 (하박국 3:17,18)

문제12

인자가 자기 영광으로 모든 천사와 함께 올 때에 자기 영광의 보좌에 앉으리니 모든 민족을 그 앞에 모으고 각각 구분하기를 목자가 양과 염소를 구분하는 것같이 하여 양은 그 오른편에 염소는 왼편에 두리라 (마태복음 25:31~33)

문제13

이방인들이 듣고 기뻐하여 하나님의 말씀을 찬송하며 영생을 주시기로 작정된 자는 다 믿더라 (사도행전 13:48)

문제14

소망의 하나님이 모든 기쁨과 평강을 믿음 안에서 너희에게 충만하게 하사 성령의 능력으로 소망이 넘치게 하시기를 원하노라 (로마서 15:13)

문제15

너희는 모든 악독과 노함과 분냄과 떠드는 것과 비방하는 것을 모든 악의와 함께 버리고 서로 친절하게 하며 불쌍히 여기며 서로 용서하기를 하나님이 그리스도 안에서 너희를 용서하심과 같이 하라 (에베소서 4:31,32)

문제16

아무 일에든지 다툼이나 허영으로 하지 말고 오직 겸손한 마음으로 각각 자기보다 남을 낫게 여기고 각각 자기 일을 돌볼뿐더러 또한 각각 다른 사람들의 일을 돌보아 나의 기쁨을 충만하게 하라 (빌립보서 2:3,4)

문제17

하나님께서 지으신 모든 것이 선하매 감사함으로 받으면 버릴 것이 없나니 하나님의 말씀과 기도로 거룩하여짐이라 (디모데전서 4:4,5)

문제18

의인은 종려나무 같이 번성하며 레바논의 백향목 같이 성장하리로다 이는 여호와의 집에 심겼음이여 우리 하나님의 뜰 안에서 번성하리로다 (시편 92:12,13)

문제19

일의 결국을 다 들었으니 하나님을 경외하고 그의 명령들을 지킬지어다 이것이 모든 사람의 본분이니라 하나님은 모든 행위와 모든 은밀한 일을 선악 간에 심판하시리라 (전도서 12:13,14)

문제20
밤에 내 영혼이 주를 사모하였사온즉 내 중심이 주를 간절히 구하오리니 이는 주께서 땅에서 심판하시는 때에 세계의 거민이 의를 배움이니이다 (이사야 26:9)

문제21
누구든지 자기 십자가를 지고 나를 따르지 않는 자도 능히 내 제자가 되지 못하리라 (누가복음 14:27)

문제22
내가 진실로 너희에게 이르노니 누구든지 하나님의 나라를 어린 아이와 같이 받아들이지 않는 자는 결단코 거기 들어가지 못하리라 하시니라 (누가복음 18:17)

문제23
아들을 믿는 자에게는 영생이 있고 아들에게 순종하지 아니하는 자는 영생을 보지 못하고 도리어 하나님의 진노가 그 위에 머물러 있느니라 (요한복음 3:36)

문제24
썩을 양식을 위하여 일하지 말고 영생하도록 있는 양식을 위하여 하라 이 양식은 인자가 너희에게 주리니 인자는 아버지 하나님께서 인치신 자니라 (요한복음 6:27)

문제25
나를 보내신 이의 뜻은 내게 주신 자 중에 내가 하나도 잃어버리지 아니하고 마지막 날에 다시 살리는 이것이니라 내 아버지의 뜻은 아들을 보고 믿는 자마다 영생을 얻는 이것이니 마지막 날에 내가 이를 다시 살리리라 하시니라 (요한복음 6:39~40)

문제26
너희가 무엇이든지 아버지께 구하는 것을 내 이름으로 주시리라 지금까지는 너희가 내 이름으로 아무 것도 구하지 아니하였으나 구하라 그리하면 받으리니 너희 기쁨이 충만하리라 (요한복음 16:23~24)

문제27
영생은 곧 유일하신 참 하나님과 그가 보내신 자 예수 그리스도를 아는 것이니이다 (요한복음 17:3)

제 12 부

기둥 속 성경 문구 찾기 퍼즐

각각의 기둥 속에서 한 글자씩 찾아 성경 문구를 완성하는 퍼즐입니다.

첫 번째 기둥에서 시작하여
각 단계에서는 다수의 글자 중에서 한 글자를 선택해야 합니다.
그다음 단계에 어떤 문구가 연결될지를 미리 예측하여
중첩되는 유추를 이어나가야 하는 퍼즐 문제입니다.

한 번에 여러 개의 선택을 해야하는 과정(멀티 씽킹)을 하게 됨으로써
자연스럽게 성경적인 문구를 머리에 떠올리며 읊조리게 되는 효과가 있습니다.

집중력이 요구되고,
뇌의 기능을 자극하고 촉진시킴으로서 뇌기능 강화에도 도움이 됩니다.

각각의 기둥에서 한 글자 씩 사용하여 성경 문구를 찾아보세요. 한 개의 성경 문구는 이미 완성되어 있습니다.

문제1

마태복음

일	수	할	의	꾼
십	장	과	계	식
무	용	할	일	무
추	자	큰	양	도
가	화	가	나	명

일	용	할	양	식

각각의 기둥에서 한 글자 씩 사용하여 성경 문구를 찾아보세요. 한 개의 성경 문구는 이미 완성되어 있습니다.

문제2

마가복음

깨	도	님	비	찬
달	나	있	만	라
하	지	트	으	부
마	란	막	농	라
포	어	원	나	유

달	란	트	비	유

각각의 기둥에서 한 글자 씩 사용하여 성경 문구를 찾아보세요. 한 개의 성경 문구는 이미 완성되어 있습니다.

문제3

누가복음

합	기	바	하	유
열	자	십	열	여
뜻	당	의	구	가
자	두	다	자	매
탕	을	한	비	니

합	당	한	열	매

각각의 기둥에서 한 글자 씩 사용하여 성경 문구를 찾아보세요. 한 개의 성경 문구는 이미 완성되어 있습니다.

문제4

요한복음

나	헤	의	성	라
다	를	와	진	령
영	헤	루	말	리
은	이	따	었	씀
보	생	사	르	다

다	이	루	었	다

각각의 기둥에서 한 글자 씩 사용하여 성경 문구를 찾아보세요. 한 개의 성경 문구는 이미 완성되어 있습니다.

문제5

사도행전

하	을	스	선	각
성	로	님	의	물
그	리	몬	도	라
솔	령	벗	나	인
신	나	의	행	라

솔	로	몬	행	각

각각의 기둥에서 한 글자 씩 사용하여 성경 문구를 찾아보세요. 한 개의 성경 문구는 이미 완성되어 있습니다.

문제6

로마서

곤	령	님	하	신
하	~~광~~	와	행	강
의	빠	님	~~존~~	라
아	원	행	버	의
~~영~~	나	한	사	지
은	로	의	평	~~귀~~
선	고	한	나	람
하	을	~~과~~	은	위
신	나	아	확	사
구	혜	운	의	라

영	광	과	존	귀

정답

문제1

일용할양식
십자가의도
무화과나무
추수할일꾼
가장큰계명

문제2

깨어있으라
달란트비유
하나님나라
마지막만찬
포도원농부

문제3

합당한열매
열두바구니
뜻을다하여
자기십자가
탕자의비유

문제4

나를따르라
다이루었다
영생의말씀
은혜와진리
보혜사성령

문제5

하나님나라
성령의선물
그리스도인
솔로몬행각
신을벗으라

문제6

곤고한사람
하나님나라
의로운행위
아빠아버지
영광과존귀
은혜와평강
선을행하라
하나님의의
신령한은사
구원의확신

제 13 부

문장 만들기 퍼즐

상단부에는 무작위로 무질서하게 나열되어 있는 글자들이 있고,
하단부에는 관련된 성경구절을 쓰도록 빈칸이 준비되어 있습니다.

성경구절의 맨 처음 단어는 힌트로 제시되고, 나머지는 상단부에서 찾아서
하단부의 빈칸에 채워 넣음으로서 성경구절을 완성하는 퍼즐입니다.
성경구절을 완성해 가는 재미가 있습니다.

적절한 단어를 선택하는 과정에서 앞뒤 문맥과의 연결성을 고려하게 되고
앞뒤 문맥을 연결하려다 보면 자연스럽게 성경을 읊조리게 되는 효과가 있습니다.

성경구절이 완성된 후에 큰 소리로 성경구절을 읽어 보면 만족감도 큽니다.

집중력이 요구되고,
뇌의 기능을 자극하고 촉진시킴으로서 뇌기능 강화에도 도움이 됩니다.

문제1

상단부의 세로줄에 무질서하게 나열되어 있는 글자 중에서 하나씩 선택하여, 하단부에 띄어쓰기에 맞도록 빈칸에 넣어서 성경구절을 완성해 보세요. 일부 첫 글자는 미리 선택되어 있으니 이것을 참고하여 연결하면 됩니다. 명암으로 표시된 곳은 띄어쓰기 칸입니다.

로마서 6:10,11

대 자 도 그 으 대	심 가 하 요 하	이 여 너 여	는 그 희 요 죽	살 리 으	심 아 그 자 살 스	가 신 은 아 도	을 계	있 죄 살 예 심	아 에 이 수 는 죄	에 니	안 자 대 계	이 하 심 에 로 대	여 서 와 은 하	여 여	하 단 는 같 길 하	나 이 번 나 지	님 죽 님 어 에	께 은 께 너 다	희 죽
그	가																		
								예	수										

문제2

상단부의 세로줄에 무질서하게 나열되어 있는 글자 중에서 하나씩 선택하여, 하단부에 띄어쓰기에 맞도록 빈칸에 넣어서 성경구절을 완성해 보세요. 일부 첫 글자는 미리 선택되어 있으니 이것을 참고하여 연결하면 됩니다. 명암으로 표시된 곳은 띄어쓰기 칸입니다.

로마서 8:16,17

가 상 성 우	자 고 속 령 리	하 녀 자 난 이 가	나 도 요 이	면 친 님 그	히 의 그 함 와	께 리 또	자 한 우 함 스	리 도 녀 받 께	아 인 의 상 와	야 영 속	것 자 영 함 광	을 께 할 을 과	곧 한	증 것 받 더	하 이 불 기 언 상	어 하 상 니 나 속	라 위 시 님 자	우 하 의 나 니	니 리 여
성	령	이	■			■				■			■				■		
	■					■				■			■						
■					■			■				■		■					■
				■						■				■					■
			■			■			■	영	광	을	■			■			
■				■			■				■		■					■	■

문제3

상단부의 세로줄에 무질서하게 나열되어 있는 글자 중에서 하나씩 선택하여, 하단부에 띄어쓰기에 맞도록 빈칸에 넣어서 성경구절을 완성해 보세요. 일부 첫 글자는 미리 선택되어 있으니 이것을 참고하여 연결하면 됩니다. 명암으로 표시된 곳은 띄어쓰기 칸입니다.

로마서 8:26

마	오	리	를	성	히	이	여	성	할	히	을	간	도	알	시	탄	못	으	우
성	우	도	마	살	리	하	기	연	약	함	바	성	구	우	라	나	식	하	로
아	령	직	를	우	위	시	는	말	할	이	수	를	령	하	지	생	니	라	나
리	는	나	니	땅	령	는	여	도	친	구	하	심	없	는	시	느	각	대	로
	성	을			이	하			령	가		하	이	님	의		뜻	을	
	시	도			피	의			이				나	니			니		
	음				위				간					의					

성	령	도	■				■					■						■	
		■				■				■			■			■			
■			■				■			■		■			■				
■				■				■			■								■
			■					■			■				■				■
				■			■				■					■			
■				■				■								■	■	■	■

문제4

상단부의 세로줄에 무질서하게 나열되어 있는 글자 중에서 하나씩 선택하여, 하단부에 띄어쓰기에 맞도록 빈칸에 넣어서 성경구절을 완성해 보세요. 일부 첫 글자는 미리 선택되어 있으니 이것을 참고하여 연결하면 됩니다. 명암으로 표시된 곳은 띄어쓰기 칸입니다.

로마서 10:9,10

운 네 인 에 어	하 데 가 구	서 이 의 원 며	을 만 르 에	또 느 일 살	리 이 니 받	하 신 네 으 라 르	고 나 리	라 입 것 님	으 입 께 을	서 로 사 으	로 람 네	그 예 이	수 를 시 마	음 인 마 를	죽 하 음 에	주 여 은 으	로 믿 자 로	으 구	가 시 원 면 믿
네	가	■			■		■				■				■			■	
			■		■						■			■				■	
			■				■			■		■				■			
■				■					■	사	람		■					■	
	■			■				■				■					■		
	■						■	■	■	■	■	■	■	■	■	■	■	■	■

문제5

상단부의 세로줄에 무질서하게 나열되어 있는 글자 중에서 하나씩 선택하여, 하단부에 띄어쓰기에 맞도록 빈칸에 넣어서 성경구절을 완성해 보세요. 일부 첫 글자는 미리 선택되어 있으니 이것을 참고하여 연결하면 됩니다. 명암으로 표시된 곳은 띄어쓰기 칸입니다.

로마서 14:8,9

위	죽	가	나	그	위	리	여	죽	서	의	위	하	그	가	므	다	이	사	나
가	하	으	를	니	아	도	도	주	은	나	자	와	이	산	살	자	의	를	어
아	나	주	려	살	리	하	이	라	주		니	것	다	로	다	로	시	죽	살
도	리	셨	으		우	곧	가	께	죽		죽	었	여	러		고			주
우		되			하	심			를										
		여				스													
우	리	가	■				■			■				■			■		
	■			■				■				■					■		
■				■				■			■					■	이	를	■
			■							■					■			■	
					■		■			■			■		■			■	
	■			■					■	■	■	■	■	■	■	■	■	■	■

문제6

상단부의 세로줄에 무질서하게 나열되어 있는 글자 중에서 하나씩 선택하여, 하단부에 띄어쓰기에 맞도록 빈칸에 넣어서 성경구절을 완성해 보세요. 일부 첫 글자는 미리 선택되어 있으니 이것을 참고하여 연결하면 됩니다. 명암으로 표시된 곳은 띄어쓰기 칸입니다.

로마서 14:17,18

섬	기	아	의	도	희	오	는	나	님	을	로	안	과	그	있	는	도	의	것
이	평	님	게	자	나	락	이	라	먹	는	느	것	쁘	시	마	시	하	며	와
하	나	에	니	요	는	칭	직	을	성	령		기	에		리	스	는	를	
사	람	강	과			라	찬			받		니	라		게				
		는					하			이		써							

하	나																		
									성	령									

정답

문제1

그가 죽으심은 죄에 대하여 단번에 죽
으심이요 그가 살아 계심은 하나님께
대하여 살아 계심이니 이와 같이 너희
도 너희 자신을 죄에 대하여는 죽은
자요 그리스도 예수 안에서 하나님께
대하여는 살아 있는 자로 여길지어다

문제2

성령이 친히 우리의 영과 더불어 우리
가 하나님의 자녀인 것을 증언하시나니
자녀이면 또한 상속자 곧 하나님의
상속자요 그리스도와 함께한 상속자니
우리가 그와 함께 영광을 받기 위하여
고난도 함께 받아야 할 것이니라

문제3

성령도 우리의 연약함을 도우시나니 우
리는 마땅히 기도할 바를 알지 못하나
오직 성령이 말할 수 없는 탄식으로
우리를 위하여 친히 간구하시느니라
마음을 살피시는 이가 성령의 생각을
아시나니 이는 성령이 하나님의 뜻대로
성도를 위하여 간구하심이니라

문제4

네가 만일 네 입으로 예수를 주로 시
인하며 또 하나님께서 그를 죽은자 가
운데서 살리신 것을 네 마음에 믿으면
구원을 받으리라 사람이 마음으로 믿
어 의에 이르고 입으로 시인하여 구원
에 이르느니라

문제5

우리가 살아도 주를 위하여 살고 죽어
도 주를 위하여 죽나니 그러므로 사나
죽으나 우리가 주의 것이로다 이를
위하여 그리스도께서 죽었다가 다시 살
아나셨으니 곧 죽은 자와 산 자의 주
가 되려 하심이라

문제6

하나님의 나라는 먹는 것과 마시는 것
이 아니요 오직 성령 안에 있는 의와
평강과 희락이라 이로써 그리스도를
섬기는 자는 하나님을 기쁘시게 하며
사람에게도 칭찬을 받느니라

제 14 부

성경 문구 결합 퍼즐

성경구절을 세 글자 또는 네 글자씩 나누어서,
상단부에는 분리된 세 글자(또는 네 글자)의 모음과 받침이 순서대로 나열되어 있고,
하단부에는 같은 방식으로 초성(자음)이 모음과 매칭이 되도록 분리되되
순서 없이 나열되어 있습니다.
이것을 맞추어 성경구절을 완성하는 퍼즐입니다.

모음과 받침으로 되어 있는 그룹에 초성(자음)을 일일히 대입해 보는 수고가
필요합니다만, 그래도 성경구절을 완성해 가는 재미가 있습니다.
앞뒤 문맥을 연결하려다 보면 자연스럽게 성경을 읊조리게 되는 효과가 있습니다.

성경구절이 완성된 후에 큰 소리로 성경구절을 읽어 보면 만족감도 큽니다.

집중력이 요구되고,
뇌의 기능을 자극하고 촉진시킴으로서 뇌기능 강화에도 도움이 됩니다.

성경 문구를 세 글자 또는 네 글자씩 나누어서, 상단부에는 모음과 받침이 순서대로 함께 있고, 하단부에는 초성이 순서없이 배치되어 있습니다. 적당한 위치에 초성을 넣어서 원래의 성경 문구를 만들어 보세요.

문제1

ㅏ ㅏ ㅁ ㅣ	ㅐ ㅏ ㄹ ㅡㄹ	ㅣ ㅣ ㅕㄴ	ㅕㅇㅓ ㄴ ㅣ
ㅜ ㄱ ㅡㅁㅡㄹ	ㅗ ㅣ ㅏ ㅣ	ㅏ ㅣ ㅏ	
ㅇ ㅇ ㅎ	ㅅ ㄹ ㅇ	ㅎ ㄹ ㄹ	ㅈ ㅇ ㅇ
ㄴ ㅁ ㅇ	ㅂ ㅈ ㅇ ㄴ	ㅈ ㅋ ㅁ	

문제2

ㅏ ㅏ ㅣ ㅁ	ㅡ ㄴ ㅕ ㅇ ㅣ	ㅣ ㅣ ㅖ	ㅐ ㅏ ㅡ ㄴ
ㅏ ㅏ ㅕ ㅇ	ㅘ ㅣ ㄴ ㅣ	ㅗ ㅖ ㅐ	ㅏ ㄹ ㅣ ㅣ ㅏ
ㅅ ㄴ ㅇ	ㅎ ㄴ ㄴ	ㅂ ㅎ ㄴ	ㅎ ㅈ ㄴ ㄹ
ㅈ ㄱ ㅇ	ㄹ ㅇ ㅂ	ㅇ ㅇ ㅇ	ㄱ ㅈ ㄹ

성경 문구를 세 글자 또는 네 글자씩 나누어서, 상단부에는 모음과 받침이 순서대로 함께 있고, 하단부에는 초성이 순서없이 배치되어 있습니다. 적당한 위치에 초성을 넣어서 원래의 성경 문구를 만들어 보세요.

문제3

ㅓ ㅢ ㅏ	ㅓ ㅗ ㅏ	ㅏㅇ ㅑ ㅕㄴ	ㅣ ㅗ ㅓ
ㅗ ㅡㄴ ㅏ	ㅏ ㅁ ㅣ ㅓ	ㅢ ㅏ ㅐ	ㅔ ㅏ ㅣ ㄴ
ㅜㄹ ㅏㄹ ㅣ ㅏ			

ㄹ ㅎ ㅁ	ㄹ ㅇ ㄴ	ㅅ ㄹ ㅅ	ㅁ ㄷ ㅅ
ㅎ ㄱ ㄴ	ㄴ ㅎ ㄱ	ㅈ ㅈ ㅇ	ㅇ ㄹ ㅆ
ㅈ ㅇ ㄹ ㄹ			

성경 문구를 세 글자 또는 네 글자씩 나누어서, 상단부에는 모음과 받침이 순서대로 함께 있고, 하단부에는 초성이 순서없이 배치되어 있습니다. 적당한 위치에 초성을 넣어서 원래의 성경 문구를 만들어 보세요.

문제4

ㅣ ㄴ ㅣ ㅏ	ㅣ ㄴ ㅣ ㅡ ㄹ	ㅏ ㅣ ㅏ	ㅓ ㅓ ㅡ ㄹ
ㅏ ㅠ ㅗ ㅂ ㅔ	ㅏ ㄹ ㅣ ㅣ		
ㅇ ㅈ ㄴ	ㄴ ㅎ ㄹ	ㅎ ㄹ ㄹ	ㅈ ㄹ ㄱ
ㅈ ㄹ ㄹ	ㅈ ㅇ ㄹ ㄱ		

문제5

ㅐ ㅣ ㅡ ㅁ	ㅣ ㅡ ㄴ ㅣ	ㅐ ㅔ ㅜ	ㅐ ㅇ ㅏ ㅣ ㅏ
ㅏ ㅕ ㄴ ㅐ ㅏ	ㅡ ㅗ ㅜ ㅓ ㅅ		
ㅎ ㅁ ㄴ ㄱ	ㄴ ㅇ ㄹ	ㅇ ㄷ ㅈ	ㅎ ㅎ ㄹ ㄹ
ㅇ ㄹ ㅁ ㅇ	ㄴ ㄱ ㄱ		

성경 문구를 세 글자 또는 네 글자씩 나누어서, 상단부에는 모음과 받침이 순서대로 함께 있고, 하단부에는 초성이 순서없이 배치되어 있습니다. 적당한 위치에 초성을 넣어서 원래의 성경 문구를 만들어 보세요.

문제6

ㅕ ㅏ ㄴ ㅡ ㄹ	ㅗ ㄷ ㅏ ㅓ	ㅓ ㅓ ㅔ ㅔ	ㅣ ㅣ ㅗ ㅣ
ㅓ ㅓ ㅔ ㅔ	ㅜ ㅗ ㅏ	ㅕ ㅇ ㅏ ㄴ ㅡ ㄹ	
ㄲ ㅊ ㄴ ㄴ	ㄴ ㅎ ㅇ ㄱ	ㅍ ㅇ ㅇ	ㄱ ㄴ ㅇ
ㅍ ㅇ ㅇ	ㄴ ㅎ ㅇ ㄱ	ㅈ ㄴ ㄹ	

문제7

ㅜ ㅣ ㅣ ㅏ	ㅓ ㅓ ㅏ	ㅜ ㅓ ㅅ ㅣ ㅡ ㄴ ㅣ	ㅐ ㅣ ㅡ ㅁ ㅡ ㅗ
	ㅏ ㅓ ㅣ ㅔ	ㅜ ㅏ ㅡ ㄴ ㅓ ㅅ ㅡ ㄹ	
ㅁ ㅇ ㅇ ㄷ ㅈ	ㅈ ㅅ ㄹ ㄹ	ㄴ ㅎ ㄱ	ㄴ ㅇ ㄹ ㅇ ㄹ
	ㅇ ㅂ ㅈ ㄲ	ㄱ ㅎ ㄴ ㄱ ㅇ	

성경 문구를 세 글자 또는 네 글자씩 나누어서, 상단부에는 모음과 받침이 순서대로 함께 있고, 하단부에는 초성이 순서없이 배치되어 있습니다. 적당한 위치에 초성을 넣어서 원래의 성경 문구를 만들어 보세요.

문제8

ㅓ ㅜ ㄹ ㅏ ㅔ	ㅣ ㄴ ㅣ ㅗ	ㅏ ㄹ ㅡ ㅁ ㅡ ㄴ	ㅏ ㅓ ㅣ ㅢ
ㅡ ㅡ ㄹ ㅡ ㄹ	ㅏ ㅗㅂ ㅗ ㅓ	ㅣㄴ ㅣ ㅣㅣㅏ	

ㅎ ㅇ ㅅ ㅅ	ㄱ ㄷ ㅇ	ㅁ ㅆ ㅇ	ㄱ ㄹ ㅎ ㄱ
ㅇ ㅂ ㅈ ㅇ	ㅈ ㄹ ㄹ	ㅈ ㄹ ㄴ ㅇ ㄷ	

정답

문제1

사람이 내 말을 지키면 영원히 죽음을 보지 아니 하리라 (요한복음 8:51)

문제2

하나님은 영이시니 예배하는 자가 영과 진리로 예배할지니라 (요한복음 4:24)

문제3

너희가 서로 사랑하면 이로써 모든 사람이 너희가 내 제자인줄 알리라 (요한복음 13:35)

문제4

진리를 알지니 진리가 너희를 자유롭게 하리라 (요한복음 8:32)

문제5

내 이름으로 무엇이든지 내게 구하면 내가 행하리라 (요한복음 14:14)

문제6

평안을 너희에게 끼치노니 곧 나의 평안을 너희에게 주노라 (요한복음 14:27)

문제7

너희가 무엇이든지 아버지께 구하는 것을 내 이름으로 주시리라 (요한복음 16:23)

문제8

그들을 진리로 거룩하게 하옵소서 아버지의 말씀은 진리니이다 (요한복음 17:17)

제 15 부

성경 대화 및 이름 시대 순서 퍼즐

여러 가지 성경구절(또는 사람 이름)들이 나열되어 있는데,
성경이 쓰여진 시대의 순서를 찾는 퍼즐 문제입니다.
성경구절 내용에 대한 지식이 있어야 풀 수 있는데,
시간을 구분하는 인지력이 필요하고, 문제 푸는 재미가 있습니다.

내용을 파악하려고 하면서 성경구절을 여러 차례 읽으면서
언제, 누구 시대에 이 성경이 쓰여졌는지 분별하려는 노력이 필요합니다.

집중력이 요구되고,
뇌의 기능을 자극하고 촉진시킴으로서 뇌기능 강화에도 도움이 됩니다.

문제1

성경책을 읽다 보면 "하나님이 말씀하시기를~", "예수님께서 이르시되~"와 같이 직접화법의 대화가 많습니다. 아래 성경말씀을 읽어 보고, 오래된 기록부터 시대 순으로 찾아보세요.

A

너는 눈을 들어 너 있는 곳에서 북쪽과 남쪽 그리고 동쪽과 서쪽을 바라보라 보이는 땅을 내가 너와 네 자손에게 주리니 영원히 이르리라

B

대머리여 올라가라 대머리여 올라가라

C

당신이 나를 미워할 뿐이요 사랑하지 아니하는도다 우리 민족에게 수수께끼를 말하고 그 뜻을 내게 알려 주지 아니하도다

D

내가 무엇을 하였으며 내 죄악이 무엇이며 네 아버지 앞에서 내 죄가 무엇이기에 그가 내 생명을 찾느냐

E

내가 창조한 사람을 내가 지면에서 쓸어 버리되 사람으로부터 가축과 기는 것과 공중의 새까지 그리하리니 이는 내가 그것들을 지었음을 한탄함이니라

문제2

성경책을 읽다 보면 "하나님이 말씀하시기를~", "예수님께서 이르시되~"와 같이 직접화법의 대화가 많습니다. 아래 성경말씀을 읽어 보고, 오래된 기록부터 시대 순으로 찾아보세요.

A

내가 이제 세상 모든 사람이
가는 길로 가게 되었노니
너는 힘써 대장부가 되고
네 하나님 여호와의 명령을 지켜
그 길로 행하여 그 법률과 계명과
율례와 증거를 모세의 율법에
기록된 대로 지키라 그리하면 네가
무엇을 하든지 어디로 가든지
형통할지라

B

강하고 담대하라
너는 내가 그들의 조상에게
맹세하여 그들에게 주리라
한 땅을 이 백성에게
차지하게 하리라

C

은혜를 받은 자여
평안할지어다
주께서 너와 함께
하시도다

D

내가 주께 대하여
귀로 듣기만
하였사오나
이제는 눈으로
주를 뵈옵나이다

E

너는 흙이니
흙으로 돌아갈
것이니라

문제3

성경책을 읽다 보면 "하나님이 말씀하시기를~", "예수님께서 이르시되~"와 같이 직접화법의 대화가 많습니다. 아래 성경말씀을 읽어 보고, 오래된 기록부터 시대 순으로 찾아보세요.

A

왕이여 우리가 섬기는 하나님이
계시다면 우리를 맹렬히 타는
풀무불 가운데에서 능히
건져 내시겠고 왕의 손에서도
건져 내시리이다 그렇게 하지
아니하실지라도 왕이여 우리가
왕의 신들을 섬기지도 아니하고
왕이 세우신 금 신상에게
절하지도 아니할 줄을 아옵소서

B

당신은 가서 수산에 있는
유다인을 다 모으고
나를 위하여 금식하되
밤낮 삼 일을 먹지도 말고
마시지도 마소서
나도 나의 시녀와 더불어
이렇게 금식한 후에
규례를 어기고 왕에게
나아가리니
죽으면 죽으리이다

C

너희는 머리를
풀거나 옷을
찢지 말라
그리하여 너희가
죽음을 면하고
여호와의 진노가
온 회중에게
미침을 면하게
하라

D

여호와께서 내
출산을 허락하지
아니하셨으니
원하건대 내
여종에게 들어가라
내가 혹 그로
말미암아 자녀를
얻을까 하노라

E

회칠한 담이여
하나님이 너를
치시리로다

문제4

성경에 등장하는 인물 또는 사건들을 보고, 시대 순으로 오래된 기록부터 찾아보세요.

F
엘리야의 불병거

D
노아와 방주

B
출애굽과 홍해가 갈라짐

A
기드온과 300용사

E
바벨탑 사건

G
불뱀 재앙과 놋뱀 치유

C
삼손과 들릴라

문제5

성경에 등장하는 인물 또는 사건들을 보고, 시대 순으로 오래된 기록부터 찾아보세요.

F
만나와 메추라기

B
롯의 아내와 소금 기둥

H
노아의 방주

C
다윗의 도피 생활

G
모세와 갈대상자

A
여리고 성과 기생 라합

E
갈멜 산에서의 엘리야의 기도

D
다니엘의 사자굴

문제6

성경에 등장하는 인물 또는 사건들을 보고, 시대 순으로 오래된 기록부터 찾아보세요.

C
여호수아와 갈렙

G
야곱과 에서

B
느헤미야

A
다윗과 요나단

E
엘리야와 엘리사 선지자

F
삼손과 들릴라

D
구레네 사람 시몬

문제7

성경에 등장하는 인물 또는 사건들을 보고, 시대 순으로 오래된 기록부터 찾아보세요.

F
드보라

G
솔로몬

C
(야곱의 아들) 요셉

A
다니엘

D
사무엘

H
이스마엘

B
니고데모

E
미리암

문제8

다음의 성경 이야기들로부터 시대 순으로 오래된 기록부터 찾아보세요.

D

그 사람들이 그에게 이르되 네가
우리의 이 일을 누설하지 아니하면
우리의 목숨으로 너희를 대신할 것이요
여호와께서 우리에게 이 땅을 주실
때에는 인자하고 진실하게 너를 대우
하리라 그들을 창문에서 줄로 달아
내리니 그의 집이 성벽 위에 있으므로
그가 성벽 위에 거주하였음이라

C

이제 내 딸아
두려워하지 말라
내가 네 말대로
네게 다 행하리라
네가 현숙한
여자인 줄을 나의
성읍 백성이 다
아느니라 참으로
나는 기업을 무를
자이나 기업 무를
자로서 나보다
더 가까운 사람이
있으니

E

그가 얼굴을
가리었으므로
그를 보고 창녀로
여겨 길 곁으로
그에게 나아가
이르되 청하건대
나로 네게 들어가게
하라 하니 그의
며느리인 줄을 알지
못하였음이라 그가
이르되 당신이
무엇을 주고 내게
들어오려느냐

B

그 땅에 기근이
들었으므로 애굽에
거류하려고 그리로
내려갔으니 이는
그 땅에 기근이
심하였음이라 그가
애굽에 가까이 이르렀
을 때에 그의 아내에
게 말하되 내가 알기에
그대는 아리따운
여인이라 애굽 사람이
그대를 볼 때에
이르기를 이는 그의
아내라 하여 나는
죽이고 그대는
살리리니

A

당신은 가서 수산에
있는유다인을 다 모으고
나를 위하여 금식하되
밤낮 삼 일을 먹지도
말고 마시지도 마소서
나도 나의 시녀와 더불어
이렇게 금식한 후에
규례를 어기고 왕에게
나아가리니 죽으면
죽으리이다 하니라

문제9

성경에 등장하는 여성 인물들 이름의 초성입니다. 초성에서 유추하여 이름을 찾아내고, 등장인물들의 시대 순으로 오래된 기록부터 찾아보세요.

A

ㄷ ㅂ ㄹ

B

ㅇ ㅅ ㄷ

C

ㅂ ㅅ ㅂ

D

ㅁ ㄹ ㄷ

E

ㄹ ㅎ

F

ㅇ ㅁ ㄱ ㅇ

G

ㄹ ㅂ ㄱ

정답

문제1

A 너는 눈을 들어 너 있는 곳에서 북쪽과 남쪽 그리고 동쪽과 서쪽을 바라보라 보이는 땅을 내가 너와 네 자손에게 주리니 영원히 이르리라(창세기 13:14,15) ···› 여호와께서 아브람(아브라함)에게 하신 말씀

B 대머리여 올라가라 대머리여 올라가라(열왕기하 2:23) ···› 작은 아이들이 엘리사 선지자를 놀리면서 한 말

C 당신이 나를 미워할 뿐이요 사랑하지 아니하는도다 우리 민족에게 수수께끼를 말하고 그 뜻을 내게 알려 주지 아니하도다(사사기 14:16) ···› 삼손의 아내가 삼손에게 한 말

D 내가 무엇을 하였으며 내 죄악이 무엇이며 네 아버지 앞에서 내 죄가 무엇이기에 그가 내 생명을 찾느냐(사무엘상 20:1) ···› 다윗이 요나단에게 한 말

E 내가 창조한 사람을 내가 지면에서 쓸어 버리되 사람으로부터 가축과 기는 것과 공중의 새까지 그리하리니 이는 내가 그것들을 지었음을 한탄함이니라(창세기 6:7) ···› 여호와 하나님께서 노아에게 하신 말씀

	E	A	C	D	B
천지창조	대홍수와 노아의 방주	족장 시대 (아브라함)	사사 시대 (삼손)	다윗 시대	열왕기 시대 (엘리야 & 엘리사 선지자)

문제2

A 내가 이제 세상 모든 사람이 가는 길로 가게 되었노니 너는 힘써 대장부가 되고 네 하나님 여호와의 명령을 지켜 그 길로 행하여 그 법률과 계명과 율례와 증거를 모세의 율법에 기록된 대로 지키라 그리하면 네가 무엇을 하든지 어디로 가든지 형통할지라(열왕기상 2:2,3) ···› 다윗이 솔로몬에게 한 말

B 강하고 담대하라 너는 내가 그들의 조상에게 맹세하여 그들에게 주리라 한 땅을 이 백성에게 차지하게 하리라(여호수아 1:6) ···› 모세가 여호수아에게 한 말씀

C 은혜를 받은 자여 평안할지어다 주께서 너와 함께하시도다(누가복음 1:28) ···› 가브리엘 천사가 마리아에게 전한 말

D 내가 주께 대하여 귀로 듣기만 하였사오나 이제는 눈으로 주를 뵈옵나이다(욥기 42:5) ···› 욥이 여호와 하나님께 대답한 말

E 너는 흙이니 흙으로 돌아갈 것이니라(창세기 3:19) ···› 여호와 하나님께서 아담에게 하신 말씀

E	D	B	A	C
천지창조 (아담)	족장 시대 (아브라함, 욥)	출애굽 (모세&여호수아)	다윗 & 솔로몬 시대	예수님의 탄생

문제3

A 왕이여 우리가 섬기는 하나님이 계시다면 우리를 맹렬히 타는 풀무불 가운데에서 능히 건져 내시겠고 왕의 손에서도 건져 내시리이다 그렇게 하지 아니하실지라도 왕이여 우리가 왕의 신들을 섬기지도 아니하고 왕이 세우신 금 신상에게 절하지도 아니할 줄을 아옵소서(다니엘 3:17,18) ··· 다니엘의 세 친구인 사드락과 메삭과 아벳느고가 느부갓네살 왕에게 한 대답

B 당신은 가서 수산에 있는 유다인을 다 모으고 나를 위하여 금식하되 밤낮 삼 일을 먹지도 말고 마시지도 마소서 나도 나의 시녀와 더불어 이렇게 금식한 후에 규례를 어기고 왕에게 나아가리니 죽으면 죽으리이다(에스더 4:16) ··· 에스더가 모르드개에게 회답한 말

C 너희는 머리를 풀거나 옷을 찢지 말라 그리하여 너희가 죽음을 면하고 여호와의 진노가 온 회중에게 미침을 면하게 하라(레위기 10:6) ··· 모세가 아론과 그의 아들 엘르아살과 이다말에게 한 말

D 여호와께서 내 출산을 허락하지 아니하셨으니 원하건대 내 여종에게 들어가라 내가 혹 그로 말미암아 자녀를 얻을까 하노라(창세기 16:2) ··· 사래(사라)가 아브람(아브라함)에게 한 말

E 회칠한 담이여 하나님이 너를 치시리로다(사도행전 23:3) ··· 사도 바울이 대제사장과 그 주변 사람들에게 한 말

D	C	A	B	E
족장 시대 (아브라함)	출애굽 (모세오경)	다니엘 BC 539년경	에스더 BC 479년경	신약 시대 (사도 바울)

문제4

D	E	B	G	A	C	F
노아와 방주	바벨탑 사건	출애굽과 홍해가 갈라짐	불뱀 재앙과 놋뱀 치유	기드온과 300 용사	삼손과 들릴라	엘리야의 불병거
창 7,8장	창 11장	출 14장	민 21장	삿 8장	삿 16장	왕하 2장

문제5

H	B	G	F	A	C	E	D
노아의 방주	롯의 아내와 소금 기둥	모세와 갈대상자	만나와 메추라기	여리고 성과 기생 라합	다윗의 도피생활	갈멜 산에서의 엘리야의 기도	다니엘의 사자굴
창 7,8장	창 19장	출 2장	출 16장	수 1장	삼상 21장	왕상 17장	단 6장

문제6

G	C	F	A	E	B	D
야곱과 에서	여호수아와 갈렙	삼손과 들릴라	다윗과 요나단	엘리야와 엘리사 선지자	느헤미야	구레네 사람 시몬
창 27장	민 13장	삿 16장	삼상 20장	왕상 18장~	BC445년	마 27장

문제7

H	C	E	F	D	G	A	B
이스마엘	요셉	미리암	드보라	사무엘	솔로몬	다니엘	니고데모
창 21장	창 40장	출 2장	삿 4장	삼상 3장	왕상 4장	BC 539 년경	요 3장

문제8

A 당신은 가서 수산에 있는 유다인을 다 모으고 나를 위하여 금식하되 밤낮 삼 일을 먹지도 말고 마시지도 마소서 나도 나의 시녀와 더불어 이렇게 금식한 후에 규례를 어기고 왕에게 나아가리니 죽으면 죽으리이다 하니라(에스더 4:16)

B 그 땅에 기근이 들었으므로 아브람이 애굽에 거류하려고 그리로 내려갔으니 이는 그 땅에 기근이 심하였음이라 그가 애굽에 가까이 이르렀을 때에 그의 아내 사래에게 말하되 내가 알기에 그대는 아리따운 여인이라 애굽 사람이 그대를 볼 때에 이르기를 이는 그의 아내라 하여 나는 죽이고 그대는 살리리니(창세기 12:10~12)

C 이제 내 딸아 두려워하지 말라 내가 네 말대로 네게 다 행하리라 네가 현숙한 여자인 줄을 나의 성읍 백성이 다 아느니라 참으로 나는 기업을 무를 자이나 기업 무를 자로서 나보다 더 가까운 사람이 있으니(룻기 3:11,12)

D 그 사람들이 그에게 이르되 네가 우리의 이 일을 누설하지 아니하면 우리의 목숨으로 너희를 대신할 것이요 여호와께서 우리에게 이 땅을 주실 때에는 인자하고 진실하게 너를 대우하리라 라합이 그들을 창문에서 줄로 달아 내리니 그의 집이 성벽 위에 있으므로 그가 성벽 위에 거주하였음이라(여호수아 2:14,15)

E 그가 얼굴을 가리었으므로 유다가 그를 보고 창녀로 여겨 길 곁으로 그에게 나아가 이르되 청하건대 나로 네게 들어가게 하라 하니 그의 며느리인 줄을 알지 못하였음이라 그가 이르되 당신이 무엇을 주고 내게 들어오려느냐(창세기 38:15,16)

B	E	D	C	A
아브라함	유다와 며느리 다말	기생 라합	룻과 나오미	에스더
창 12장	창 28장	수 2장	룻 3장	에 4장

문제9

A
드보라
사사

B
에스더
죽으면 죽으리라

C
밧세바
우리아의 아내&솔로몬의 어머니

D
마르다
마리아의 언니, 나사로의 누나

E
라합
정탐꾼을 숨겨준 기생

F
아비가일
나발의 아내. 후에 다윗의 아내

G
리브가
이삭의 부인

G	E	A	F	C	B	D
리브가 창 25장	라합 수 2장	드보라 삿 4장	아비가일 삼상 25장	밧세바 삼하 11장	에스더 에 24장	마르다 눅 10장

제 16 부

조사 찾아 넣기 퍼즐

성경구절이 띄어쓰기에 맞게 서술되어 있는데,
조사에 해당하는 부분만 명암으로 표시되어 있습니다.
적절한 조사를 찾아 넣어서 성경구절을 완성하는 퍼즐입니다.

성경구절을 완성하기 위하여 앞뒤 문맥을 연결하여 읽다 보면
자연스럽게 성경을 읊조리게 되는 효과가 있습니다.

빈칸에 적합한 조사를 넣어서 성경구절이 완성되면
크게 읽어 볼 것을 추천합니다.

집중력이 요구되고,
뇌의 기능을 자극하고 촉진시킴으로서 뇌기능 강화에도 도움이 됩니다.

문제1

아래 성경구절의 명암이 표시된 곳에 적합한 조사를 넣어서 성경구절을 완성해 보세요.

너	희			거	듭	난		것			썩	어	질
	씨			된		것			아	니	요		썩
지		아	니	할		씨			된		것	이	니
	살	아		있	고		항	상		있	는		하
나	님			말	씀				되	었	느	니	라
	그	러	므	로		모	든		육	체			풀
		같	고		그		모	든		영	광		
풀			꽃			같	으	니		풀			마
르	고		꽃			떨	어	지	되		오	직	
주			말	씀			세	세	토	록		있	도
다		하	였	으	니		너	희				전	한
	복	음			곧		이		말	씀	이	니	라

문제2

아래 성경구절의 명암이 표시된 곳에 적합한 조사를 넣어서 성경구절을 완성해 보세요.

믿	음			주	요		또		온	전	하	게	
하	시	는		이			예	수			바	라	보
자		그			그		앞			있	는		기
쁨			위	하	여		십	자	가			참	으
사		부	끄	러	움			개	의	치		아	니
하	시	더	니		하	나	님		보	좌		우	편
		앉	으	셨	느	니	라		너	희			피
곤	하	여		낙	심	하	지		않	기		위	하
여		죄	인	들			이	같	이		자	기	에
게		거	역	한		일			참	으	신		이
		생	각	하	라								

문제3

아래 성경구절의 명암이 표시된 곳에 적합한 조사를 넣어서 성경구절을 완성해 보세요.

하	나	님			미	리		아	신		자	들	
	또	한		그		아	들			형	상		
본	받	게		하	기		위	하	여		미	리	
정	하	셨	으	니		이			그			많	은
	형	제		중	에	서		맏	아	들			되
게		하	려		하	심					또		미
리		정	하	신		그	들			또	한		부
르	시	고		부	르	신		그	들			또	한
	의	롭	다		하	시	고		의	롭	다		하
신		그	들			또	한		영	화	롭	게	
하	셨	느	니	라									

문제4

아래 성경구절의 명암이 표시된 곳에 적합한 조사를 넣어서 성경구절을 완성해 보세요.

그			우	리			위	하	여		목	숨	
	버	리	셨	으	니		우	리			이	로	써
	사	랑			알	고		우	리			형	제
들			위	하	여		목	숨			버	리	는
	것			마	땅	하	니	라		누	가		이
	세	상			재	물			가	지	고		형
제			궁	핍	합			보	고	도		도	와
줄		마	음			닫	으	면		하	나	님	
	사	랑			어	찌		그		속			거
하	겠	느	냐		자	녀	들	아		우	리		
말			혀	로			사	랑	하	지		말	고
	행	함			진	실	함				하	자	

정답

문제1

너희가 거듭난 것은 썩어질 씨로 된 것이 아니요 썩지 아니할 씨로 된 것이니
살아 있고 항상 있는 하나님의 말씀으로 되었느니라
그러므로 모든 육체는 풀과 같고 그 모든 영광은 풀의 꽃과 같으니
풀은 마르고 꽃은 떨어지되
오직 주의 말씀은 세세토록 있도다 하였으니
너희에게 전한 복음이 곧 이 말씀이니라 (베드로전서 1:23~25)

문제2

믿음의 주요 또 온전하게 하시는 이인 예수를 바라보자 그는 그 앞에 있는
기쁨을 위하여 십자가를 참으사 부끄러움을 개의치 아니하시더니
하나님 보좌 우편에 앉으셨느니라
너희가 피곤하여 낙심하지 않기 위하여 죄인들이 이같이
자기에게 거역한 일을 참으신 이를 생각하라 (히브리서 12:2,3)

문제3

하나님이 미리 아신 자들을 또한 그 아들의 형상을 본받게 하기 위하여
미리 정하셨으니 이는 그로 많은 형제 중에서 맏아들이 되게 하려 하심이니라
또 미리 정하신 그들을 또한 부르시고 부르신 그들을 또한 의롭다 하시고
의롭다 하신 그들을 또한 영화롭게 하셨느니라 (로마서 8:29,30)

문제4

그가 우리를 위하여 목숨을 버리셨으니 우리가 이로써 사랑을 알고
우리도 형제들을 위하여 목숨을 버리는 것이 마땅하니라
누가 이 세상의 재물을 가지고 형제의 궁핍함을 보고도 도와줄 마음을
닫으면 하나님의 사랑이 어찌 그 속에 거하겠느냐
자녀들아 우리가 말과 혀로만 사랑하지 말고
행함과 진실함으로 하자 (요한1서 3:16~18)

제 17 부

오탈자 찾기 퍼즐

상단부에는 정상적인 성경구절이 띄어쓰기에 맞게 서술되어 있고,
하단부에는 띄어쓰기 없이 같은 성경구절이 있는데,
정상적인 성경구절과 비교해 가면서 하단부의 성경구절에
오탈자(Misspelling & Missing word)가 몇 개인지를 찾는 퍼즐 문제입니다.

하단부의 예시 성경구절은 가로쓰기, 세로쓰기, 또는 거꾸로 쓰기 등으로
문제 유형을 만들어서 다양한 문제를 접하게 됩니다.

성경구절을 비교해 가면서 읽다 보면
자연스럽게 성경을 읊조리게 되는 효과가 있습니다.

집중력이 요구되고,
뇌의 기능을 자극하고 촉진시킴으로서 뇌기능 강화에도 도움이 됩니다.

문제1

다음 말씀은 마태복음 5장 3~10절에 있는 예수님의 산상수훈 중 팔복에 대한 것입니다. 퍼즐 칸에 있는 글을 정독하여 읽고, 오탈자가 몇 개나 되는지 찾아보세요.

심령이 가난한 자는 복이 있나니 천국이 그들의 것임이요 애통하는 자는 복이 있나니 그들이 위로를 받을 것임이요 온유한 자는 복이 있나니 그들이 땅을 기업으로 받을 것임이요 의에 주리고 목마른 자는 복이 있나니 그들이 배부를 것임이요 긍휼히 여기는 자는 복이 있나니 그들이 긍휼히 여김을 받을 것임이요 마음이 청결한 자는 복이 있나니 그들이 하나님을 볼 것임이요 화평하게 하는 자는 복이 있나니 그들이 하나님의 아들이라 일컬음을 받을 것임이요 의를 위하여 박해를 받은 자는 복이 있나니 천국이 그들의 것임이라

임	것	의	들	그	기	구	천	니	나	있	이	복	는	자	한	난	가	이	령	심
을	받	를	로	위	이	들	그	니	나	있	이	복	는	자	는	하	통	애	요	이
업	기	은	땅	이	들	그	니	으	있	이	복	는	자	한	유	온	요	이	임	것
있	이	복	는	자	른	마	목	고	리	주	에	의	요	이	임	것	을	받	로	으
복	는	자	는	기	여	히	휼	긍	요	이	임	것	를	부	배	이	들	그	니	나
음	마	요	이	임	것	을	받	을	기	여	히	휼	긍	이	들	그	니	나	있	이
임	것	볼	을	님	나	하	리	드	그	니	나	있	이	복	는	자	한	결	청	이
들	아	의	님	나	하	니	나	있	이	복	는	자	는	하	게	하	평	화	요	이
받	를	해	박	여	하	위	를	의	요	이	임	것	들	바	을	음	컬	일	라	이
			라	이	임	것	의	들	그	이	국	천	니	으	있	이	복	는	자	는

문제2

다음 말씀은 마태복음 5장 13~16절에 있는 예수님의 말씀입니다. 퍼즐 칸에 있는 글을 정독하여 읽고, 오탈자가 몇 개나 되는지 찾아보세요.

> 너희는 세상의 소금이니 소금이 만일 그 맛을 잃으면 무엇으로 짜게 하리요 후에는 아무 쓸 데 없어 다만 밖에 버려져 사람에게 밟힐 뿐이니라 너희는 세상의 빛이라 산 위에 있는 동네가 숨겨지지 못할 것이요 사람이 등불을 켜서 말 아래에 두지 아니하고 등경 위에 두나니 이러므로 집 안 모든 사람에게 비치느니라 이같이 너희 빛이 사람 앞에 비치게 하여 그들로 너희 착한 행실을 보고 하늘에 계신 너희 아버지께 영광을 돌리게 하라

영	광	을	돌	리	게	해	라										
깨	지	버	아	희	너	신	계	에	늘	하	고	보	를	실	행	한	착
	희	빛	이	사	람	앞	에	비	치	게	하	여	그	들	러	너	희
	너	이	같	이	라	니	느	치	비	게	에	람	사	든	모	반	집
						고	동	경	위	에	두	나	니	이	러	므	러
						하	니	아	지	두	에						
요	사	람	미	등	불	을	켜	서	발	아	래						
이	것	할	못	지	지	겨	숨	가	네	동	는						
희	는	세	상	의	빛	이	라	산	위	에	있						
너	라	니	이	뿐	힐	밟	게	에	람	사	져						
			데	없	이	다	만	밖	에	버	려						
			쓸	무	아	는	에	후	요	리	하	게	짜	로	으	엇	
						금	이	만	일	그	맛	을	잃	으	면	무	
						소	니	이	금	소	의	상	세	는	히	너	

문제3

다음 말씀은 마태복음 6장 6~8절에 있는 예수님의 말씀입니다. 퍼즐칸에 있는 글을 정독하여 읽고, 오탈자가 몇 개나 되는지 찾아보세요.

> 너는 기도할 때에 네 골방에 들어가 문을 닫고 은밀한 중에 계신 네 아버지께 기도하라 은밀한 중에 보시는 네 아버지께서 갚으시리라 또 기도할 때에 이방인과 같이 중언부언하지 말라 그들은 말을 많이 하여야 들으실 줄 생각하느니라 그러므로 그들을 본받지 말라 구하기 전에 너희에게 있어야 할 것을 하나님 너희 아버지께서 아시느니라

										할		
										야		
때	들	중	은	시	치	을				어	지	
할	에	한	라	으	같	말				있	버	
도	방	밀	하	갑	과	은			고	게	아	
기	골	은	도	서	인	들			말	에	히	
는	네	고	기	께	방	그			지	희	너	
너	에	닫	를	지	이	고			받	너	님	
		을	지	버	에	말	줄	그	본	에	나	라
		문	버	아	때	지	실	라	을	전	하	니
		가	아	네	할	하	으	니	들	기	을	느
		어	네	는	도	언	들	느	그	하	것	시
			신	시	기	부	야	하	러	구		아
			개	보	또	언	여	각	므			서
			에	에	라	중	해	생	러			께
				중	리		이					
				한			많					
				말								

문제4

다음 말씀은 마태복음 7장 21절에 있는 예수님의 말씀입니다. 퍼즐 칸에 있는 글을 정독하여 읽고, 오탈자가 3개인 것을 찾아보세요.

> 나더러 주여 주여 하는 자마다 다 천국에 들어갈 것이 아니요 다만 하늘에 계신 내 아버지의 뜻대로 행하는 자라야 들어가리라

A

		갈						
주		어						
여		들	다				야	
주	다	에	요		지		라	
러	마	국	니	에	버		자	라
더	자	천	아	늘	아	행	는	리
나	는		이	하	네	로	하	가
	하		것	만	신	대		어
	여				계	뜻		들
						의		

B

	마			늘				
	자			하	지			라
여	는	들		만	바			리
주	하	에		다	아		라	가
러	여	국		요	내		자	어
더	주	천		니	신		는	들
나		다		아	계	로	하	야
		다	것		에	대	행	
			갈			뜻		
			어					

C

주		국		하			주	
러		천		다		대	는	라
대	는	다	이	요	버	뜻	하	리
나	하	다	것	니	아	의	행	가
	여	마	갈		내	지	로	어
	주	자	어		신			들
	여		들		계			야
			에		에			라
					늘			

D

	자							
	는				버			
여	하			하	아			라
주	여	들		만	내		라	리
러	주	에	니	다	신	대	자	가
더		국	아	요	계	뜻	는	어
나		천	이		에	의	하	들
		다	것		늘	지	행	야
		마	갈				로	
			어					

문제5

다음 말씀은 마태복음 7장 7,8절에 있는 예수님의 말씀입니다. 퍼즐 칸에 있는 글을 정독하여 읽고, 오탈자가 몇 개나 되는지 찾아보세요.

				라	니	이			
르	리	는	이	에	게	는	열	릴	것
두	요	이	것	낼	아	찾	는	이	는
는	이	마	다	받	을	것	이	고	찾
하	구	라	이	것	릴	열	게	에	희
을	두	드	리	라	그	리	하	면	너
문	요	이	것	낼	아	찾	면	하	리
게	주	실	것	이	요	찾	아	라	그
			에	희	너	면			
			라	그	리	하			
				하	구				

구하라 그리하면 너희에게 주실 것이요 찾으라 그리하면 찾아낼 것이요 문을 두드리라 그리하면 너희에게 열릴 것이니 구하는 이마다 받을 것이요 찾는 이는 찾아낼 것이요 두드리는 이에게는 열릴 것이니라

문제6

다음 말씀은 마태복음 7장 13,14절에 있는 예수님의 말씀입니다. 퍼즐 칸에 있는 글을 정독하여 읽고, A, B 중 어느 것이 오탈자가 더 많은 지 찾아보세요.

		여									
		하	길								
		착	고		로				이		라
라		협	좁	는	으	고			길		가
이	적	이	은	하	명	많			그	하	어
음	가		문	도	생	가	가		고	도	들
	자			인		자	어	어	크	인	문
	는					는	들	넓	은	로	은
	찾								문	으	좁
									는	망	
										멸	

A

좁은 문으로 들어가라 멸망으로 인도하는 문은 크고 그 길이 넓어 그리로 들어가는 자가 많고 생명으로 인도하는 문은 좁고 길이 협착하여 찾는 자가 적음이라

		적	음	이	라					
	자	는	찾	여	하	착				
	문	은	좁	고	길	이	협			
		는	하	도	인	로	으			
	가	는	자	가	많	아	생	명		
어	들	로	리	그	어	넓				
				크	고	길	이			
		이	문	는	하					
	라	멸	망	으	로	인	도			
			가	어	들	로	으	문	은	좁

B

문제7

다음 말씀은 마태복음 9장 13절에 있는 예수님의 말씀입니다. 퍼즐 칸에 있는 글을 정독하여 읽고, A, B중 어느 것이 오탈자가 더 많은지 찾아보세요.

원			무					완	
을		니	이	베	인		요	러	
율		아	뜻	지	의		니	르	라
긍		지	신	인	는	온	아	부	니
가	사	하	하	엇	너	러	이	을	신
내	재	정	라		라	르	것	인	하
	고	를	노		우	브		죄	라
	하		하			을			노

A

내가 긍휼을 원하고 제사를 원하지 아니하노라 하신 뜻이 무엇인지 배우라 나는 의인을 부르러 온 것이 아니요 죄인을 부르러 왔노라 하시니라

		라	니	시	하				
				라	노	왔	러	리	
부	을	인	주	요	니	아	이		
	것	온	러	르					
부	을	인	여	는	나	라	우		
	베	지	인	엇	무				
		이	뜻	신	허	라	노	하	니
아	지	하	원	를	사	제			
	나	하	원	을	율	긍	가	내	

B

문제8

다음 말씀은 마태복음 11장 28~30절에 있는 예수님의 말씀입니다. 퍼즐 칸에 있는 글을 정독하여 읽고, 오탈자가 몇 개나 되는지 찾아보세요.

> 수고하고 무거운 짐 진 자들아 다 내게로 오라 내가 너희를 쉬게 하리라 나는 마음이 온유하고 겸손하니 나의 멍에를 메고 내게 배우라 그리하면 너희 마음이 쉼을 얻으리니 이는 내 멍에는 쉽고 내 짐은 가벼움이라 하시니라

	벼				너								
움	가	는			면		멍			내			짐
이	은	내		희	하	애	의			가	라		운
라	짐	명	이	마	리	를	나		마	너	오	진	거
하	내	예	니	음	그	메	여	음	는	희	로	자	버
시	고	는	리	이	라	고	하	이	너	를	게	들	고
니		쉽	으	쉼	우	내	손	온	라	쉬	내	은	하
라			얻		배		겸	유	리	게			고
			을					하		하			수
								고					

문제9

다음 말씀에는 오탈자가 하나씩 있습니다. 퍼즐 칸에 있는 글을 정독하여 읽고, 탈자(빠진 글자)가 있는 것은 어느 것인지 찾아보세요.

A

자					
는	는	라			
로	디	구	리		
므	끝	건	원	으	
그	러	까	지	을	얻

B

라	니	이	함	못	지
할	지	너	희	가	알
임	가	주	희	너	에
있	으	라	어	느	날
어	깨	로	므	러	그

C

	자	지	있	희
	인	하	고	너
라	에	각	하	로
리	때	생	비	므
오	은	라	준	러
가	않	으	는	이

D

					지
				못	알
			하	는	희
		느	때	는	너
	니	그	그	라	어
라	과	날	으	있	깨

문제10

다음 말씀은 마태복음 25장 31~34절에 있는 예수님의 말씀입니다. 퍼즐 칸에 있는 글을 정독하여 읽고, 오탈자 10개를 모두 찾아보세요.

> 인자가 자기 영광으로 모든 천사와 함께 올 때에 자기 영광의 보좌에 앉으리니 모든 민족을 그 앞에 모으고 각각 구분하기를 목자가 양과 염소를 구분하는 것 같이 하여 양은 그 오른편에 염소는 왼편에 두리라 그 때에 임금이 그 오른편에 있는 자들에게 이르시되 내 아버지께 복 받을 자들이여 나아와 창세로부터 너희를 위하여 예비된 나라를 상속받으라

위	하	여	준	비	된	나	라	를	상	속	받	으	라		
		를	희	너	터	부	에	세	창	와	아	나	여	이	들
게	이	르	시	되	내	아	버	지	께	복	받	을	자		
		에	들	자	는	있	에	쪽	른	오	그	이	금	임	에
른	쪽	에	염	소	는	왼	쪽	에	두	리	라	그	때		
		오	그	은	양	여	하	이	같	것	는	하	분	구	를
각	각	구	분	하	기	를	목	사	가	양	과	염	소		
		며	으	모	에	앞	그	을	족	만	든	모	니	리	으
함	께	올	때	에	자	기	영	광	의	보	좌	로	앉		
		와	사	천	른	모	로	으	광	영	기	자	가	자	인

정답

문제1

오탈자 10개

임	것	의	들	그	**기**	**구**	천	니	나	있	이	복	는	자	한	난	가	이	령	심
을	받	를	로	위	이	들	그	니	나	있	이	복	는	자	는	하	통	애	요	이
업	기	**은**	땅	이	들	그	니	**으**	있	이	복	는	자	한	유	온	요	이	임	것
있	이	복	는	자	른	마	목	고	리	주	에	의	요	이	임	것	을	받	로	으
복	는	자	는	기	여	히	휼	긍	요	이	임	것	를	부	배	이	들	그	니	나
음	마	요	이	임	것	을	받	을	**기**	여	히	휼	긍	이	들	그	니	나	있	이
임	것	볼	을	님	나	하	**리**	**드**	그	니	나	있	이	복	는	자	한	결	청	이
들	아	의	님	나	하	니	나	있	이	복	는	자	는	하	게	하	평	화	요	이
받	를	해	박	여	하	위	를	의	요	이	임	것	**들**	**바**	을	음	컬	일	라	이
			라	이	임	것	의	들	그	이	국	천	니	**으**	있	이	복	는	자	는

문제2

오탈자 11개

영	광	을	돌	리	게	**해**	라										
깨	지	버	아	희	너	신	계	에	늘	하	고	보	**를**	실	행	한	착
	희	빛	이	사	람	앞	에	비	치	게	하	여	그	들	**러**	너	희
	너	이	같	이	라	니	느	치	비	게	에	람	사	든	모	**반**	집
						고	**동**	경	위	에	두	나	니	이	러	므	**러**
						하	니	아	지	두	에						
요	사	람	**미**	등	불	을	켜	서	**발**	아	래						
이	것	할	못	지	지	겨	숨	가	네	동	는						
희	는	세	상	의	빛	이	라	산	위	에	있						
너	라	니	이	뿐	힐	밟	게	에	람	사	져						
			데	없	**이**	다	만	밖	에	버	려						
			쓸	무	아	는	에	후	요	리	하	게	짜	로	으	엇	
						금	이	만	일	그	맛	을	잃	으	면	무	
						소	니	이	금	소	의	상	세	는	**히**	너	

문제3

오탈자 10개

										할		
										야		
때	들	중	은	시	**치**	을				어	지	
할	에	한	라	으	같	말				있	버	
도	방	밀	하	**갑**	과	은			**고**	게	아	
기	골	은	도	서	인	들			말	에	**히**	
는	네	고	기	께	방	그			지	희	너	
너	에	닫	**를**	지	이	**고**			받	너	님	
		을	지	버	에	말	줄	그	본	에	나	라
		문	버	아	때	지	실	라	을	전	하	니
		가	아	네	할	하	으	니	들	기	을	느
		어	네	는	도	언	들	느	그	하	것	시
			신	시	기	부	야	하	**러**	구		아
			개	보	또	언	여	각	므			서
			에	에	라	중	**해**	생	러			께
				중	리		이					
				한			많					
				말								

문제4

A 오탈자 2개

		갈						
주		어						
여		들	다				야	
주	다	에	요		지		라	
러	마	국	니	에	버		자	라
더	자	천	아	늘	아	행	는	리
나	는	**다**	이	하	**내**	로	하	가
	하		것	만	신	대		어
	여				계	뜻		들
						의		

B 오탈자 3개

	마			늘				
	자			하	지			라
여	는	들		만	**버**			리
주	하	에		다	아		라	가
러	여	국		요	내		자	어
더	주	천		니	신		는	들
나		다	**이**	아	계	로	하	야
		다	것		에	대	행	
			갈			뜻		
			어			**의**		

C 오탈자 4개

주		국		하			**자**	
러		천	**아**	**만**		대	는	라
더	는	다	이	다	버	뜻	하	리
나	하	다	것	요	아	의	행	가
	여	마	갈	니	내	지	로	어
	주	자	어		신			들
	여		들		계			야
			에		에			라
					늘			

D 오탈자 1개

	자							
	는				버			
여	하			하	아			라
주	여	들		만	내		라	리
러	주	에	니	다	신	대	자	가
더		국	아	요	계	뜻	는	어
나		천	이		에	의	하	들
		다	것		늘	지	행	야
		마	갈				로	
			어					

문제5

오탈자 5개

				라	니	이			
드	리	는	이	에	게	는	열	릴	것
두	요	이	것	낼	아	찾	는	이	는
는	이	마	다	받	을	것	이	**요**	찾
하	구	**니**	이	것	릴	열	게	에	희
을	두	드	리	라	그	리	하	면	너
문	요	이	것	낼	아	찾	면	하	리
게	주	실	것	이	요	찾	**으**	라	그
			에	희	너	면			
			라	그	리	하			
				하	구				

문제6

A 오탈자 5개

		여									라
		하	길								가
		착	고		로				이		어
라		협	좁	는	으	고			길		들
이	적	이	은	하	명	많		리	그	하	로
음	가		문	도	생	가	가	그	고	도	으
	자			인		자	어	어	크	인	문
	는					는	들	넓	은	로	은
	찾						로		문	으	좁
									는	망	
										멸	

B 오탈자 4개

		적	음	이	라					
가	자	는	찾	여	하	착				
	문	은	좁	고	길	이	협			
		는	하	도	인	로	으			
	가	는	자	가	많	고	생	명		
어	들	로	리	그	어	넓				
				크	고	그	길	이		
		은	문	는	하					
	라	멸	망	으	로	인	도			
			가	어	들	로	으	문	은	좁

문제7

A 오탈자 8개

원			무					왔	
을		니	이	배	인		요	러	
훌		아	뜻	지	의		니	르	라
긍		지	신	인	는	온	아	부	니
가	사	하	하	엇	나	러	이	을	시
내	제	원	라		라	르	것	인	하
	고	를	노		우	부		죄	라
	하		하			을			노

B 오탈자 7개

		라	니	시	하				
				라	노	왔	러	르	
부	을	인	죄	요	니	아	이		
	것	온	러	르					
부	을	인	의	는	나	라	우		
	배	지	인	엇	무				
		이	뜻	신	하	라	노	하	니
아	지	하	원	를	사	제			
	고	하	원	을	훌	긍	가	내	

문제8

오탈자 9개

	벼				너								
움	가	는			면		멍			내			짐
이	은	내		희	하	에	의			가	라		운
라	짐	멍	이	마	리	를	나		마	너	오	진	거
하	내	에	니	음	그	메	니	음	는	희	로	자	무
시	고	는	리	이	라	고	하	이	나	를	게	들	고
니		쉽	으	쉼	우	내	손	온	라	쉬	내	아	하
라			얻		배		겸	유	리	게	다		고
			을		게			하		하			수
								고					

문제9

A

자					
는	는	라			
로	디	구	리		
므	끝	**견**	원	으	
그	러	까	지	을	얻
마태복음 24:13					

B

라	니	이	함	못	지	
할	**는**	지	너	희	가	알
임	가	주	희	너	에	
있	으	라	어	느	날	
어	깨	로	므	러	그	
마태복음 24:42						

C

	자	지	있	희
	인	하	고	너
라	에	각	하	로
리	때	생	비	므
오	은	라	준	러
가	않	으	**도**	이
마태복음 24:44				

D

					지
				못	알
			하	**를**	희
		느	때	는	너
	니	그	그	라	어
라	과	날	으	있	깨
마태복음 25:13					

문제10

오탈자 10개

위	하	여	**예**	비	된	나	라	를	상	속	받	으	라		
		를	희	너	터	부	**로**	세	창	와	아	나	여	이	들
게	이	르	시	되	내	아	버	지	께	복	받	을	자		
		에	들	자	는	있	에	**편**	른	오	그	이	금	임	에
른	**편**	에	염	소	는	왼	**편**	에	두	리	라	그	때		
		오	그	은	양	여	하	이	같	것	는	하	분	구	를
각	각	구	분	하	기	를	목	**자**	가	양	과	염	소		
		고	으	모	에	앞	그	을	족	**민**	든	모	니	리	으
함	께	올	때	에	자	기	영	광	의	보	좌	**에**	앉		
		와	사	천	**든**	모	로	으	광	영	기	자	가	자	인

성경 퍼즐 시리즈 1

읊조리며 묵상하는 성경 퍼즐

1판 1쇄 인쇄 _ 2025년 12월 15일
1판 1쇄 발행 _ 2025년 12월 20일

지은이 _ 박선호
펴낸이 _ 이형규
펴낸곳 _ 쿰란출판사

주소 _ 서울특별시 종로구 이화장길 6
편집부 _ 745-1007, 745-1301~2, 747-1212, 743-1300
영업부 _ 747-1004, FAX 745-8490
본사평생전화번호 _ 0502-756-1004
홈페이지 _ http://www.qumran.co.kr
E-mail _ qrbooks@daum.net / qrbooks@gmail.com
한글인터넷주소 _ 쿰란, 쿰란출판사
페이스북 _ www.facebook.com/qumranpeople
인스타그램 _ www.instagram.com/qrbooks
등록 _ 제1-670호(1988.2.27)
책임교열 _ 김준표 · 이화정

 ISBN 979-11-24013-21-2 93230

책값은 뒤표지에 있습니다.